ニールズヤード レメディーズ

BEAUTY BOOK

手作りコスメとオーガニックメイクアップ

著　者　スーザン・カーティス
　　　　フラン・ジョンソン
　　　　パット・トーマス
翻訳者　小林　順子
監修者　ニールズヤード レメディーズ

緑書房

BEAUTY BOOK

Original Title: Neal's Yard Beauty Book

Copyright © 2015 Dorling Kindersley Limited
A Penguin Random House Company

All rights reserved. No part of this publication may be reproduced, stored in a retrieval system, or transmitted in any form or by any means, electronic, mechanical, photocopying, recording, or otherwise, without prior permission of the copyright owner.

First published in Great Britain in 2015 by
Dorling Kindersley Limited
80 Strand, London, WC2R 0RL

LONDON, NEW YORK, MELBOURNE,
MUNICH, AND DELHI

DK LONDON
Project Editor Martha Burley
Senior Art Editor Tessa Bindloss
Design Assistant Laura Buscemi
Managing Editor Dawn Henderson
Managing Art Editor Christine Keilty
Jacket Art Editor Kathryn Wilding
Senior Jacket Creative Nicola Powling
Senior Producer, Pre-Production Tony Phipps
Senior Producer Jen Scothern
Art Director Peter Luff
Publisher Peggy Vance

DK INDIA
Senior Art Editor Balwant Singh
Editors Manasvi Vohra, Janashree Singha
Art Editor Vikas Sachdeva
Assistant Art Editor Pallavi Kapur
Managing Editor Alicia Ingty
Managing Art Editor Navidita Thapa
Pre-Production Manager Sunil Sharma
DTP Designer Satish Chandra Gaur

Japanese translation rights arranged with
Dorling Kindersley Limited, London
through Fortuna Co., Ltd. Tokyo.

For sale in Japanese territory only.

Printed and bound in China

Dorling Kindersley Limited より出版された
Neal's Yard Beauty Book の日本語の翻訳・出版権は、
株式会社緑書房が独占的にその権利を保有する。

A WORLD OF IDEAS: SEE ALL THERE IS TO KNOW
www.dk.com

ご注意

本書の内容は原著に基づいているため、精油等の扱いについて日本と異なる部分があります。また、本書に従い化粧品等を作製する際は衛生面に配慮し、使用の際は少量を肌に塗布しアレルギー反応がないことを確かめ、使用期限には注意する必要があります。本書に記載されている内容に関して何らかの有害な反応が生じたとしても、著者、原著出版社、翻訳者、監修者、編集者、出版社はその責を負いかねます。（株式会社緑書房）

CONTENTS

はじめに 8

原料の一覧 22
花 24
ハーブ類 38
フルーツ 52
ナッツと種子 62
樹木 68
食材 78
自然素材 83

FEATURES
ハチが生み出す見事な天然素材 30
気分を高揚させるシトラス系フルーツ 58
濃厚なワックスとバター 66

フェイス 84
自分の肌質を知る 86
スキンケアの基本 88

フェイシャルケアのレシピ 102
クレンザー 103
スキントナー 106
フェイスクリーム 109
フェイシャルバーム 116
フェイシャルオイル 118
フェイシャルスクラブ 122
フェイシャルパック 128
シェービング剤 132
リップバーム 134
歯磨きペースト 136
マウスウォッシュ 137
アイパック 138

オーガニックメイクアップ 140
Water（水） 144
Earth（土） 146
Air（風） 148
Fire（火） 150
Metal（金属） 154
Wood（木） 156

FEATURES
輝く肌を目指すスキンケア 92
アンチエイジングのためのスキンケア 100
10分間のフェイシャルマッサージ 120
肌の透明感を高めるための食事 126
10分間のパーフェクトファンデーション
　ベース 152

ボディ 158
至福の全身スペシャルケア 160

ボディケアのレシピ 166
ソープ 167
ボディバター 169
ボディクリーム 170
ボディスクラブ 172
ボディオイル 176
ハーバルバス 181
バスソルト 183
バスメルト 184
バスボム 186
バスフロート 187
デオドラント 188
ボディミスト 190
パフューム 191
ボディバーム 194

FEATURE
10分間のドライボディブラッシング 174

ヘア 196
自分の髪質を知る 198
ヘアケアの基本 200

ヘアケアのレシピ 210
シャンプー 211
ヘアペースト 212
リンス 213
コンディショナー 214
ヘアミスト 217
毛染め用リンス 218
トリートメント 219
ヘアパック 222
スカルプバーム／ヘアバーム 224

FEATURES
髪を強くするためのヘアケア 202
10分間のヘアトリートメント 220
輝く髪を育てるための食事 226

ハンド&フット 228
ハンドケアとフットケアの基本 230

ハンドケアとフットケアのレシピ 232
ハンドスクラブ 232
ネイルバーム 233
ハンドクリーム 234
フットスクラブ 239
フットトリートメント 240

FEATURES
10分間のフットマッサージ 236
10分間のハンドマッサージ 237

栄養 244
目的別索引 248
総合索引 249
謝辞 255

著者紹介

スーザン・カーティス　Susan Curtis

ホメオパシーとナチュロパシーの専門医として医療に従事する一方で、ニールズヤード レメディーズのナチュラルヘルス部門のディレクターも務める。2人の子供を育て上げた今、人々がより自然に近い生活の中で健康に過ごすことができるようにサポートする活動に情熱を注いでいる。著書に『Looking Good and Feeling Younger』『Essential Oils』(訳書:『エッセンシャルオイルブック』双葉社、1998年)や共著に『Natural Healing for Women』などがある。

フラン・ジョンソン　Fran Johnson

熱心なコスメティクス研究家であり、2006年からニールズヤード レメディーズの調合設計を担当している。認定アロマセラピストの資格をもち、人気の高い「自然な美しさのためのレシピ」をはじめ、コスメ作り、アロマセラピー、天然香料に関するクラスなど、ニールズヤード レメディーズが主催する数々のレッスンコースの企画と指導を手掛ける。

パット・トーマス　Pat Thomas

活動家、ジャーナリストであり、ブロードキャスターとして活躍している。自らの活動を通して化粧品の多くに有害物質が含まれている事実に警鐘を鳴らしている。それと同時に、化粧品と同様の働きをもつ天然素材の使用を推奨することに関して、先駆者的な役割を果たしている。『The Ecologist』誌の編集者を経て、現在は英国の代表的なオーガニック認証団体である英国土壌協会(ソイルアソシエーションSA)の評議員と、ニールズヤード レメディーズが発信するウェブ情報誌『NYR Natural News』の編集者を務める。著書に『Cleaning Yourself to Death, What's in this Stuff, and Skin Deep』などがある。

メイクアップアーティスト

ジャスティン・ジェンキンス　Justine Jenkins

著名なメイクアップアーティストとして英国で強い影響力をもち、動物実験を行わない化粧品製造を推進する団体の代表を務めている。女性の自然な美しさやメイクアップに関するメディアでの発信や執筆を数多くこなし、その活動はいろいろな雑誌やネットでたびたび紹介されている。

はじめに

女性がもつ真の美しさを輝かせるには、
身体の内側と外側からケアしなくてはなりません。
私たちをとりまく自然の中には、
私たちに栄養を与えて身体を守り、
女性がもつ本来の美しさを引き出すために
必要なものがすべて揃っているのです。

美しさとは何か?

「美しさとは何か?」という問いに対しては、さまざまな答えが返ってくることでしょう。考え方は十人十色。だからこそ人類は長年にわたってその答えを探し続けているのです。実際に、あなた自身の美しさに対する考え方も一生の中で変化していくでしょう。人生のある年齢、あるいはある世代においてふさわしかったものが、時を経てもふさわしいとは限らないのです。

美しさに対する意識の変化

1世紀ほど前の辞書をひも解くと、美しさとは「視覚、聴覚、知性、美的価値、道徳観を満足させる性質のこと」と定義されていました。しかし今日、その意味合いはもっと狭まり、美しさは視覚的な満足感を与えるものだけに限定されています。この傾向はますます加速していますが、その理由は長い間、自然の美も含め、あらゆる美しさの基準を決定してきたのが、メディアやハリウッドの映画業界、あるいはグローバル化した美容産業界だからなのです。ましてや美しさを、まるで仮面をかぶるかのようにうわべだけ着飾ること、あるいは他人を喜ばせるためのもの、と定義づけているとしたら、勝ち目のないゲームに自ら参加しようとしているようなものです。

ある調査によると、多くの女性が14歳頃から自らの内面の美しさを否定するようになり、その後も年齢を重ねるたびに自己評価を下げ続けるそうです。このような自己否定感は心と身体の健康に悪影響を及ぼします。またこの調査から、自分自身の外見を受け入れている人は幸福感が強く、健康面でも優れていることが明らかになりました。自分自身を受け入れられないストレスは健康を害し、結果的に肉体的な美しさを損なうこともあるのです。

自然との調和

しかし最近、美しさの定義を見直し、「美」をより自然でホリスティック(心と身体のあらゆる要素全体を含むこと)なものとして捉え、女性のニーズや感情、あるいは感じ方をもっと強く反映しようとする動きが出てきました。この新たな概念の下では、固定化された画一的な価値観は過去のものとなり、多種多様な文化のあらゆる年

前向きに年齢を重ねる

「若さ=美しさ」という概念は、高齢化が進む現代社会において、もはや通用するものではない。ある調査によると、若返りに有効なサプリメントや整形手術に対する興味は45歳を過ぎると低下する。年齢を重ねた女性は、永遠に若々しい外見を得るよりも年齢にふさわしい美しさを手に入れることに、より強い関心があると思われる。また、この世代の女性たちは、マッサージやフェイシャルエステなどの癒し効果のあるビューティーケアを試してみようとする傾向がみられる。これらのセラピーは外見上の効果はないものの、自分の内面を受け入れ、幸福感を高める作用がある。

齢の人類すべてが「美」の対象とみなされます。またこのような変化は、化粧品にも影響しています。現在、化粧品の多くは環境汚染の原因となる枯渇性資源の石油を原料として化学的に大量生産されていますが、安全で持続的利用が可能な自然由来のものに移行しつつあるのです。

環境への意識が高まるにつれ、このような自然に反する方法で到達した美しさが決して本物の美しさではないことを私たちの多くが知るようになりました。動物実験、毒性化合物、無駄に排出される廃棄物、ラベル表示の不正、あるいは消費者をマウス代わりにしている遺伝子組換え生物やナノテクノロジーの科学実験などはいずれも許されるべきではないのです。

自然の美に対する関心が高まると、それを映し出す鏡のように環境への意識も高まります。そしてこのような変化がこれまでの思想や文化をよりよい方向に動かし、見せかけの美しさに置き換わる価値感を生み出すのです。

最近では健康によい自然食品が流行し、身体の中に取り入れるものに気を配るようになりましたが、その関心は肌に直接つけるものにも広がっています。加工食品やジャンクフードばかりを食べている人が健康を実感するのが難しいのと同じように、石油化学物質や合成香料から作られた「ジャンク」な化粧品ばかりを使っている人は美しさを実感しにくいはずです。これらの化学物質が身体のホルモン機能や神経機能を混乱させ、がんやアレルギー症状の発症、あるいは胎児への有害作用の原因となっていると報告している研究もあります。

身体の内側からきれいになる

自分が使う製品にどのような成分が含まれているのかを明らかにしたい──このような欲求が原点となり、信用できる材料を使って自分の化粧品を手作りすることに興味をもつ人が増えています。自然の中には、美しさを維持するのに必要なものがほとんどすべて揃っており、これらはヘルシーな無添加食品だけでなく、贅沢なオイルや植物エキスなどの中にも含まれています。驚くべきことに、きわめて優れた美容効果をもつ食材のいくつかは、一般的な家庭のキッチンにすでに常備されているものなのです。

本書は、数々のレシピやアドバイスを通じて、天然由来成分の有効性と日々の暮らしの中での利用方法を紹介していきます。自然素材を創造豊かに組み合わせたこれらのレシピは芸術でもあり、自分の肌や髪に直接触れる成分を正確に把握することで科学的側面をも理解することが可能になります。

では、あなたが美しくなろうとする理由は何でしょうか。自分自身のため、気分を高めるため、見栄えをよくするため、自分の内面を表現するため、また時には自由気ままに楽しむためということもあるでしょう。本物の美しさは「あなた自身」の幸福感、健康、穏やかさ、自信、快適さが高まるほど、より輝きを増すものです。もちろん、美しさに対する考え方は人それぞれです。自然美への理解はあなた自身の内面を磨くことで得られるのではないでしょうか。

ジャスミン
抗酸化物質を豊富に含むジャスミンは、肌の調子を整え、健康にし、鎮静作用をもたらす（p.35参照）。

ローズアブソリュート
繊細な芳香を漂わせるローズアブソリュートは、肌の老化の出現を遅らせる効果がある（p.24〜25参照）。

環境への配慮

従来型の化粧品に含まれるパラベンなどの化学物質は、原料調達時（持続可能ではない供給源から調達する場合）、製造時、あるいは廃棄時（上下水道に排水が流入した場合）のいずれにおいても、人体のホルモン機能だけでなく、地球をも破壊する可能性がある。私たち人類が地球に与えるダメージの大きさに対する意識を高めれば、安易に地球を破壊する行為が美しさの対極にあることは明らかである。

＊ ＊ ＊

皮膚のもつ神秘のライフサイクル

皮膚は生きています。そして呼吸し、成長しながら、躍動的に変化し続けます。皮膚には、細菌やウイルスや汚染物質から身体を保護する、栄養を摂り入れる、発汗により毒素を排出する、体温を調節する、太陽光からビタミンDを作る、触覚や痛みから得た情報を脳に伝えるなどの働きがあります。皮膚は摂取した食べ物や飲み物、接触した環境物質、睡眠の様子、感じているストレス、全身の健康状態に日々反応しているため、その人の生活そのものが映し出されるのです。

皮下の構造

皮膚は表皮、真皮、皮下組織の3層から成り立っています。各層にはそれぞれ異なる機能があり、皮膚の新陳代謝・反応、および身体の防御機能を助けています。

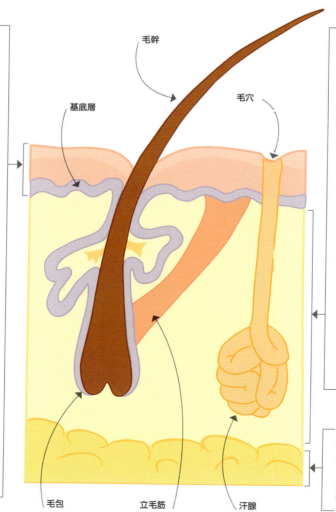

表皮

表皮は一番外側にある弾力のある層で、絶えず新陳代謝を繰り返している。表皮は多種多様なたくさんの細胞で構成されている。

角化細胞（ケラチノサイト）

表皮の主な細胞である角化細胞は、表皮の基底層で行われている細胞分裂によって作られる。新しい細胞は皮膚表面に向かって絶えず移動し、移動しながらゆっくりと形を変える。その後、細胞は平たくなり、やがて剥がれ落ちる。このプロセスには約14日間かかる（年齢とともに長期化する）。

角質細胞（コルネオサイト）

死滅し、平たくなった角化細胞は角質細胞に変化し、角質層とよばれる保護作用と実質的な保湿作用をもつ丈夫な層を形成する。角質層は絶えず生まれ変わり、実際に毎日無数の死滅した皮膚細胞が剥がれ落ちている。

メラニン細胞（メラノサイト）

紫外線放射から皮膚を守り、皮膚に色を与えるメラニン色素を作りだす働きをもつ。太陽に当たるとメラニン生成が活発化し、その結果、皮膚の色が黒っぽくなったり、日焼けしたりする。長時間の日光浴や日差しが強すぎるなどの理由でメラニンがすべての紫外線を吸収できない場合には、皮膚はダメージを受けて日焼けを起こす。

真皮

皮膚の中間層は、エラスチン（弾性線維：皮膚に伸縮性と柔軟性をもたらす線維細胞）とコラーゲン（膠原線維：強さを与える線維細胞）を含む結合組織で構成されている。またその他にも多くの血管、毛包、分泌線が存在する。

毛包

毛が成長する小穴のことであり、成長した毛は皮膚の保護と温度調節の役割を果たす。

皮脂腺

皮脂を産生する器官のこと。皮脂はほこりや細菌が付着しないように毛を保護し、汗とともに皮膚の表面に膜（皮脂膜）を作る。

汗腺

汗腺の中で産生された汗は、汗管を通り、温度調節機能をもつ表皮の毛穴に移動する。汗腺の中にはアポクリン腺と呼ばれる特殊な腺があり、身体の発毛部位にだけ存在し、思春期に特に活発化する。

皮下組織

表皮の下には皮下組織あるいは皮下層と呼ばれる層があり、この層は結合組織と脂肪からなり、断熱効果に優れている。

肌とともに歩む

　皮膚はライフサイクルとともに変化するので、肌の調子や色合いのささいな変化にこだわらず、目的に合ったスキンケア方法を取り入れるようにしましょう。皮膚の老化の場合は複雑なプロセスを経て進行しますが、これには身体の内側と外側から関与する多くの要因があり、その多くは私たちがコントロールできないものです。

　例えば、コラーゲンとエラスチンは皮膚を支える「足場」の役割を果たすものですが、老化によってこれらの線維が減少し、その結果、皮膚にシワやたるみが生じます。目の周りやあごの下の皮膚がたるんで次第に垂れ下がってくるのは重力も影響しています。老化した皮膚が白っぽく見えるようになるのは、色素を含む細胞（メラノサイト）が減少するからです。また皮膚が薄く弱くなることから、ダメージを受けるリスクが高まる一方で、それを修復する能力は低下していきます。

　皮膚の複雑で神秘的なライフサイクルを受け入れ、「身体の内側から外側に」アプローチする方法によって健康な肌を得ることができます。

肌と良好な関係を築く

美しい肌を手に入れたいのなら、年齢を問わず、肌本来のリズム（p.14 ～ 15 参照）を知り、さらに、健康的なライフスタイルを取り入れることも大切である。

- 良質の睡眠を十分にとることは肌の健康に欠かせない。大切なのは睡眠の時間の長さだけではなく、質にも注目する必要がある。良質の睡眠が慢性的に不足している女性の肌は、年齢よりも約 10 歳早く老化する。
- ストレスを軽減すると、肌に驚くほどの効果が表れる。例えば、熱中できる趣味をもつことは、ストレスや不安感を和らげ、健康や美しさを得ることができる。
- 1 日最低 2L の水分を飲むようにすると、肌の輝きとうるおいが大きく変わる。
- 喫煙と飲酒はどちらも肌へのダメージが大きく、肌を乾燥させ、栄養の吸収を阻害することがあるのでやめること。これらを大量に摂取した翌朝に肌を見れば、その理由がわかる。
- 良質のスキンケア製品を使うこと。石油化学品由来の製品をやめて、刺激の少ない天然成分のクレンザーやオイル、植物エキスを活用しよう。
- ヘルシーな食生活を心がけること。摂取した食物は短期的にも長期的にも肌の健康に影響を与える。例えば、ある調査では、糖分を多く含む食品は肌を老けて見せることがわかっている。これとは対照的に、オメガ 3 系脂肪酸を豊富に含む健康によい食品は太陽光によるダメージやニキビから肌を守ってくれる。

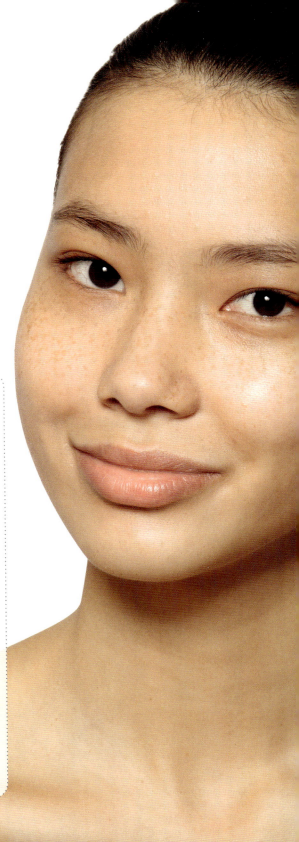

肌のリズム

人体の中で最大面積を有する器官である皮膚には、独自のリズムがあります。私たちは自分の肌を自分の思い通りに従わせようとする傾向がありますが、肌がもつ自然のリズムとうまく調和することこそが、健康的な肌を手に入れる最短の近道なのです。

1日のサイクル

トラブルのない健康な肌はおよそ1時間単位で変化しています。ここに示す時計は、肌が1日のサイクルの中でどのように変化しているかを示しています。

午前

肌にアレルギー症状が起きるのは、午後よりも午前の方が多い。

午前8:00

午前8時の時点では、肌の吸収力は午後に比べて低いため、栄養豊富で濃厚なパックや美容液を使用するのは適さない。

午後

夕方から夜にかけて、肌の状態は落ち着いている。しかし夜は、水分の喪失量が最も高い時間帯でもあるため、就寝前に保湿クリームと美容液を塗っておく。

午後9:00〜午前0:00

夜遅くなると、肌はヒスタミンに対する感受性が高まるため、皮膚炎などのかゆみを伴う肌状態が悪化する。アレルギー検査を受ける場合には、できるだけ遅い時間に予約する。眠っている間に肌の酸性度は高まり、その結果、肌は脂っぽくなる。就寝前に刺激の強い酸性のピーリングやスクラブを使用するとトラブルが悪化するため、使用を避けること。

午前0:00

肌細胞は午後9時から午前3時の間に活発化するが、深夜0時頃が最も盛んになる。肌にアレルギー症状や過敏症状がある場合には、この時間帯にはできるだけ肌を安静にしておくようにする。

午前2:00

この時間に、肌は日中の半分の量しか皮脂を分泌しないため、1日の中で最も乾燥している。この対策として、就寝前に濃厚な保湿クリームを忘れずに塗る必要がある。

午後0:00

正午頃は新しい肌細胞の産生活動が最も不活発なため、乾癬などの皮膚疾患が悪化しているように見えることがある。またこの時間は皮脂分泌が最も活発なため、特にTゾーンなどのテカリが目立つ。

午後4:00

午後4時は肌の吸収力が最も高いため、栄養豊富なパックや美容液はこの時間に使用する。

午後4:00〜9:00

皮膚の温度が最も高くなるのが、この時間帯である。毛穴がより大きく開き、汗をかきやすくなるため、この時間に温浴やサウナを利用すると効果が高い。また、デトックス効果も期待できる。

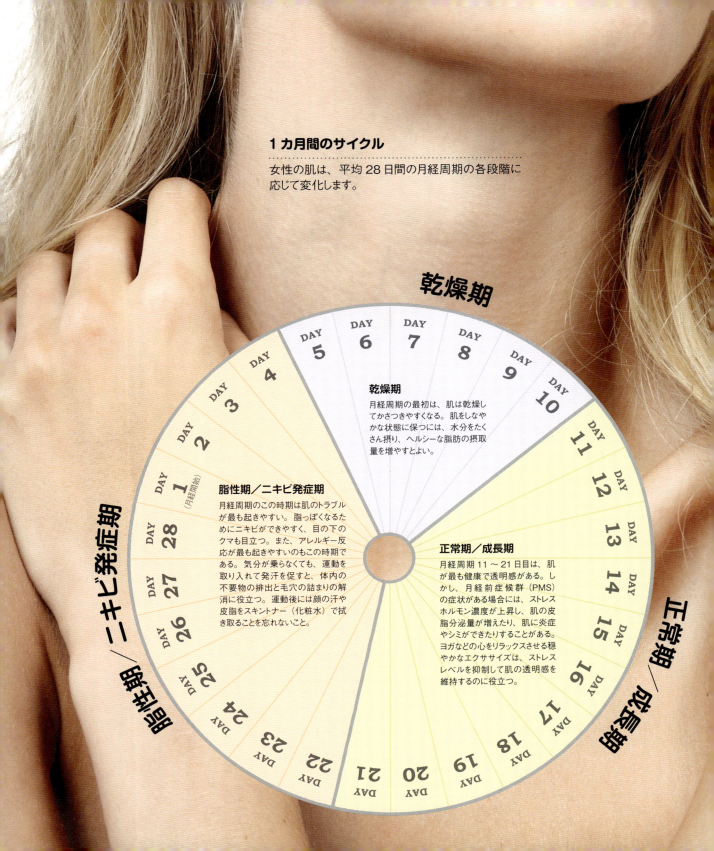

市販の化粧品の成分

市販のビューティーケア用品や化粧品は、女性を劇的に美しく変身させることを約束しています。肌を美しく清潔に保つ、髪にまとまりやすさと輝きを与える、若々しい外見を実現するといった謳い文句を私たちは信じ込もうとしていますが、その成分について調べようとすることはほとんどありません。実際のところ、従来からある美容製品の大半には、保湿剤、洗浄剤、オイルやワックス、シリコン、乳化剤、防腐剤、色素、香料など、いずれも全く同じ成分が含まれています。これは、肌や髪の洗浄や保湿、あるいは調子を整えることができる化学物質の種類が限られているからなのです。

化学的な美しさ

　大量の化学製品を毎日使用している私たちは、これらが安全性と有効性を証明されたものであると思い込んでいます。しかし、実際はそうとは限りません。化粧品メーカーは即時型のアレルギー反応の有無を調査しますが、ここで合格となった製品については、長期的安全性を立証する義務を負いません。また有効性についても、ラベルに書かれた宣伝文句がそのまま通用しているに過ぎないのです。

　従来型の美容製品を定期的に使用しているということは、有害な化学物質を大量に浴びていることと同じ意味をもちます。一般的なシャンプーボトルのラベルには20項目ほどの成分が列記されていますが、これらの多くは研究室で化学的に合成されたものです。世間一般の人にとっては、この成分一覧は単なる文字の羅列に過ぎず、興味を示す人はほとんどいないでしょう。シャンプーのボトルを開けたら、その製品のメーカーが私たちの美と健康を真剣に考えてくれている企業であることを祈るしかないのです。

　研究所でこれらの製品を調べた結果、多くの成分が有害であることが明らかになり、接触アレルギーなどの短期的な健康被害の他にも、がんや出産トラブル、中枢神経障害などのより重篤な健康被害をもたらす恐れがあることが確認されています。最新の美容製品から検出された化学物質の中には、数カ国の政府から危険廃棄物の指定を受けたものもあるのです。

　これについて化粧品メーカーは、このような化学物質の使用量はごくわずかであると答えるでしょう。しかし、この主張が不誠実であるかどうかはさておき、私たちがこれらの有害物質を（実験室での単発使用とは対照的に）「毎日」使用するという事実は無視されています。また、個々の化学物質がボトルの中で混合されて予期しない毒素を産生する可能性があることにも目が向けられていません。化粧品メーカーが必ずしもこれらの影響をテストするとは限らないのです。

　皮膚にはこれらの有害な化学物質からあなたを守る力はありません。ほとんどの化学物質は皮膚の保護層を突き抜けて、体内に蓄積されていきます。劇的な変身と引き換えにこれだけのリスクを負う価値があるかどうか、もう一度考えてみる必要があるでしょう。

私たちは毎日平均9種類の美容製品を使用しており、
この中には合計126種類の化学物質が含まれている。
しかし、そのうち90％の物質は
十分な安全性評価が実施されていない。

改善策を考える

より多くの女性が毒性のある製品を購入することをやめ、毎日のスキンケアやメイクアップ方法を変えるようになれば、化学製品を用いた美容製品は受け入れないという消費者のメッセージが化粧品メーカーにすぐさま伝わります。

イブニングプリムローズ

ローマンカモミール精油

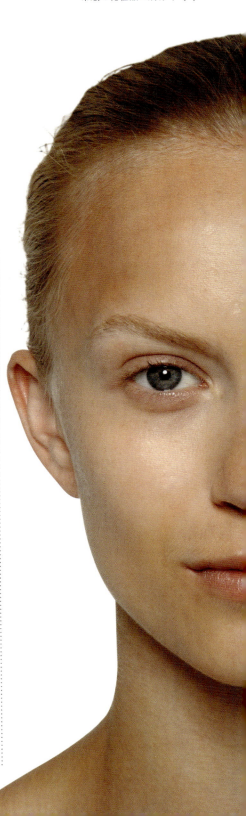

1 スキンケアをシンプルに
毎日使う製品の数を減らし、自分が使用するものを厳しくチェックしよう。

2 オーガニック認証を受けた化粧品を選ぶ
これらの化粧品を選べば、オーガニックの規定外の粗悪な製品を利用しないで済む。また、毒性のある化学物質にオーガニック原料をわずかに混ぜ込んだ、にせもののオーガニック製品にも注意が必要。このような問題がないことが保証されているのは、オーガニック認証マークのついた製品だけである。

3 天然香料を試してみる
一般的に「パフューム」といわれる香水は合成香料を使用していることが少なくない。そのため精油で香りづけをした化粧品を探すようにしよう（p.18～19参照）。

4 化粧品を手作りする
自分で使う化粧品を自分で作ることは、満足感の得られる創造的な楽しみであるばかりでなく、健康にもよいことである。自分のニーズに合わせて原料を調整できることはもちろん、その成分について絶対的な確信をもつことができる。

ラベルの科学

　自分が使用しているビューティーケア用品や化粧品にどのような成分が含まれているかを知ったら、驚くかもしれません。自然派のオーガニックブランドが身体に悪影響を及ぼす化学物質を使用することはありませんが、成分ラベルの読み方を知れば、誰にでも化学物質を避けることはできます。

成分	特徴
BHA（ブチルヒドロキシアニソール）・BHT（ブチルヒドロキシトルエン）防腐剤	メイクアップ用品、ボディローション、ソープなどの化粧品の保存期間を長期化するために使用される一般的な人工防腐剤。
ホルムアルデヒド放出防腐剤 MDM ヒダントイン、ジアゾリジニル尿素、イミダゾリジニル尿素、メテナミン、クオタニウム -15、ヒドロキシメチルグリシン Na など。	主に製品や化粧品などの保存期間を長期化するために使用される人工防腐剤。
パラベン メチルパラベン、プロピルパラベン、ブチルパラベン、エチルパラベンなど。	化粧品業界で最も広く使用されている防腐剤で、シャンプー、ボディソープ、メイクアップ用品、ボディローション、スクラブ、スキントナー（化粧水）などに使用されている。
イソプロパノール	溶剤の一種であるイソプロパノールは皮膚の深層に他の成分を浸透させる力を強化する。メイクアップ用品、シャンプー、保湿剤、マニキュアなどに含まれている。
流動パラフィン （鉱物油）	安価で豊富に存在する流動パラフィンは、フェイスクリーム、メイクアップ用品、ボディローション、ベビーオイルなどに使用されている。製品の塗布性を改善し、肌に薄い膜を作ることで水分損失を防ぐ作用もある。
ペトロラタム （ワセリン）	この鉱物油由来原料には軟化（塗膜形成）作用があり、この性質が利用され、リップスティックや練香、ヘアケア製品、保湿剤、脱毛剤、デオドラント用品に使われている。
プロピレングリコール、PEG（ポリエチレングリコール）、PPG（ポリプロピレングリコール）	この 3 種の合成石油化学製品は、保湿剤、デオドラント、メイクアップ用品、脱毛剤、ソープなどの製品に組み合わせて使用され、水分を保持し、他の成分を肌の奥深くに届ける働きをもつ。
PVP/VA 共重合体	このプラスチック様物質は皮膚への粘着力や髪のセット力を強化する作用がある。ヘアスプレー、スタイリング剤、メイクアップ用品、日焼け用製品、歯磨き粉、スキンクリームに使用されている。
ラウリル硫酸ナトリウム・ラウレス硫酸ナトリウム	これらは洗浄と発泡作用に優れ、シャンプー、ボディウォッシュ、歯磨きペーストに使用されている。
合成着色料	多くのビューティーケア製品や化粧品には着色料が使用されているが、シャンプーやクレンザー（洗浄剤）などの一部の製品の有効性には何ら貢献していない。
合成香料	ビューティーケア製品や化粧品に使われている香料の約 95％は、多種多様な個別の石油化学物質で構成されている。
フタル酸ジブチル	溶剤および可塑剤であるフタル酸ジブチルは、香水やマニキュアに配合されていることが多い。
シロキサン シクロテトラシロキサン、シクロペンタシロキサン、シクロヘキサシロキサン、シクロメチコンなど。	これらのシリコンベースの化合物は、ローションやクリームなどの製品の肌への使用感を向上するために使用されている。シロキサンは塗布性を改善し、薄膜を形成することで皮膚を一時的になめらかにする作用がある。
トリクロサン	肌に吸収されやすい抗菌剤であり、主に制汗剤、洗顔料、手指用除菌剤、歯磨き粉などに使用されている。
過酸化ベンゾイル	主に脂性肌やニキビ治療用の製品に用いられる刺激の強い抗菌物質。
MIT（メチルイソチアゾリノン）	保存期間を長期化するために添加する防腐剤。さまざまな種類のビューティーケア用品や化粧品の大部分に使用されている。

ラベルを読む機会が増えるほど、危険な物質かどうかの判別も容易になります。発がん性物質を原料にしている製品には最大限の注意を払う必要があります。特にがんや身体の神経系にダメージを与える神経毒性との関連性があるものに注意すべきです。以下の一覧表と照らし合わせ、あらゆるラベルを確認してみてください。

健康への影響

BHAとBHTは皮膚のアレルギー反応を誘発する。BHAは内分泌撹乱物質であり、体内のホルモンの一種であるエストロゲンがもつ自然作用と類似の行動をとる。これにより、乳がんや卵巣がんなどのエストロゲン依存性の発がんリスクが高まるため、BHAとBHTは潜在性発がん物質であるといえる。

少量では目や皮膚に刺激を与え、アレルギーを誘発することがある。大量に使用するとホルムアルデヒドガスががんを誘発する。

パラベンはアレルギー反応や皮膚発疹の原因となる可能性があり、皮膚に吸収されやすい性質をもつ。ある研究によると、パラベンはエストロゲンと似た作用があり、乳房の腫瘍標本から検出されたことが明らかになった。

研究により、神経毒性作用があり、肝臓への潜在的な毒性も確認された。皮膚の乾燥と炎症の原因ともなる。

ある調査では、身体が本来もっている保湿機能を阻害し、長期的には乾燥や肌荒れを起こす可能性が指摘されている。

流動パラフィンと同様に、身体が本来もっている保湿機能を阻害し、長期的には乾燥や肌荒れを起こす可能性が指摘されている。

アレルギー反応、じんましん、湿疹との関連性が指摘されている。プロピレングリコールは天然資源から抽出することが可能である(右記参照)。PEG化合物は発がん性物質の1,4-ジオキサンで汚染されていることがある。

過敏性の人がこの物質の粒子を吸い込むと、肺に損傷を与えることがある。局所的な使用では、皮膚の呼吸を妨げる可能性がある。

この2つの洗浄剤は目のかゆみ、頭皮のフケ、皮膚発疹、アレルギー反応の原因となる。ラウレス硫酸ナトリウムは発がん性物質の1,4-ジオキサンで汚染されていることがある。

合成着色料の多くには発がん性がある。ただし、鉱物色素は例外である(右記参照)。

合成香料には神経毒性があり、頭痛、気分の変動、うつ症状、めまい、皮膚炎の原因となる。また、ぜんそく発作の誘発物質となる可能性が高い。

ある研究によると、発達異常や生殖異常を引き起こす危険性が指摘されている。肝臓と腎臓に対して毒性がある。

シロキサンの一部は内分泌を撹乱することから、発がん性や生殖毒性を示す可能性もある。

調査により、トリクロサンは内分泌撹乱物質であり、また一般的に使用されている抗生物質への耐性を引き起こすことが明らかになった。

この化学物質は肌を乾燥させる作用があり、発赤、かゆみ、むくみの原因となる。敏感肌では水疱を作ることもある。

MITは皮膚炎を広範囲に発生させる可能性があることから、皮膚科医師はビューティーケア用品や化粧品へのこの物質の使用中止を求めている。また、潜在性発がん物質であり、神経毒性をもつ。

緑の科学

自然界に代用できるものが存在するのであれば、メーカーが毒性化学物質を使用することは必要がなくなる。優れた自然派ブランドは、美しくなるために健康を損なう必要などないことを証明している。

有毒成分	代替天然成分
パラベン	ビタミンE (α-トコフェロール)、ビタミンC (L-アスコルビン酸)、クエン酸、プロポリス、ローズマリー (Rosmarinus officinalis)。
流動パラフィン、ペトロラタム、シロキサン	ココナッツオイル (Cocos nucifera)、アプリコットシードオイル (Prunus armeniaca)、アーモンドオイル (Prunus amygdalus dulcis)、ホホバオイル (Simmondsia chinensis)、アボカドオイル (Persea gratissima)、ローズヒップシードオイル (Rosa canina)、シアバター (Shea Butyrospermum parkii) などの植物油やバター。
プロピレングリコール、PEG (ポリエチレングリコール)、PPG (ポリプロピレングリコール)	植物性グリセリン、レシチン、パンテノール (プロビタミンB_5)。
PEG化合物などの乳化剤	キサンタンガム、オリーブ酸セテアリル (Cetearyl olive)、マルメロシード (Pyrus cydonia)、米ぬか、あるいはカンデリラ (Euphorbia antisyphillitica)、カルナバ (Copernica cerifera)、ホホバ (Simmondsia chinensis) などの植物性ワックス。
合成着色料	鉱物色素 (鉱物由来の顔料を意味する)。
合成香料	精油、あるいはハーブエキスやフローラルエキス。
トリクロサン	ティートリー精油 (Melaleuca alternifolia)、タイム精油 (Thymus vulgaris)、グレープフルーツシードエキス (Citrus paradisi)、ビターオレンジエキス (Citrus aurantium amara)。
過酸化ベンゾイル	ティートリー精油 (Melaleuca alternifolia)、レモングラス精油 (Cymbopogon citratus)、グレープフルーツ精油 (Citrus paradisi)、糖化合物。

ビューティーケアに必要な道具

専門家と同じように自然派コスメ用品を作り、使用するのに必要な道具をすべて紹介します。多種多様なケア用品を作るのに、特別な器具は必要ありません。また、使いやすく汎用性のある基本的な道具のみを残し、ツールセットをコンパクトにしてもよいでしょう。

ビューティーケア用品を手作りする

自分のためのビューティーケア用品を手作りすることは、楽しく、高い満足感を得られる上にお金もかかりません。使用する成分の生産地や品質、量もすべて自分好みに選べます。必要な道具の大半はすでにキッチンの棚の中にあるものばかりです。衛生面に留意すれば、普段料理用に使っている道具をそのまま使っても問題ありません。

ビューティーケア用品の保存

手作りしたビューティーケア用品は市販の製品よりも劣化が早いため、短期間で使い切るようにする。自分用あるいはプレゼント用に必要な量だけ作ること。

- フレッシュな材料を使って作ったケア用品は、冷蔵庫に保管し、必ずその日のうちに使い切る。
- バームなどのオイルベースのビューティーケア用品は密閉容器に入れ、湿気の少ない冷暗所で保管する。
- 乳液状のクリームなど、水を使って作ったビューティーケア用品はすぐに劣化する。密閉容器に入れ、冷蔵庫で保管する。

温度計
水ベースの乳液のレシピにおいて、ミネラルウォーターを適温（80℃）まで温める時などに、料理用の温度計を使用する。

泡立て器
エマルション（ペースト状の乳剤）を適度な粘度になるまでかき混ぜるのに使う。

スティック型ブレンダー
プラスチック製や金属製のものがあり、価格も安く、洗いやすい。エマルションやソープ作りにおいて時間と労力を節約するのに役立つ。

容器の蓋、スポイト、スプレー、ポンプなど
塗布に必要な量や密閉性などを考慮して、ケア用品に適切なボトルを探すことが重要。

ティーポット
飲用あるいはビューティーケア製品に使用するためのハーブ浸出液を作るのに使用する。内部にフィルターがついていない場合は、茶こしを使う。

型
ソープ、バスボム、バスメルト用には、耐久性に優れたシリコン製の型を用いるとよい。製氷皿や製菓用の焼き型も適している。

滅菌した瓶、ボトル、容器
市販の専用容器を用いるか、手持ちのものを使う場合はすべて滅菌する。手作りしたケア用品は密閉蓋つきの容器に入れるとより長く保存できる。

湯煎用器具
バーム、クリーム、ローションのほとんどのレシピで行う湯煎には、片手鍋の中にうまく収まるガラスボウルを用いる。この時、ガラスボウルの底を浸けるお湯は沸騰しないよう注意する。

密閉ガラス容器
スクラブやパウダーの保管に最適。密閉性があり、内容物の鮮度をより長く保てる。

ビューティーケア用品や化粧品のための道具

　化粧品の多くは、指や手で力加減を調節しながら直接塗ることができます。しかし、用途によってはちょっとした道具が必要なこともあります。コットンやブラシは可能ならば非動物由来のオーガニックな素材、木製の道具は持続可能な原料から作られたものであることを常に確かめてください。また髪の毛が化粧品につかないように使用するヘアバンドは、洗濯しやすい素材のものを使いましょう。

コットン
コットンはメイクオフやクレンジング用品の使用時に幅広く役立つ。必ずオーガニックなものを買うこと。

パウダーパフ
入浴後、乾燥肌をなめらかにするためこのパフでボディパウダーをはたく。

ファンデーションブラシ
メイクアップ用品やクレイベースのパックの塗布など多目的に使える。

チークブラシ
頬の辺りにパウダーやミネラルチークを塗布するのに使う。

パウダーブラシ
顔やデコルテ（首、肩、胸元、背中の上部）にルースタイプやプレストタイプのパウダー、あるいはミネラルパウダーを塗布するのに使用。

アイシャドウブラシ
多様な種類があり、アイシャドウの塗布や目の輪郭を描くのに使用。

アイシャドウブレンディングブラシ
アイシャドウをぼかし、仕上がりをより美しくするのに使用。

スマッジブラシ
アイライナーを軟化して混合し、下まつげの生え際にアイシャドウを塗布する時に使う。

アイライナーブラシ
上まつげと下まつげの両方にアイライナーを引く時に使用。

アングルブラシ
小さめのブラシはアイブローパウダーやアイライナーに、大きめのブラシは顔の輪郭を描くのに使用。

クロス（フランネル、モスリン）
化粧品を拭き取る時に使う。一度肌に触れたクロスは毎回きれいに洗濯すること。

綿棒
メイクアップがはみ出した部分を拭き取ったり、アイライナーやアイシャドウを混ぜたりするのに便利。リップカラーを塗るのに使うこともできる。

ヘアブラシ
濡れた髪や乾いた髪のブラッシングには天然素材のブラシを使用する。可能であれば豚毛は避ける。

ドライボディブラシ
週1回、入浴前のブラッシングで全身の肌を活性化させる。手の届きにくい部分には柄の長いブラシを使う。

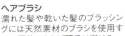

リップブラシ
リップスティック、リップグロス、リップステインの塗布に使用。

原料の一覧

自然から得られる原料はコスメ産業に革命をもたらしています。
身体に優しいハーブ、フラワー、フルーツと、滋養豊富なオイルやワックスを
組み合わせ、安心して使えるコスメ用品を手作りしましょう。
もちろん、これらの原料は農薬などで汚染されていないものを使用します。

ローズ *Rosa damascena*

ローズの花弁から作られる精油は繊細で気分を高揚させる香りを放ち、肌に若返りと癒し効果を与えます。精油は主に 2 種類あり、ローズアブソリュートは溶剤抽出法、より高価なローズオットーは水蒸気蒸留法で精製されます。またローズからは、肌の調子を整えるフローラルウォーターや、種子から圧搾抽出した滋養豊富なシードオイルも作られます。

花弁
ローズ類はすべて食用可能だが、色の濃い品種ほど味と香りが強くなる。

ダマスクローズの特性
ダマスクローズ（*Rosa damascena*）は主にブルガリア、トルコ、パキスタン、インド、ウズベキスタン、イラン、中国で栽培されている。力強く奥深いバラの芳香を放つ。

フローラルウォーター
精油蒸留中に得られる副産物。ハイドロソルとも呼ばれる。潤い補給とマイルドな天然の防腐剤として有効。

キャベジローズの特性
キャベジローズ（*Rosa centifolia*）は主にモロッコ、フランス、エジプト原産。甘く繊細な香りを放つ。

優れた作用

肌の修復と保護
ローズヒップシードオイルは毛細血管の損傷、日焼けによるダメージ、肌の発赤、傷あと、妊娠線の治癒に有効。少量を気になる部分に直接擦り込むか、あるいはローズの精油少量を薄めて塗布する。

肌のコンディショニングと鎮静
ローズヒップシードオイル、あるいは薄めた精油は乾燥肌や炎症を起こした熱っぽい肌、傷のある肌にも素早く吸収され、抗炎症・冷却・鎮静作用を示す。

肌の調整作用
良質なローズのフローラルウォーター（ハイドロソル）は、特に混合肌・加齢肌のスキントナー（化粧水）として優れている。また、あらゆる肌質のリフレッシュとバランス調整にも有効。ローズヒップシードオイルも肌の調子を整え、毛穴を目立たなくする効果がある。

ニキビのケア
ローズヒップシードオイルは、体内でビタミン A に変換されるトランス-レチノイン酸を豊富に含む。ニキビ性肌や酒さに効果的。

アンチエイジング
精油は細胞と組織の再生を助けて肌の弾力を保つため、目の周りの小ジワの減少に有効。若い肌と加齢肌のどちらにも最適。

花 | 25

ローズの精油は乾燥肌、普通肌、
加齢肌に効果があり、
細胞と組織の再生をサポートする。

保湿マッサージ
ローズヒップシードオイルは原液のままでも使えるが、良質なものは高価なため、滋養豊富なマッサージオイルは他の良質なベースオイルと精油をブレンドして作るとよい。ローズの精油を添加すると、心臓と肺機能の強壮、デトックス、月経痛の緩和などの効果が得られる。

良質な脂肪酸の供給
ローズヒップシードオイルはオメガ3系脂肪酸の含有量が最も多い植物油の1つであり、オメガ6系脂肪酸も豊富に含む。これらの脂肪酸はどちらも細胞膜と組織の再生に関与する。

抗菌作用
精油には抗菌作用があることから、多くのコスメ用品に添加されている。ある研究では、ダマスクローズの精油は15種の細菌に対して抗菌作用を示した。

幸福感を高める
ローズの精油は気分を高揚させる働きがあるとして、何世紀にもわたって評価されてきた。

ストレスの緩和
アロマセラピーでは、ストレス、気分の落ち込み、頭痛、悲しみなどの症状に精油を用いる。呼吸を落ち着け、心拍数を下げる効果があることが研究から明らかになっている。

ローズヒップシードオイル
オメガ3系とオメガ6系の脂肪酸を豊富に含む。細胞膜と細胞の再生をサポートし、ビタミンAを供給する。

ローズオットー
滋養豊富で濃厚なローズオットーは、水蒸気蒸留法で生成されるため、ローズアブソリュートより品質も価格も高い。ほんの2～3滴で優れた効果が得られる。

香りのブレンドレシピ

ロマンティックなフローラルの香りを調合するには、ローズの精油にゼラニウム、パルマローザ、シダーウッド、パチュリーの精油をブレンドする。さらに、セージやラベンダーの精油を加えてもよい。

ローズアブソリュート
溶剤抽出法によって生成される高濃度の抽出液。ほのかな香りを漂わせる。

食から美を得る

花弁：ドライローズの花弁は料理の飾りとして多用されているが、本来オーガニックなものならば食べられる。最近の研究から、早期の老化サインに対抗する抗酸化物質を多く含有することが明らかになった。苦味がある根元の白い部分を取り除き、夏向きのドリンクに浮かべたり、デザートやサラダに散らしたり、ジャムや食用酢に加えたりするのがおすすめ。ローズシロップをかけたフレッシュフルーツのサラダは絶品。

ドライローズ
ハーブティーに香りをつけたい時には、ドライローズの花弁を使う。鎮静作用と穏やかな利尿作用がある。

アルニカ *Arnica montana*

アルニカの花は抗炎症・調整作用をもつカフェイン様物質を含み、打撲や創傷の治療薬として使われています。スキンケア用途では、目の周りなどの腫れの抑制に効果的。エキスは皮下の毛細血管を刺激して血行を促進し、顔色を改善します。毒性をもつ可能性があるため、内服は絶対に避けること。

アルニカの特性
花には、肌を保護するビタミンAのカロテノイドや、抗炎症作用に関与する抗酸化物質のフラボノイドが含まれている。

クリーム
クリームとティンクチャーは、一般に根を含む全草から抽出した浸剤が使われる。

アルニカ浸出油
アルニカフラワーの浸出油（下記参照）は、コスメ用品のコンディショニング成分として使用できる。

優れた作用

切り傷、擦り傷、打撲の治癒
アルニカの花の血行促進作用は治癒を早めるのに効果的。花の浸出油、ティンクチャー、クリームは、昔からやけど、打撲、創傷の治療に使用されている。切り傷、擦り傷、打撲には原液のまま適用できるが、傷が深い場合は使用を避ける。

肌のコンディショニングと鎮静
浸出油やクリームはざらついた肌の軟化に効果的。原液のまま唇の荒れ予防に塗布すると効果的。

傷あとの治療
浸出油を肌に適用し、円を描くようにマッサージすると、妊娠線が目立たなくなる。

肌の改善
浸出油でマッサージすると、血行が改善され肌が明るくなる。顔に2～3滴塗布し、濡らした手で円を描くように優しくマッサージする。

肌の調整作用
浸出油はクモ状静脈（毛細血管拡張症）を目立たなくする効果がある。気になる部分に2～3滴塗布し、円を描くように優しくマッサージする。また、静脈瘤に使用すると、腫れと痛みを緩和する。

抗炎症作用
虫刺されによる発赤や炎症の緩和には、ティンクチャーが効果的。

髪と頭皮のコンディショニング
浸出油を通常のコンディショナーと同じように使用する。フケには、水で薄めたティンクチャーをリンスとして使う。アーユルヴェーダ医療では、抜け毛を防ぐ薬としても利用されている。

さまざまな痛みの緩和
腰痛、関節炎、リウマチ痛の緩和には、浸出油でマッサージする。

手作りレシピ

浸出油：好みのハーブを滅菌済みの清潔な容器に入れ、オリーブ、グレープシード、サンフラワーなどのベースオイルで満たす。室温で保管し、成分がオイルに浸出しやすいように2～6週間毎日勢いよく振り混ぜる。浸出が完了すると濃い金色を呈し、特徴的なウッディな香りを放つ。このオイルをモスリンクロスで濾しながら滅菌したボトルに入れて硬く蓋を閉める。冷暗所に保管する。

サンフラワー（ヒマワリ） *Helianthus annuus*

サンフラワーの種子から抽出される淡色のシードオイルは、繊細で木の実のような香りがあり、マッサージ用のベースオイルや精油をブレンドする際の希釈剤に最適です。ビタミンE、オメガ6系のリノール酸、カロテノイドを豊富に含むサンフラワーオイルは、肌の修復と保護をサポート。乾燥してきめが粗くなった肌や湿疹などの炎症がある肌の状態を整え、栄養を与えます。

優れた作用

肌の修復と保護
ビタミンEが豊富なサンフラワーオイルは、傷あとやシワの軽減など、肌の健康と美しさを全体的に改善するのに効果的。ある研究から、感染症や病気にかかりやすい早産児の肌の保護にサンフラワーオイルが有効という結果も示されている。また、肌の日焼け防止・修復効果もある。濡らした手で塗布すると肌に浸透しやすく、洗い流す必要はない。

肌の洗浄と調整
オイルは汚れやメイクアップの除去に幅広く使用できる。軽めのワックスが入っているため、肌に保護バリアを形成し、水分を皮下に閉じ込めて肌の柔軟性を保つ。軽い質感の乾性油で、脂性肌を含むあらゆるタイプの肌に使用できる。含有されるリノール酸は肌の調子を整え、炎症の緩和や毛穴を小さくする作用がある。湿らせたコットン、あるいは手で直接塗布してもよい。余分なオイルは湿らせたクロス（モスリンやマイクロファイバー）で拭き取り、温水ではなくぬるま湯で洗い流す。

ニキビのケア
オイルはニキビ性肌の洗浄と保湿に優れ、体内でビタミンAに変換されるカロテノイドを含む。スキンケア用品に含まれるβ-カロテンは赤みを帯びた炎症性の吹き出物やシミを目立たなくし、肌のトーンを均一にする。

髪と頭皮のコンディショニング
柔らかく広がりやすい髪を抑え、枝毛を減らすのに有効。毛の縮れを抑えるには、オイルをシャンプー前のコンディショニングトリートメントとして使用したり、濡らした手に1〜2滴垂らし、毛先まで擦り込んだりするとよい。頭皮に揉み込むとフケや脂漏性湿疹に効果的。

サンフラワーシードオイル
ビタミンとミネラルが豊富な軽い質感のオイルには天然の乳化剤であるレシチンが含まれていることから、水と油を乳化させる手作りレシピによく使われる。

種子
ビタミンEを多く含有するオイルは、ヒマワリの種子から抽出される。

サンフラワーの特性
食用可能なサンフラワーの花弁はナッツのような風味があり、料理に彩りを添える。花からは多数の小さな黒い種子が採れる。

食から美を得る

種子：食用可能で利尿・抗酸化作用をもつ。タンパク質やビタミンB・D・E・Kをおいしく摂れる供給源である。

サラダドレッシング：植物栄養素は熱で破壊されるため、サンフラワーオイルはサラダドレッシングとして冷たいまま摂取するのが最もよい。精製品ではなく、種子本来の栄養素がそのまま残り、風味がより際立っている未精製のサンフラワーオイルを使うこと。

カレンデュラ *Calendula officinalis*

カレンデュラには肌の治癒作用があり、浸剤、ティンクチャー、液状エキス、クリーム、軟膏など幅広く使用されています。若返り効果があり、保湿剤、日焼け止め、ヘアケア用品、ベビーケア用品などに添加されています。炎症を起こした肌を素早く鎮静化して皮膚組織を修復できることから、特に敏感肌や乾燥肌に最適です。

カレンデュラ浸出油
治癒と鎮静作用があるこの浸出油は、花が盛りの時期にはフレッシュフラワーを使って作る（p.26参照）。

ドライフラワー
オフシーズンに浸出油や浸剤、ティンクチャーを作る場合、ドライフラワーを利用する。

軟膏
カレンデュラのエキスを含有するクリームや軟膏ベースは、クモ状静脈や痔に効果がある。

カレンデュラの特性
ポットマリーゴールドとしても知られるカレンデュラは食用花で、サラダや料理に彩りと栄養を与える。

優れた作用

肌のコンディショニングと鎮静
浸出油には抗酸化物質がぎっしり詰まっており、炎症抵抗力を強化する作用がある。ハーバリストが肌用の万能軟膏を作る時は、カレンデュラにコンフリー、エキナセア、セントジョンズワートをブレンドする。

肌の修復と保護
浸出油とクリームは切り傷や皮膚潰瘍の治癒、皮膚炎の鎮静などに適している。また穏やかな殺菌作用が感染予防にも役立つ。自然薬の救急セットの定番であるハイペリカルクリームはハイペリカム（セントジョンズワート）とカレンデュラをブレンドしたもの。カレンデュラの軟膏は分娩後の会陰裂傷にも有効。オイルあるいはクリームを日焼け後の肌に塗布すると、肌の状態を良好に保つことができる。

歯と歯肉のケア
カレンデュラエキス入りの歯磨きペーストは歯垢や歯肉の炎症と出血の抑制に高い効果がある。浸剤やティンクチャーは、マウスウォッシュやうがい薬として使用する。

フットケア
浸出油は昔から腱膜瘤（親指の付け根の関節部分の液体を含んだ袋が腫れて痛む状態。外反母趾によって起こる）、いぼ、足潰瘍の治療に利用されている。最近の研究では、カレンデュラの一種のフレンチマリーゴールド（*Tagetes patula*）を原料にしたクリームと保護包帯で腱膜瘤を治療したところ、瘤の縮小と痛みの軽減がみられた。ただし、この品種の花の内服は禁忌である。

> 抗酸化物質がぎっしり詰まった
> カレンデュラオイルには、
> 抗炎症力を強化する作用がある。

カモミール（カミツレ） Matricaria recutita

スキンケアを含むビューティーケア全般において、カモミールは穏やかな収れん・抗菌作用をもたらします。精油には抗炎症作用があり、肌の深層まで浸透した精油が荒れた肌を修復して状態を整え、口内炎、湿疹、やけど、打撲などの治癒に働きます。最大限の効果を得るには、有害な化学物質や農薬を排除したオーガニックなものを購入することが大切です。

優れた作用

敏感肌の鎮静
精油の抗炎症・鎮静作用はトラブル肌、アレルギー肌、敏感肌に有効。カモミール入りのクリームや軟膏は、おむつかぶれ、乳頭亀裂、水ぼうそうを含む発疹などのかゆみを伴う肌の炎症を緩和する。クリームや軟膏の湿疹に対する有効性は、ヒドロコルチゾン（ステロイド剤）と同程度であることがわかっている。

肌の調整作用
収れん性に優れたカモミールをコットンで塗布すると、毛穴のクレンジング効果がある。水に少量のティンクチャーを混ぜる、濃いカモミールティーを淹れる、あるいは手作りのクレンザーに精油を加えるといったレシピを試してみるとよい（p.103〜105参照）。

切り傷、擦り傷、打撲の治癒
ティンクチャーや精油には浅い傷と深い傷のどちらも治癒する効果があり、コルチコステロイド（ステロイドホルモン）よりも治癒促進力に優れている。創傷の治癒や肌の鎮静には精油4〜5滴をバスタブに垂らす。

髪と頭皮のコンディショニング
髪色を変える効果はないが、浸剤でブロンドヘアをすすぐと髪の輝きが増し、華やかさを際立たせる。精油を加えたトリートメントは、敏感あるいはアレルギー性の頭皮への鎮静作用がある。

さまざまな痛みの緩和
カモミールにはビサボロールとアピゲニンという2種類の強力な抗炎症成分が含まれていることが研究から明らかになっている。どちらの物質もパラセタモールなどのNSAIDs（非ステロイド性抗炎症薬）と類似した作用機序で炎症を抑制する。化粧品に添加されることの多いビサボロールは、炎症や発熱、さらには関節炎も緩和する作用がある。

目の疲労回復
目の疲れを癒すには、ぬるま湯に浸したカモミールのティーバッグを目の上にのせると効果的。このレメディは結膜炎などの眼感染症の緩和にも効く。

ジャーマンカモミールの精油
カマズレンと呼ばれる芳香をもつ抗炎症物質により、青から濃緑色を呈す。この色は時間の経過とともに薄れるが、色が薄くなったからといって効力が弱まるわけではない。

花
お茶や浸剤を作るにはフレッシュフラワーを使う。ティーバッグを買う時は花全体が含まれているものを選ぶ。

ジャーマンカモミール（ブルーカモミール）の特性
アップルに似た香りをもち、カモミールティーとして有名な品種。抗炎症製剤の成分としても優れている。

香りのブレンドレシピ
鎮静作用のある繊細な香りを作るには、カモミールの精油にラベンダー、レモン、ローズの精油をブレンドする。クラリーセージ、マジョラム、ヤロウの精油とも相性がよい。

軟膏
カモミールを添加した軟膏は軽度の擦り傷、肌荒れ、虫刺されに効く。

ローマンカモミールの特性
この品種はジャーマンカモミールと同様の性質をもつが、作用はよりマイルド。肌を鎮静、軟化する作用もある。

ローマンカモミールの精油
カマズレンの含有量がずっと少なくなるため、ジャーマンカモミールの精油よりもかなり色が淡い。

ハチが生み出す見事な天然素材

ハチは驚くべき生物です。世界中の食用作物の約85%の受粉を担う彼らが作り出すハチミツ、ワックス(ミツロウ)、プロポリスは、肌の治療薬として何千年もの間認められてきました。保湿性、防腐性、肌のコンディショニング作用に優れたこれら3つの素材は、いずれも高く評価されています。ハチミツはフェイスマスクから創傷治療薬に至るまで、あらゆる用途に使用できます。

ハチミツ *Mel mellis* ▶

切り傷、擦り傷、打撲の治癒
天然の抗菌・抗真菌・防腐作用をもつハチミツには過酸化水素が含まれ、これが治癒効果の一部として関与している。薬効成分を含むハチミツは軽度の切り傷ややけどから皮膚潰瘍まで、あらゆる種類の創傷治癒に利用されている。

抗菌作用
ハチミツは感染によるニキビあとの治療に昔から用いられている。また、MRSA(黄色ブドウ球菌)と呼ばれる細菌への抵抗力についても研究されている。

肌の修復と保護
自然の保湿剤であるハチミツはスキンケア用品の添加剤として優れ、特に敏感肌に最適。

肌の改善
ハチミツには過酸化水素が含まれるため、自然素材を使って肌や髪の色を明るくする場合に昔から利用されている。ハチミツを原液のまま肌に塗布してもよいが、すでに市販のスキンケア製品の原料として広く普及している。

◀ プロポリス

殺菌作用
プロポリスを含有する肌用クリームは、肌のやけど、創傷、炎症、およびその他の皮膚病変や下肢潰瘍に効果があることが示されている。

ニキビのケア
天然のニキビ治療薬の多くはプロポリスの抗菌作用を利用している。プロポリスはニキビの原因となる菌を肌から取り除く効果がある。

肌の修復と保護
プロポリスに含まれる成分のうち、特にカフェ酸などのフェノール化合物はビタミンCとEよりも強い効力をもつ。この成分がもたらす抗酸化・抗炎症作用により、プロポリスを添加したクリームは日焼け、やけどに効果的。また肌細胞の成長増強、血行促進、傷あとの軽減に有効である。

未精製のプロポリス
ビタミン豊富な粘着性のある樹脂は、ハチの巣から直接掻き出す。

ビーズワックス（ミツロウ） *Cera alba* ▶

切り傷、擦り傷、打撲の治癒
軟膏や膏薬のベースに適したビーズワックスも、やけど、打撲、炎症の治療に用いられる。このため、肌用クリームや軟膏に最適な成分となっている。

肌のコンディショニングと鎮静
ビーズワックスはクリームの軟化性を格段に高めるため、乾燥肌に特に高い効果を示す。肌の奥まで保湿しながらも肌に防水膜を作るため、乾癬や皮膚炎を伴う肌のコンディショニングに最適。

肌の修復と保護
自然の水分補給剤であるビーズワックスは、肌の保湿に有効。外気の影響で荒れた唇や手指に優れた効果がある。

抗菌作用
研究結果から、ビーズワックスは黄色ブドウ球菌に対する抗菌作用をもち、またカンジダなどの真菌感染症の治療効果も期待されている。

ラベンダー *Lavandula angustifolia*

ラベンダーは心を落ち着かせる甘い香りをもち、あらゆる精油の中で最も汎用性に富むハーブの1つです。肌の再生作用に優れ、健康な新しい細胞の成長を促進させ、治癒の促進、傷あとの軽減を促します。精油とフローラルウォーターは、やけど、創傷、虫刺され、炎症などがある肌の状態を落ち着かせ、バランスを整えます。

ラベンダーの特性
円を描くようについた花弁は揮発性油の宝庫。この花弁を指で挟んで擦ると、わずかに癖のある甘くて新鮮なおなじみの香りが漂う。

ラバンジンの特性
ラバンジン（ラバンデュラハイブリッド）やスパイクラベンダーは、ラベンダーの交配品種で性質はほぼ同じだが、薬効と香りはわずかに強い。殺菌・強壮作用により、肌の健康維持にも役立つ。

優れた作用

切り傷、擦り傷、打撲の治癒
精油はあらゆる種類の創傷、潰瘍、痛みの治癒にきわめて優れた効果をもたらす。殺菌作用により、病原体の定着防止と同時に、治癒を促進して瘢痕をできるだけ目立たなくする。他の多くの精油と異なる点は、原液のまま肌に直接塗布できること。擦り傷、創傷、やけど、虫刺され、トゲの応急手当てには、精油を原液のまま適用する*。

肌の調整作用
クレンジング後にフローラルウォーター（ハイドロソル）をスキントナー（化粧水）として、あるいはスプレーボトルに移してフェイシャル用ミストとして使用すると、肌の活性化とリフレッシュに効果あり。また殺菌作用が脂性肌やニキビ性肌に効く。

肌のコンディショニングと鎮静
フローラルウォーターは炎症を起こした肌やダメージを受けた肌に再生作用をもたらす。精油は皮膚炎、湿疹、乾癬などの炎症のある肌を落ち着かせるのに効果的。ローションやマッサージオイル、入浴剤に滴下すると、肌を柔らかくして状態を整える。一部の市販製品には合成リナロールや酢酸リナリルが混入している可能性があるので、成分ラベルにラテン名で *Lavandula angustifolia* と表示されているのを確かめること。

肌の修復と保護
日焼け後には、フローラルウォーターのミストが肌の冷却と修復を助ける。

*監修者注　日本では原則として、精油の原液を皮膚に塗布することは推奨しない。

花 | 33

ラベンダーの精油は
安眠を促し、ストレスや不安感を
軽減する作用がある。

オイリーヘアとフケの対策
お湯に混ぜた精油あるいはラベンダーフラワーの濃いめの浸剤で髪をすすぐと脂っぽさとフケに有効。アタマジラミやその卵にも効果がある。

髪の成長促進
精油で頭皮をマッサージすると毛髪の成長を著しく改善できることが、研究によって明らかにされている。

フットケア
殺菌・消臭効果がある精油は、フットバスに滴下したり足のマッサージに使用したりするなど、一日の終わりの疲れた足を癒すのに特に効果的。

ストレスの緩和
精油は安眠を促す効果があり、また脳波活動の測定により、ストレスと不安感を軽減する作用があることも明らかになっている。マッサージオイルとして使用すると、呼吸と心拍数を安定させる。不安や精神的疲労に起因する胃の不快感にも効く。

空気の浄化
殺菌作用があり安らかな香りをもつラベンダーの精油は、特に病室などのルームスプレーに最適。精油5滴を水、または水とウォッカの1：1混合液120mLに垂らしたものをスプレー式容器に移す。そのまま2〜3時間放置してからスプレーすると香りが強くなる。

フローラルウォーター
精油蒸留中に抽出される副産物。精油よりも香りはマイルドになるが、ラベンダーがもつ効力はそのまま保持している。

香りの ブレンドレシピ

リフレッシュ効果のあるオーデコロンを作るには、ラベンダーの精油にローズマリーの精油と、ベルガモット、プチグレイン、レモン、ネロリ、オレンジなどのシトラス系の精油をブレンドする。

ドライラベンダー
ドライフラワーの浸剤はスキントナーやリンスとして使用できる。

精油
無色または淡黄色をした精油は、フレッシュフラワーを水蒸気蒸留して作られる。

食から美を得る

花：ラベンダーの花は食用も可能だが、リラックス効果のあるお茶を作るのに多用される。就寝前に飲用すると不眠改善や安眠、食後は消化促進の作用が期待できる。

クイックレメディ

頭痛の緩和：ラベンダーの精油は、原液のまま肌に適用できる数少ない精油の1つ*。緊張型頭痛の緩和には、ラベンダーの精油、あるいはラベンダーとペパーミントの精油を2滴ずつブレンドしたものをこめかみに直接擦り込むとよい。

イランイラン *Cananga odorata*

エキゾティックな花の香りを漂わせるイランイランは、気分を高揚させ、ストレスや不安感を発散すると同時に、官能的な気分をもたらします。精油はその芳香の高さから香料メーカーから珍重され、人気のある高級香水の多くに使用されています。強壮・バランス調整作用に優れ、あらゆる肌質に向きます。イランイランには、19世紀に流行したマカッサル油と呼ばれる毛髪剤の主成分として用いられた歴史もあります。

香りのブレンドレシピ
加温作用のある刺激的な香りを作るには、イランイランの精油にローズウッド、シダーウッド、ブラックペッパー、パチュリーの精油をブレンドする。レモンやローズの精油を試してもよい。

イランイランの特性
ブドウに似たこの熱帯植物に咲くロウ質の黄色い花は催淫性があることで有名。性欲刺激と緊張や不安の解消のどちらの作用もあることから、花弁を結婚初夜のカップルのベッドに散らす風習がある。

クイックレメディ
頭皮の乾燥の改善：精油1～2滴をオリーブオイル小さじ1杯に滴下し、就寝前に頭皮をマッサージする。髪の乾燥には、オイルを頭皮だけでなく髪にも塗りつけて、自然素材の毛ブラシで毛先までとかす。

＊＊＊

精油
イランイランの花から抽出される淡黄色の精油はエキゾティックで強烈な甘い花の香りを漂わせる。大量に使用すると香りがきつくなりすぎ、吐き気や頭痛を引き起こすこともある。

優れた作用

ニキビのケア
精油は皮脂の分泌バランスを整えるため、脂性肌と乾燥肌のどちらにも適する。スキンケア用品では、脂性肌やトラブル肌のバランス調整に優れた効果を発揮する。

肌の調整作用
精油はスキンケアの安定作用を向上する。精油には血行促進作用があり、顔色を明るく見せる効果もある。

アンチエイジング
精油を良質のベースオイルまたは自然派スキンケア用品で薄めて使うことで、加齢肌の改善に有効。

髪の成長促進
頭皮に栄養と刺激を与える精油は、昔から毛髪剤として使用されている。サンフラワーなどのベースオイルにイランイランの精油を少量混ぜ合わせ、頭皮に擦り込むとよい。

抗うつ作用
鎮静・抗うつ作用があり、神経系全体の強壮剤として働く。

ストレスの緩和
アプリコットカーネルやサンフラワーなどのベースオイル小さじ1杯にイランイランの精油1～2滴をブレンドした香油は媚薬として即座に効果を発揮する他にも、幸福感を高め、不安の軽減、心拍数・呼吸数の安定などのアロマセラピー的作用もある。

> 頭皮に栄養と刺激を与える
> イランイランの精油は、
> 昔から毛髪剤として
> 使用されている。

ジャスミン *Jasminum officinale*

ジャスミンには 200 種以上の品種があるものの、興奮作用のある官能的な精油の精製に用いられるものは 10 種類ほどしかなく、香料メーカーでは欠かせない香りです。スキンケア製品にジャスミンが使用される理由は、気分を高揚させる香りと肌への冷却・鎮静作用にあります。精油は原液のまま適用できるため*、香水のように香りを楽しみながら、リラックスやストレス緩和にも働きます。

優れた作用

肌のコンディショニングと鎮静
希釈した精油はほてった肌や乾燥肌、敏感肌、炎症肌などの治癒に効果があり、特にこれらの肌トラブルが感情的ストレスに起因する場合に最適。

傷あとの治癒
精油には傷あとの赤みを解消したり目立たなくする作用があるため、妊娠線予防のオイルなどの主成分としてブレンドされている。希釈した精油を直接傷あとに塗布してもよい。

ストレスの緩和
精油成分を吸入すると、ストレスや倦怠感が低下し、注意力や幸福感が高まることが、脳波テストから明らかになっている。このようなストレス解消にはジャスミンの天然成分であるリナロールが関与しており、リナロールを吸入することで、ストレス下で活性化しやすい多数の遺伝子の活動が抑制されることが研究によって示されている。

抗うつ作用
精油には強力な抗うつ作用があるため、マッサージまたはバス用のベースオイルに加えて適用すると、即座に幸福感を高め、楽観的な気分になれる。

*監修者注　日本では原則として、精油の原液を皮膚に塗布することは推奨しない。

ジャスミンの特性
溶剤抽出によって引き出された香りはエキゾティックでふくよかで贅沢な花の香り。

香りのブレンドレシピ
官能的な香りを放つ香水を調合するには、ジャスミンの精油にローズ、ネロリ、ベルガモット、イランイランの精油をブレンドする。オレンジの精油とも相性がよい。

花
ジャスミンの花は非常に繊細なため、水蒸気蒸留法は適用できない。

精油
この深い色合いをもつ精油は古くから媚薬とみなされてきた。多くの芳香豊かな精油同様、ジャスミンも少量で最大限の効果をもたらす。

アラビアジャスミンの特性
アラビアジャスミン（マツリカ、*Jasminum sambac*）は、夜に花が咲き、主に市販の中国ジャスミン茶の原料として利用されている。

食から美を得る

お茶：ジャスミンの花と緑茶の茶葉を合わせて淹れたお茶にはほのかな甘みがあり、リラックスできる香りを漂わせる。抗酸化物質も豊富に含まれる。

ゼラニウム *Pelargonium graveolens*

見る人の気分を明るくしてくれるゼラニウムの花。意外にも精油は花ではなく葉から精製されています。この精油を得るために広く栽培されているのが、ローズゼラニウム（*P. graveolens*）と呼ばれている品種です。精油には肌の冷却とバランス調整作用があり、乾燥肌や脂性肌、ニキビ性肌に適しています。また、疲れて見える肌の状態を回復します。

花弁
ペラルゴニウム（*Pelargonium*）種の花弁には香りがあり、サラダやデザートに散らすとほのかに柑橘類のような風味が楽しめる。

葉
深い香りを漂わせる葉は、シロップの原料として利用され、甘さを生かしてケーキ、ドリンク、ゼリーなどに添えられる。

精油
緑色あるいは琥珀色を呈する精油には、力強さと甘さのあるフルーツミント系の花の香りがある。

ゼラニウムの特性
花を咲かせる植物でありながら、肌の再生・殺菌作用のある精油は葉から抽出される。

香りのブレンドレシピ
明るくフェミニンな香りを作るには、ゼラニウムの精油にベルガモット、グレープフルーツ、パチュリー、サンダルウッド、ローズウッドの精油をブレンドする。

優れた作用

肌のコンディショニングと鎮静
あらゆる肌質に適する精油は肌のバランス調整効果に優れ、乾燥して炎症を起こした肌を冷却・保湿する。薄めた精油を気になる部分に塗布するが、傷のある部分は避けること。

肌の修復と保護
薄めた精油は日焼けした肌や傷あとに効果的。また、創傷や潰瘍の治癒も助ける。

アンチエイジング
精油の細胞成長促進作用は加齢肌やシワのある肌の若返りに最適。

脂性肌とフケの対策
スキントナー（化粧水）などのフェイシャル用品に精油を加えると、衰えた肌や脂性肌を清潔にし、活性化させる働きがある。ベールオイルに混ぜて頭皮に塗布すると、フケの解消と皮脂分泌のバランス調整に効果的。1時間放置した後に通常通りに洗い流す。

ニキビのケア
殺菌・抗炎症作用のある精油はニキビの抑制に効果的。薄めた精油を患部に塗布する。

アタマジラミの対策
アタマジラミの除去には、精油1〜2滴を加えた無香料シャンプーで洗髪するとよい。

幸福感を高める
精油をバスタブに滴下したり、マッサージオイルとして使用したりすると心地よい気分になれる。心身のバランスを整える効果があるため、抗うつ剤としても優れている。

デトックス
精油には一般的な利尿作用があるため、水分と老廃物の排出やむくみの解消を助ける。マッサージオイルとして使用する。

イブニングプリムローズ（月見草、メマツヨイグサ）*Oenothera biennis*

愛らしい姿をもつイブニングプリムローズには美しい花が咲きますが、この植物の真髄は種子にあります。種子から圧搾抽出される滋養豊富なシードオイルは肌にさまざまなメリットをもたらします。肌を覆っている皮脂膜を強化するオメガ6系のリノール酸などの必須脂肪酸を豊富に含むだけでなく、アンチエイジングに効果のあるγ-リノレン酸（GLA）も含有しています。

優れた作用

アンチエイジング
オイルに含有されるGLAには自然の抗炎症作用と肌の若返り作用があり、加齢肌や日焼けで傷んだ肌の細胞の活性化に働く。

ニキビのケア
ニキビ性肌には保湿も必要。このオイルは乾燥しやすい性質をもつ「乾性油」のため、ニキビ性肌の毛穴を塞ぐことなく素早く吸収されることから、吹き出物などの局所的なニキビの治療に有効。原液のまま肌に塗布する。

肌のコンディショニングと鎮静
質感の軽い乾性油でありながら、肌への浸透力に優れ、肌の柔軟性と弾力性を保つ効果がある。優れた保湿性が肌を乾燥から守り、湿疹やニキビができにくい肌質に変える。また、肌細胞の酸素吸収力と感染抵抗力を高めることで、細胞がもつ機能を最適化するのを助ける。このオイルは原液のまま塗布する以外にも、自分に合った手作りコスメやマッサージオイルを作るのにも適している。ブレンド比率を少なくとも全体の5〜10％程度にする。

イブニングプリムローズの特性
繊細な黄色い花は食用可能で、サラダや料理に彩りと栄養を与える。農薬処理した花は決して口にしないこと。

サプリメント
通常はオイルを濃縮したジェルカプセルとして市販されている。サプリメントを定期的に摂取すると、オイルを局所的に肌に適用したのと同様の効果が現れる。

イブニングプリムローズシードオイル
種子を圧搾して得られるこのオイルは長期保存できないため、開栓済のボトルに入ったものを使うよりも、カプセル状のサプリメントを利用する方がよい。

食から美を得る

サプリメント：オイルのサプリメントを毎日摂取すると、肌の調子と細胞呼吸（皮膚細胞が酸素を吸収して活用すること。肌の健康に欠かせない重要な機能）を著しく改善できる。サプリメントは、肌の老化の原因となる紫外線や環境によるダメージからの回復力を高める効果がある。オイル摂取のバランスを崩すと、弾力性の喪失やシワや炎症に関連のあるプロスタグランジンの分泌量も増加する。

クイックレメディ

爪の健康：爪にオイルを1〜2滴垂らしてていねいに擦り込む。これを毎日繰り返すと、甘皮の状態を整え、もろく割れやすい爪の柔軟性と回復力を高める効果がある。

* * *

ペパーミント（西洋ハッカ）Mentha piperita

ペパーミントは血行促進作用があり、肌につけると、最初にひんやりとした爽やかさ、次に穏やかな温かさが感じられます。鎮痛作用があるため、神経痛、筋肉痛、頭痛の治療に使われることもあります。また殺菌剤としても優れ、多くの化粧品に使用されています。精油は十分に希釈し、濃度が1%未満になるようにします。

ペパーミントの特性
薬用ミントの中で最も人気のある品種であるペパーミント（Mentha piperita）は、ウォーターミント（Mentha aquatica）とスペアミント（Mentha spicata）の自然交雑種である。

精油
フレッシュでシャープなメンソールの香りを放つ精油は無色から淡黄色。また、水のようにさらっとしている。

ハーブティー
ペパーミントティーには収れん作用があるため、スキントナーのように肌に外用するのが適している。

香りのブレンドレシピ
気分をリラックスさせる香りを作るには、ペパーミントの精油にラベンダー、ネロリ、レモン、パインの精油をブレンドする。ユーカリやローズマリーの精油とも相性がよい。

食から美を得る
お茶：ペパーミントティーは消化促進だけでなく、肌の状態の改善にも効果がある。

優れた作用

肌の洗浄と調整
精油やエキスをクレンザーやスキントナー（化粧水）に添加すると、脂っぽいニキビ性肌に効果あり。すぐにスキントナーを使いたい場合には、ペパーミントティーを淹れて温度が下がるまで待ち、これを疲れた肌の洗浄とリフレッシュに用いる。

肌のコンディショニングと鎮静
精油を添加したローションやボディオイルは、外界の環境にさらされた肌の冷却・鎮静効果がある。特に疲れた足や炎症を起こした肌の鎮静に優れ、ペパーミントティーやペパーミントの精油を2～3滴垂らした温水をフットバスとして使用すると高いリフレッシュ効果も得られる。

抗ウイルス作用
精油には抗ウイルス作用があり、単純ヘルペスウイルスの一種の口唇ヘルペスやさらに強力なウイルスにも有効。希釈した少量の精油を患部に軽くたたくようにつける。

殺菌作用
精油をリップバームやハンドクリームなどに添加すると、優れた殺菌効果をもたらす。

虫刺されや軽い刺し傷の鎮静
精油は防虫作用があるだけでなく、蚊に刺されたあとや、じんましん、ツタウルシやウルシなどに起因する炎症部位の鎮静作用もある。ベースオイルで希釈し、患部に軽くたたくようにつける。

デオドラント効果
精油はデオドラントスプレーや足浴に効果的。殺菌作用と脱臭作用が口臭に効くため、歯科用製剤にも使用されている。

髪と頭皮のコンディショニング
濃いめに淹れて冷ましたペパーミントティーをリンスとして用いると、髪に輝きが増し、フケが解消される。

頭痛の緩和
精油には気分をリフレッシュし、集中力を高める効果がある。緊張型頭痛の安全かつ有効な治療として長年認められてきたミントの精油は、アセトアミノフェンやパラセタモールなどの医薬品と類似した作用をもつ。水に希釈したペパーミント精油にユーカリの精油を1滴垂らすとさらに効果が高まる。

レモンバーム（西洋ヤマハッカ） *Melissa officinalis*

メリッサの別名をもつレモンバーム。この精油がスキンケア用品の成分として人気がある理由は、気分を高揚させるレモンの香りと、炎症やアレルギーを起こした肌への鎮静・抗炎症作用にあります。特に、湿疹や潰瘍などの皮膚疾患に高い効果を発揮。精油は十分に希釈し、濃度が1％未満になるようにします。

優れた作用

肌のコンディショニングと鎮静
炎症やアレルギーを起こした肌を落ち着かせるには精油を十分に希釈して用いる。また、主にストレスに起因して発現した皮膚の潰瘍や湿疹にも有効。虫刺されやトゲ、日焼けによる発赤やかぶれの緩和にも使用できるが、原液のまま肌に塗布することは絶対に避けること。

肌の改善
精油は手作りのスキントナーの成分として最適。血行促進作用が肌の色合いをいっそう明るくし、引き締め作用が肌の調子の改善に役立つ。

アンチエイジング
精油にはきわめて優れた抗酸化作用があり、フリーラジカルのダメージから起きる肌の老化を軽減する。

肌の修復と保護
レモンバームに含まれるカフェ酸とフェルラ酸という2つの化合物には、皮膚層の奥深くにまで浸透し、紫外線によるダメージから肌を保護する作用があることが明らかになっている。

殺菌・抗ウイルス作用
精油がもつ抗菌作用はニキビや他の発疹のケアに役立つ。またヘルペスウイルスに有効なため、口唇ヘルペスにはティンクチャーまたは薄めた精油を患部に軽くたたくように塗布する。

頭痛の緩和
メリッサの精油の香りは気分を高揚し、特に首や肩の緊張からくる緊張型頭痛あるいは片頭痛の治療に効果がある。

レモンバームの特性
レモンバームは鎮静作用のあるシソ科の仲間で、原産地はヨーロッパ中央部から南部。

精油
メリッサオイルとして有名な黄金色の精油はレモン系のハーブの香りを放つ。気分をよくする作用があることから、アロマセラピーでの人気が高い。

香りのブレンドレシピ
気分を高揚させる香りの調合には、メリッサの精油にゼラニウム、ローズ、ジャスミンと好みのシトラス系の精油をブレンドする。カモミールやラベンダーの精油との相性もよい。

食から美を得る

お茶：レモンバームティーには気分を高め、神経疲労を癒す作用と、ストレスからくる頭痛や片頭痛の緩和作用がある。

パチュリー *Pogostemon cablin*

パチュリーの葉から抽出した精油には覚醒・強壮作用があり、皮膚の細胞成長促進や妊娠線の改善に効果的。加齢肌の活性化やシワを目立たなくする効き目もあります。また、殺菌作用はニキビなどのトラブル肌のケアに効果的。香りはストレスや不安感の解消に有効です。

葉
ビクトリア時代、インド製のカシミアショールをイギリスへ運ぶ際、蛾に食われるのを避けるためにパチュリーの葉が間に挟まれた。

パチュリーの特性
マレーシアとインド原産の植物。精油は芳香のある若葉を水蒸気蒸留して作る。

香りのブレンドレシピ
土を思わせる男性的な香りは、パチュリーの精油にシダーウッド、ジンジャー、サンダルウッド、バニラ、好みのシトラス系の精油をブレンドして作る。

精油
覚醒作用の他にも、麝香(ムスク)に似た刺激的な木質の香りをもつパチュリーの精油は、香料メーカーから珍重されている。他の多くの精油と異なり、精油の香りの質が年月を重ねるごとに高まる傾向がある。

優れた作用

肌の修復と保護
精油に皮膚細胞の再生作用があり、シワ、傷あと、妊娠線を目立たなくする。クモ状静脈には昔からこの精油を滴下した美容液、ローション、クリームを塗布していた。また、ひび割れてがさついた水分不足肌には優れた保湿剤となる。

殺菌作用
パチュリーの精油はニキビ、脂性肌、じくじくするただれ(滲出性皮膚炎)、とびひ(膿痂疹)の治療に効果がある。また抗真菌作用により、水虫などの真菌感染症にも有効。

肌の調整作用
収れん作用に優れた精油は皮脂分泌のバランスを整え、脂性肌やニキビ性肌の正常化を助ける。

防虫作用
精油には優れた防虫作用があるが、応急処置として虫刺されやトゲのあるところに原液のまま塗布すると*鎮静作用も得られる。

ストレスの緩和
アロマセラピーにおいて、精油は神経疲労、ストレス、不安感の緩和効果をもたらす。

デトックス
マッサージオイルにパチュリーの精油をブレンドすると、幅広い利尿作用があり、体内に溜まった余分な水分やセルライト対策に効果を発揮する。

催淫作用
刺激的な香りのパチュリーの精油は昔から催淫剤として用いられ、緊張感や倦怠感を払拭する効果があるといわれている。

*監修者注　日本では原則として、精油の原液を皮膚に塗布することは推奨しない。

パチュリーの精油には優れた防虫作用がある。

ローズマリー（マンネンロウ） *Rosmarinus officinalis*

地中海原産のこのハーブの特徴は洗浄作用にあります。活性成分は防腐・抗酸化作用のあるカルノシン酸と抗炎症作用のあるロスマリン酸。血液とリンパ液の流れを促進し、くすんだ肌や頭皮トラブルの改善に効果を発揮します。精油は十分に希釈し、濃度が1％未満になるようにします。

優れた作用

肌と髪の強壮作用
収れん作用のある精油はスキントナー（化粧水）として優れ、また頭皮のバランスを整え、抜け毛やフケに効くリンスとしても効果あり。ベースオイルに薄めるだけで使用できる。

アンチエイジング
豊富な抗酸化物質を含有するローズマリーのお茶を飲んだり、精油やティンクチャーをマッサージに使用したりすると、炎症緩和や、老化の原因となる活性酸素によるダメージの予防に役立つ。

デトックスマッサージ
精油で肌をマッサージしてリンパ系を刺激すると、デトックス効果とセルライトや体内の余分な水分の排出効果が得られる。また加温作用が運動前後に痛みのある筋肉をほぐす効果がある。

防虫作用
精油にはシラミや疥癬の除去効果がある。痛みや虫刺されのある部分にティンクチャーを原液のまま軽くたたくようにつけると、炎症を緩和し、治癒を早める。

抗酸化作用
ローズマリーに含まれるカルノシン酸は強力な抗酸化物質であり、スキンケア天然防腐剤として利用されている。最近の研究では皮膚細胞へのUVAダメージを防ぐことが示され、日焼け防止成分として利用できる可能性もある。

集中力と記憶力を高める
精油は脳に影響を与え、集中力や記憶力を強化する。疲労、衰弱、無気力などからの回復効果もある。海外旅行には時差ぼけ解消用に携帯しておくとよい。

ローズマリーの特性
フレッシュとドライのどちらのローリーズマリーも食材として人気が高い。料理の風味づけとしてだけでなく、防腐剤として食中毒と関連のある細菌を無力化する作用もある。お茶は消化を助ける。

精油
フレッシュな花の先端部分を使い、水蒸気蒸留法によって抽出される。中世においては、浄化力のある強力な香りをもつこの精油は悪魔を退け、疫病から守る力があると信じられていた。

ティンクチャーを水で薄めたものは、頭痛や消化管の不調を緩和するのに有効。

ティンクチャー
切り傷や痛みのある部分に塗布したり、水で薄めてリンスとして使ったりする。

手作りレシピ

ティンクチャー：大きめの容器のおよそ3/4にフレッシュまたはドライハーブを入れる。ウォッカ、ブランデー、あるいはリンゴ酢のいずれか500 mLをハーブが完全に浸るまで注ぎ、かき混ぜる。容器を密閉して冷暗所に少なくとも3週間置き、1週間に3回振り混ぜる。モスリンクロスで濾して褐色ガラス容器に移す。

香りのブレンドレシピ

気分をすっきりさせるリフレッシュ効果のある香りは、ローズマリーの精油にペパーミント、ラベンダー、サイプレス、オレンジ、プチグレインの精油をブレンドして作る。

✳ ✳

セージ（薬用サルビア）Salvia officinalis

セージは収れん・抗炎症作用があり、肌の調子を整えるのに役立ちます。強力な殺菌作用とデオドラント効果をもつロスマリン酸が含まれ、またデトックスを助ける穏やかな利尿作用もあります。その他には血行促進作用や、意識や感情の集中力を高める作用などもあります。精油は十分に希釈して使用しますが、内服は避けます[*1]。妊娠中の女性や発作を起こしやすい体質の方の使用は禁忌。

セージの特性
セージという名称の語源はラテン語の"salvare"、「癒す」や「救う」の意味をもつ。

香りのブレンドレシピ
コロンのような爽やかな香りを作るには、セージの精油にベルガモット、プチグレイン、ラベンダーの精油をブレンドする。レモンやローズマリーの精油とも相性がよい。

クイックレメディ
喉のお手入れ：濃いめに淹れたお茶、またはティンクチャーを少量加えた水をうがい薬やマウスウォッシュとして用いる。殺菌作用により、口内炎、歯肉炎、口臭、喉の痛みに効く。

＊ ＊ ＊

精油
ハーブ特有のはっきりとした香りを放つ精油は、疲労やストレスを回復させる効果がある。

優れた作用

肌のコンディショニングと鎮静
精油を加えた軟膏や洗浄剤は切り傷や擦り傷に有効。希釈した精油も口唇ヘルペスの乾燥、湿疹や乾癬の鎮静に効果がある。

肌の改善
精油や浸剤は、血流を増加し、毛穴を小さくすることで肌の調子を改善する。

アンチエイジング
精油の抗酸化作用は加齢による老化を遅らせ、フリーラジカルの有害な影響を軽減する。

髪への栄養補給
精油を水または酢で薄め、リンスとして使用すると、フケの抑制や白髪交じりの髪の光沢や色の回復効果が得られる。また、オリーブオイルで薄めるとトリートメントになる。髪に適用して2～3時間放置し、いつも通りにシャンプーする。一晩放置すれば、より高いトリートメント効果が得られる。

ストレスの緩和
精油は神経機能の強壮作用があり、神経を強くし活力を高める。さまざまなストレス下でも気分を和らげるのに効果的。

デオドラント効果
精油またはティンクチャーを手作りのデオドラント用品に添加すると身体のにおいの原因となる細菌を死滅させ、爽やかさが長続きする天然香料として使用できる。フットバスに滴下すると疲れた足に鎮静とリフレッシュ効果をもたらす。

[*1] 監修者注　日本では原則として、すべての精油は内服しない。

食から美を得る
お茶：セージのハーブティーやサプリメントを定期的に摂取すると、特に更年期の多汗症状を軽減できることが、研究から明らかになっている。

ハーブ類 | 43

タイム（タチジャコウソウ） Thymus vulgaris

華奢な小さな葉に惑わされることなかれ……。この芳香豊かな樹脂を含むハーブにはものすごいパワーが詰まっています。さまざまな痛みを緩和するためにタイムをバスタブに入れることは、はるか昔から行われていました。タイムの有効成分であるチモールには強力な殺菌力があり、その香りには精神を刺激して、気分を晴れやかにリフレッシュする作用があります。精油は肌を温めて調子を整え、血行を改善します。

優れた作用

肌のコンディショニングと鎮静
精油とティンクチャーは湿疹の治癒力をもつが、必ず希釈して使うこと。過敏症の肌や傷んだ肌、あるいは2歳未満の幼児には使用しない。

肌の改善
薄めた精油またはティンクチャーは循環器系への刺激・強壮作用と、肌の色合いを明るくする作用がある。抗酸化作用のあるフェノール類やフラボノイド類はフリーラジカルによるダメージから肌を保護する。

ニキビのケア
臨床試験によると、ティンクチャーはプロピオン酸菌属のニキビに対する殺菌力が高く、ニキビ抑制クリームや洗顔料に含有される有効性分の過酸化ベンゾイルよりも効果的であることが示されている。ニキビはこの細菌が肌の毛穴へ感染することによって発生し、発疹や毛穴の皮脂詰まり、吹き出物の原因となる。

殺菌作用
十分に薄めた精油を含めた湿布は、感染部位、おでき、ただれに効果がある。また身体や頭部のシラミや乾癬、あるいはカンジダ、真菌性爪感染症、水虫などにも有効。

髪と頭皮のコンディショニング
リンスや頭皮のトリートメントにタイムの精油またはティンクチャーを加えると、フケや脂漏性皮膚炎などの症状の解消を助ける。

さまざまな痛みの緩和
加温効果のあるリニメント剤（ジェル状などの塗布薬）やローションに精油をブレンドし、これを痛みのある関節や筋肉に擦り込むと非常に優れた鎮痛効果が得られる。

ストレスの緩和
精油をブレンドしたマッサージオイルは不安感、ストレス、気分の落ち込みを和らげる。安眠促進にも有効。

*2 監修者注　日本では原則として、精油の濃度は1％以下が安全とされている。

タイムの特性
繊細な見た目と刺激的な香りをもち、料理用と薬用のどちらにも人気が高い。

精油
殺菌・天然防腐作用が強力なため、精油の濃度は3％以下*2 に抑えること。

香りのブレンドレシピ
エネルギッシュで刺激的な香りを作るには、タイムの精油にラベンダー、グレープフルーツ、パイン、ローズマリーの精油をブレンドする。クローブやレモンの精油とも相性がよい。

クイックレメディ
殺菌ローション：ティンクチャーに少量の水を混ぜた殺菌ローションは切り傷、擦り傷、口内炎に効く。ティンクチャーの代わりに、フレッシュハーブを使って濃いめに淹れたお茶を使用してもよい。

＊＊＊

ティンクチャー
アルコールベースの中にはハーブの有効成分が詰まっている。

ティー（茶）*Camellia sinensis*

茶葉の中でも特に緑茶と白茶のエキスは、コスメ用品の成分としてよく使われています。茶抽出成分には抗炎症作用と抗発がん作用があり、これらは日光などの環境によるダメージから身体を保護することで、結果的にアンチエイジング効果をもたらします。茶葉は多種多様な農薬処理が施されているため、栄養素の有効性を最大限活用するにはオーガニック栽培の茶葉を選びましょう。

緑茶葉（グリーンティー）
この繊細な緑茶葉は、摘み取った新鮮な葉を軽く蒸した後に乾燥したもの。緑茶葉の仲間はカテキンと呼ばれる抗酸化ポリフェノールを豊富に含む。

優れた作用

アンチエイジング
抗酸化物質に富むお茶のエキスを加えたオーガニックコスメは、炎症や活性酸素が原因の老化を遅らせる作用がある。緑茶に含まれる抗酸化性のあるカテキンは身体の外から適用したり、ドリンクとして飲用したりすると、紫外線や肌の老化に対する抵抗力を高める。

肌の調整作用
茶葉にはカフェインが含まれるため、β-カロテン、ビタミンC、抗酸化ポリフェノールなどの抽出成分が血行を促進し、肌の状態と組織構造を改善する。

紫外線からの保護
紅茶、緑茶、白茶のいずれにもUV吸収作用があり、局所的に適用すると日焼け防止効果がある。ただし、日焼け防止対策をこの茶葉エキスだけに頼らないこと。

デトックス
お茶には穏やかな収れん・利尿作用があり、むくみや余分な水分の排出を助ける。

白茶葉（ホワイトティー）
白茶葉は軽い酸化防止処理や本格的な製茶行程に入る前に、自然光に当ててつぼみと葉を萎れさせる。

紅茶葉（ブラックティー）
発酵と乾燥により、紅茶葉には多様な抗酸化物質がもたらされる。その多くはテアフラビンとテアルビジンで、これらは緑茶葉中の同成分と同じ程度の有効性をもつ。

クイックレメディ

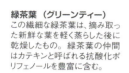

リンス：髪に輝きとツヤを与えたい時は、濃いめに淹れた緑茶葉の浸剤を使う。冷ました浸剤でていねいに髪をコートし、10分間放置した後に通常通りシャンプーする。

＊＊＊

食から美を得る

緑茶：カップ1杯の緑茶を飲むと、花粉症などのアレルギーや湿疹などの症状を和らげる作用がある。

白茶：毎日カップ1杯の白茶を飲むと、がんやリウマチ性関節炎のリスク、または加齢に伴うシワの増加を抑制する。

セントジョンズワート（西洋オトギリソウ）*Hypericum perforatum*

セントジョンズワートは鎮静作用に優れ、軽度から中等度のうつ症状を改善するハーブとして有名ですが、それだけではありません。あまり知られていませんが、ティンクチャーや浸出油として外用すると、肌への抗炎症作用、神経痛の緩和、軽度な切り傷や擦り傷の治癒にも効果があります。

優れた作用

肌のコンディショニングと鎮静
浸出油は、湿疹、乾癬、さまざまな皮膚トラブルにより炎症を起こした皮膚の鎮静に特に有効。口唇ヘルペスやウイルス性皮膚病変には、浸出油、ティンクチャー、濃いめに淹れたお茶を局所的に用いる。浸出油は原液のまま使用できるが、肌の光感作を悪化させることがあるため、日光を浴びる前には適用しないこと。

切り傷、擦り傷、打撲の治癒
浸出油やティンクチャーは、神経痛、関節炎、腱炎の治癒、あるいは皮膚のただれ、軽度なやけど、日焼け、切り傷、擦り傷の鎮静に優れた効果がある。切り傷や創傷には、ティンクチャーを軽くたたくようにつけることもできる。

筋肉痛の緩和
筋肉痛の緩和には、浸出油をマッサージオイルとして使用すると最大の効果が得られる。

抗うつ作用
神経系の鎮静に効くこのハーブは軽度から中等度のうつ症状や更年期の不安感の治癒効果に優れる。気分をリラックスさせてうつ症状を改善する作用は安眠効果も誘導するため、肌や髪の健康にも役立つ。

> セントジョンズワートは、気分をリラックスさせてうつ症状を改善する作用があり、安眠を促す。

セントジョンズワートの特性
この黄色い花を咲かせるハーブは古代ギリシャ時代から利用され、悪魔の魂を追い出す効果があると信じられていた。現代ではうつ症状の優れたレメディとして名高い。

花
花と葉はハーブティーとして利用される。

葉
小さな葉を光に透かすと、葉にミシン目や小窓のように見える小さな油房があるのがわかる。

ティンクチャー
セントジョンズワートをティンクチャー（p.41 参照）として摂取すると、血流に早く取り込める。

セントジョンズワート浸出油
フレッシュフラワーをオリーブオイルなどに浸出させて作った浸出油（p.26 参照）。この濃色のオイルは炎症と痛みに効く。

ウィッチヘーゼル（アメリカマンサク）Hamamelis virginiana

ウィッチヘーゼルには収れん・冷却・回復作用があります。一般には浸剤やハーブウォーター（ハイドロソル）として、肌のクレンジングや調整、リフレッシュに用いられています。抗酸化作用のあるフェノールとタンニンを豊富に含有するため、炎症を起こした肌の鎮静や肌荒れ、ただれ、痛みの緩和、あるいは創傷の洗浄、打撲の治癒に利用されます。

小枝
ウィッチヘーゼルのエキスは、低木樹木の小枝を蒸留して抽出される。

ウィッチヘーゼルの特性
アメリカ原産のウィッチヘーゼルは、腫れ、炎症、肌の発疹の外用治療薬として長い歴史がある。

ウィッチヘーゼルハーブウォーター
ほとんどの薬局で販売されているウィッチヘーゼルのエキスは小枝を原料とした蒸留液だが、収れん作用が強すぎることもある。この蒸留過程で得られた副産物のハーブウォーターの方が肌に穏やかに作用する。

優れた作用

脂性肌対策
蒸留液はほとんどの肌質に適用できるが、極度の乾燥肌には強すぎることがある。脂性肌のバランス調整とニキビの乾燥作用に特に優れる。蒸留液を原液のまま軽くたたくようにして顔につけるか、手作りコスメの原料として使用する。

肌のコンディショニングと鎮静
ウィッチヘーゼルは昔から湿疹、乾癬、アレルギー性皮膚トラブルなどの肌の状態を緩和するのに用いられている。患部に直接適用できる。

収れん作用
ウィッチヘーゼルの収れん性は、静脈瘤の緩和やクモ状静脈の収縮などにも効果的。

切り傷、擦り傷、打撲の治癒
軽度の皮膚の傷には、患部や出血部位の洗浄・消毒に利用する。打撲や虫刺されの治癒、捻挫用湿布剤の基剤としても役立つ。

シェービング後の鎮静
高価な市販品に代え、シェービング後の肌の引き締めには、蒸留液かハーブウォーターをたっぷりと塗布する。

目の疲労回復
疲れた目のリフレッシュとクマや腫れの軽減には、ハーブウォーターを使う。コットンやタオルに少量のハーブウォーターを浸し、閉じた目の上にのせて20分間目を休ませる。

ウィッチヘーゼルは、脂性肌のバランス調整とニキビの乾燥作用に特に優れる。

ボリジ（ルリジシャ） *Borago officinalis*

ボリジの種子から精製される調整力に優れたオイルには、抗炎症作用のある必須脂肪酸のγ-リノレン酸（GLA）が豊富に含まれます。特に日焼けで傷んだ肌や加齢肌の若返りに効果的。オイルを少量（全体量の約2〜10％）ブレンドするだけで、著しい効果が得られます。

種子
種子には植物油が豊富に含まれているため、大量に栽培されている。

ボリジの特性
キュウリに似た風味をもつ若葉はカクテルやサラダに、食用花は彩りとして料理に添えられる。

優れた作用

肌のコンディショニングと鎮静
オイルにはオレイン酸、パルミチン酸、ステアリン酸などの脂肪酸が含まれ、皮膚軟化作用がある。抗炎症作用をもつGLAは湿疹、乾癬、脂漏性皮膚炎の緩和効果が有名。サプリメントとして摂取しても肌に直接塗布しても、きわめて類似した美容効果が得られる。オイルは長期保存に向かないため、手作りコスメを作るときにはカプセル状のオイルを利用した方がよい。またはドライハーブを使って淹れたお茶をコットンに含ませ、肌の気になる部分に軽くたたくように適用する。

アンチエイジング
オイルには肌の鎮静、保水、治癒、弾力性改善などの作用がある。細胞再生効果が高いため、特に加齢肌に最適。また、乾燥防止と肌細胞の強化にも役立つ。

爪の強化
オイルを爪に擦り込むと、GLAが爪の強化と健康な甘皮の維持に働く。

ボリジシードオイル
オイルには抗炎症作用のあるGLAが約24％含まれる。GLA含有量はイブニングプリムローズやブラックカラントのシードオイルよりも多い。

コンフリー（ヒレハリソウ） *Symphytum officinale*

コンフリーは切り傷や擦り傷のみならず、骨折の治療薬として古くから用いられ、抗炎症作用と肌の若返り効果もあります。葉には乾燥防止と細胞の成長・修復を助けるタンニンとアラントインが豊富に含まれています。

コンフリーの特性
葉には、アラントインと呼ばれる肌の細胞の成長を促進する物質と、炎症を緩和し肌の健康を維持する物質が含まれる。

優れた作用

肌のコンディショニングと鎮静
コンフリーには治癒・抗炎症作用のあるアラントインが含まれる。あらゆる肌質に適すが、特に炎症のある乾燥してひび割れた肌に有効。

紫外線からの保護
コンフリーに含まれるロスマリン酸は抗炎症・抗酸化作用があり、UVダメージから肌を保護するのに役立つ。

切り傷、擦り傷、打撲の治癒
創傷の感染を防ぐ抗菌作用があり、ティンクチャー、軟膏、クリーム、浸出油は創傷、潰瘍、虫刺され、その他の皮膚炎症の治療薬として古代より用いられてきた。浸出油と軟膏は、創傷の深い部分が治るよりも早くに皮膚表面を治癒させる可能性があるため、深い傷や感染した皮膚には使用しないこと。

髪への栄養補給
コンフリーの葉を温かい酢に浸して冷ました液で髪全体をすすぐと、髪が柔らかく、扱いやすくなる。

コンフリー浸出油
この浸出油は皮膚の広範囲に適用し、治癒作用をもたらすことができる。

レモングラス（レモンガヤ）　*Cymbopogon citratus*

強力な強壮作用をもつレモングラスは、身体と心の両方に刺激を与えてリフレッシュさせる効果と、脂性肌やニキビ性肌に適した収れん作用があります。また、痛みの緩和作用と強力な殺菌力が切り傷、擦り傷、軽度の刺し傷の治療に効果を発揮するだけでなく、防虫剤としても有効です。精油は十分に希釈し、濃度が1％未満になるようにします。

レモングラスの特性
インド原産のこの草には芳香と収れん作用があり、アーユルヴェーダでは何世紀にもわたり、利尿とデトックスを助けるハーブとして利用されている。

香りのブレンドレシピ
エネルギッシュで気分を高揚させる香りは、レモングラスの精油にサイプレス、シダーウッド、ゼラニウム、オレンジの精油をブレンドして作る。バジルやティートリーの精油とも相性がよい。

シトロネラグラスの特性
芳香のある草から蒸留された精油は虫除けになる。

精油
水蒸気蒸留法によって抽出されたこの精油はレモンに似た甘い香りを放つ。神経系への鎮静作用がある。

優れた作用

収れん作用
精油は肌に収れん・殺菌作用をもたらす。フェイシャルスチームに加えると、肌の奥まで洗浄し、毛穴の開きや詰まりを改善する。

肌の修復と保護
精油はニキビ、湿疹、水虫などのトラブルの治癒に効果あり。

肌の調整作用
精油の精製過程の副産物であるハーブウォーター（ハイドロゾル）にもレモングラスの精油成分が含有されている。スキンケアローションやクリームに添加したり、スキントナー（化粧水）として使用したりする。

デオドラント
フレッシュな香りと殺菌効果をもつ精油は、多汗症対策に効果を発揮する。精油にはシトラールやミルセンなどの抗菌力をもつ有効成分が含有されているため、デオドラント効果がある。

防虫作用
精油は、蚊やノミなどを退治する天然防虫剤の主成分となる。またシラミ、疥癬、ダニにも利用できる。別の品種のシトロネラ（*Cymbopogon winterianus*）はさらに強力な防虫力をもつことから、天然の虫除けスプレーなどの主成分として用いられる。

抗うつ作用
精油は穏やかな抗うつ作用をもたらす。精油の香りを吸入すると、ストレスや神経疲労の緩和に効く。

頭痛の緩和
精油には頭痛や時差ぼけの症状を緩和する作用がある。

食から美を得る

お茶：味のよいハーブティー（右頁参照）は気分を高揚させ、集中力を高めるのに効果的。消化やデトックスを促進する作用もある。

レモングラスティー：カップ1杯につき、大きめに刻んだ葉柄またはドライリーフを小さじ2杯使用する。熱湯に5分間浸した後、かき混ぜてから飲む。

パルマローザ *Cymbopogon martini*

レモングラスの仲間であるパルマローザは、インドに自生する植物です。その精油は芳香のある葉から水蒸気蒸留で抽出され、甘いバラのような心地よい香りを漂わせます。スキンケア効果が高いことで有名な精油は、乾燥肌の保湿や脂性肌の皮脂分泌の正常化など、肌バランスの調整に働きます。また、疲れた肌や加齢肌の調子を整え、活性化させる作用もあります。

香りのブレンドレシピ
フローラルな若々しい香りを作るには、パルマローザの精油に、ローズ、ゼラニウム、グレープフルーツ、イランイランの精油をブレンドする。サンダルウッドやマンダリンの精油とも相性がよい。

パルマローザの特性
同科のレモングラスやシトロネラなどの芳香性の草と比べると、パルマローザはシトラス系よりもローズ系の香りが強い。

ハーブウォーター
いずれのハイドロソルとも同じように、植物がもつ芳香と有効成分が含有されているが、精油よりも希釈されているため、肌や髪に直接適用できる。

精油
花が咲く直前の葉を乾燥させたものを、水蒸気蒸留法で精製する。インディアンゼラニウムやターキッシュゼラニウムの呼び名もある。

クイックレメディ
パルマローザの精油2〜3滴を熱湯の入ったボウルに滴下したフェイシャルスチームは、毛穴の詰まりを解消し、疲れて見える肌の調子を整えて引き締める効果がある。タオルを使い、蒸気の上がっているボウルと頭をテントのように覆う。

＊＊＊

優れた作用

肌の修復と保護
精油はあらゆる肌質にバランス調整と保水効果をもたらし、傷あとや妊娠線を目立たなくさせるのに役立つ。アーモンドオイルなどの軽い質感のベースオイルでパルマローザの精油を希釈し、気になるところに塗布する。

肌の改善
精油をフェイシャルまたはボディケア用品に加えると、肌の調子が全体的に改善される。

アンチエイジング
精油は細胞再生を促進し、シワと小ジワを目立たなくする。スキンケア用品では、疲れた肌や加齢肌を明るく見せる成分として用いられている。

殺菌作用
精油とフローラルウォーターは、脂性肌をコントロールし、ニキビ、皮膚炎、水虫、軽度の皮膚感染症の治癒にも効果的。

ストレスの緩和
マッサージオイルにパルマローザの精油をブレンドすると、気分の高揚や、心と身体の鎮静と強化に効果がある。ストレス、神経の緊張、不安感の軽減にも有効。

催淫作用
精油は神経を落ち着かせるだけでなく、気分を高揚させる作用もあることから、催淫効果もある。

> パルマローザの精油は
> 細胞再生を促進し、
> シワと小ジワを目立たなくする。

アロエベラ（新生アロエ）*Aloe barbadensis*

アロエベラのジェル（ゼリー状の溶液）を原料とする美容製品は数えきれないほどありますが、それ以外にもやけどの冷却、創傷の修復と治癒、湿疹や乾癬などを生じた肌の鎮静などに使われています。効果を最大限引き出すには、できるだけ手を加えないことです。新鮮な葉をそのまま切り取ったアロエを使うのが一番ですが、手に入らない場合には、アルコール漬けにした葉のエキスよりも、アロエの100％ジュースやジェルを探し求めましょう。

優れた作用

やけどと創傷の治癒
日焼けからより重度の熱湯や火によるやけどまで幅広い症状に対処することから「バーンプラント（やけど用植物）」の呼び名があり、ジェルやハーブウォーターを外用すると顕著な治癒力を発揮する。軽度の創傷に対しては、その周囲の皮膚を軟化し、治癒中の乾燥を防ぐ作用がある。

肌のコンディショニングと鎮静
ジェルやハーブウォーターの抗炎症作用は太陽を浴び過ぎた肌の鎮静に効く。ヒスタミン形成を阻害することで接触性皮膚炎などのアレルギー症状を緩和する作用があり、また乾癬への有効性なども明らかになっている。

肌の改善
ジェルとハーブウォーターは肌のシミを目立たなくする効果がある。

肌の調整作用
アロエベラの液汁はスキントナー（化粧水）として、あるいは脂性肌の改善のために使用する。毎日肌に塗布することもできる。

ニキビのケア
アロエ成分の抗菌作用はニキビの原因菌を殺菌するのを助ける。

アンチエイジング
さまざまなコスメ用品にジェルやジュースを加えると、肌の保水と保湿に効く。シワや小ジワのある皮膚をふっくらと盛り上げる作用もある。

髪と頭皮のコンディショニング
アロエベラの抽出成分に含まれるサリチル酸は、頭皮に溜まるフケの除去に有効。脂漏性湿疹のうろこ状のかさぶたやかゆみに著しい改善効果があることが確認されている。

歯と歯肉のケア
新鮮なアロエのジェルをジュースで薄めた液はマウスウォッシュや歯磨きペーストの成分として使用できる。この液でうがいをすると、歯肉炎、口唇ヘルペス、口内炎に効果がある。新鮮なアロエのジェルを歯肉に適用すると、痛みと炎症を緩和する。

シェービング後のケア
男性はアロエのジェルをアフターシェーブローションとして使用できる。肌への刺激と炎症を軽減し、切り傷やカミソリ負けを治癒する効果がある。

アロエベラの特性
アロエには200種以上の仲間が存在するが、商業的に栽培されているのは *Aloe barbadensis miller* と *Aloe arborescens* のわずか2種類であり、前者の品種の方が広範囲に利用されている。

ジュース
肌の軟化・保護作用があり、フェイシャル用のクレンザーやモイスチャーとして利用されることが増えてきている。

ジェル
葉から得られるフレッシュジェルには添加物は含まれない。ジュースを濃縮して作ったジェルを使用する場合には、主成分が水や増糖剤ではなく、アロエベラであることを確認する。

フレッシュジェル

ジュースから作ったジェル

アボカド *Persea gratissima*

アボカドにはビタミン、ミネラル、ヘルシーな脂肪、レシチン、植物ステロールが豊富に含まれ、これらはいずれも身体の内側と外側に治癒効果をもたらします。アボカドオイルは特に肌の保湿・細胞再生活性作用に高い効果があります。アボカドを食べたり局所的に適用したりすると、その栄養が身体のすみずみまで行き届き、病気や肌の老化を招くフリーラジカルの抑制に働きます。

アボカドオイル
アボカドの果肉を圧搾抽出したこの暗緑色のオイルはデリケートなため、褐色ボトルに入れて冷所で保管する。他のベースオイルに10％程度ブレンドして使うのが最適。

果肉
アボカドはビタミンA・B₁・B₂・D・E、パントテン酸、タンパク質、レシチン、脂肪酸を豊富に含有するだけでなく、抗酸化作用にも優れる。

優れた作用

肌と髪のコンディショニング
オイルは乾燥した肌に水分を補給し、肌細胞の再生を助ける。脂肪酸を多量に含有するため、かさついた足、ひざ、ひじの皮膚のコンディショニングや、日射しや厳冬などの環境や、スタイリングで傷んだ髪を修復する作用に優れる。乾燥のひどい範囲がわずかならば原液のまま塗布できるが、毎日使いたい場合には、粘性が高いので、質感の軽いオイルに10～25％程度ブレンドする。フレッシュなアボカドの果肉をなめらかなペースト状になるまで擦りつぶしたものは、滋養・鎮静作用に優れたフェイシャルマスクとしてあらゆる肌質に使用できる。顔に塗って20分放置してから洗い流すと、肌に輝きが生まれる。

肌の修復と保護
オイルを定期的に適用すると妊娠線を予防し、目立たなくする効果がある。入浴あるいはシャワーの後に、水で湿らせた手にオイルを原液のままのせて適用する。

アンチエイジング
オイルは疲れてくすんだ肌に輝きを与えるのに効果的。脂肪酸と植物ステロールが加齢肌の滋養と活性化を助ける。

紫外線からの保護
オイル単体では日焼け止め効果はないが、日差しから肌と髪の両方を保護する作用を強化する働きがある。また、日焼けによる痛みも緩和する。

食から美を得る

アボカドの果肉：アボカドは不足すると肌の乾燥や髪と爪の脆弱化を招くビオチンという栄養素を多量に含有している。滋養に富む栄養素がたくさん詰まったアボカドを食べると、肌の病気と老化の原因となるフリーラジカルの抑制に効果がある。

アボカドオイル：サラダにかけると、肌を保護する2種類の抗酸化物質であるリコペン（リコピン）とβ-カロテンの吸収率が2～4倍も高まる。

> アボカドオイルは
> 疲れてくすんだ肌に
> 輝きを与えるのに効果的。

オリーブ *Olea europaea*

重い質感のオリーブオイルは、ヘルシーな脂肪、肌の細胞再生を助ける植物性抗酸化物質、ビタミンE、スクワレン、オメガ9系のオレイン酸を豊富に含み、保湿と治癒作用に優れています。日々の自然派ビューティーケアにおいて多目的に使用できるオイルです。

果実
果実の表皮には抗炎症作用のある抗酸化物質、プニカラギンが豊富に含まれる。

オリーブオイル
果実全体をきめ細かいペースト状になるまで擂りつぶしたものから抽出される。

優れた作用

肌の洗浄とコンディショニング
肌の深層まで浸透するオリーブオイルには持続性の高い保水力があるため、肌のなめらかさと弾力を維持する。ウォータープルーフのアイメイクでも、エキストラバージンオリーブオイルを1〜2滴垂らしたコットンで優しく拭き取れば、敏感肌も刺激せず、効果的に除去できる。

アンチエイジング
オイルに含まれる抗酸化物質とビタミンEは細胞変性を阻止する作用があるため、老化の予防に役立つ。またスクワレンがバリアとなり、水分喪失から肌を守る。

爪のケア
爪と甘皮にオイルを2〜3滴垂らして擦り込むと、爪のコンディショニングと保護だけでなく、輝きを増す作用もある。

髪と頭皮のコンディショニング
オイルは乾燥した髪と敏感な頭皮の治癒に優れる。シャンプー前のプレトリートメントやオーバーナイトヘアマスクとして使用する。

抗真菌作用
オイルには抗真菌作用もあり、オリーブの葉のエキスは口唇ヘルペスや、カンジダ、鵞口瘡（がこうそう：カンジダによる口腔内の感染）、水虫などの真菌感染症の治癒に有効なことが確認されている。

食から美を得る

オリーブオイル：食品から得られる脂溶性の必須ビタミンの吸収力を高め、健康な肌に導く。光や熱を避けて保存すること。

ポメグラネイト（ザクロ） *Punica granatum*

種子から抽出されるオイルにはアンチエイジング、肌の調整作用、保湿作用があります。外皮と中果皮から採れるエキスには、炎症の緩和とコラーゲン産生の維持に役立つ抗酸化物質のプニカラギンが豊富に含まれます。

種子
肌を保護する栄養素と食物繊維を豊富に含む。これらの恵みを食生活に取り入れるとよい。

ザクロシードオイル
種子と中果皮から作られる透明な黄金色のオイル。このオイルに含まれるイソフラボンはコラーゲン産生促進作用があり、大豆にも同様の成分がある。

優れた作用

肌の修復と保護
外皮に含まれるエラグ酸には強力な抗炎症作用があり、やけどや皮膚潰瘍の治癒を助ける。また、皮膚細胞周辺の膜組織を強化してフリーラジカルによるダメージを受けにくくし、水分喪失を防ぐ。

肌のコンディショニングと鎮静
オイルは乾燥肌、湿疹、乾癬、あるいは日焼けした肌の栄養補給と修復に効果がある。オイルに含有されるプニカ酸は炎症や腫れを緩和する。

アンチエイジング
オイルやエキスを含むケア用品を局所的に適用すると、炎症を抑えることにより肌の弾力性を高めることが証明されている。また果皮エキスをオイルと一緒に用いると、コラーゲン産生と肌の細胞成長が促進されるため、肌の加齢を効果的に遅らせることができる。

紫外線からの保護
エキス、オイル、液汁には生物活性化合物が含まれるため、日焼け予防として紫外線によるダメージから肌細胞を守る力がある。

歯と歯肉のケア
粉末状にしたポメグラネイトを溶かした水でうがいをすると、口臭対策になる。

食から美を得る

ジュース：中果皮と種子から作ったジュースには有効な抗酸化物質が多く含まれ、血行を促進し肌の調子を改善する。

ラズベリーシードオイル
購入する場合には、溶剤抽出法よりも栄養素や植物化学物質をより多く引き出せるコールドプレス法で精製したオイルを選ぶこと。

葉
収れん作用に優れた葉は肌の調子を整える効果がある。

果実
β-カロテン、ビタミンC、葉酸の他にも、健康と美しさを増進する抗酸化物質の植物の恵みを豊富に含んでいる。

ラズベリー *Rubus idaeus*

最新の研究により、ラズベリーの果実とシードオイルには多様な抗酸化物質が豊富に含まれ、その中には抗炎症化合物のエラグ酸が存在することも明らかになりました。葉のエキスは強壮作用・殺菌作用があり、炎症を起こした肌の鎮静を助けます。

優れた作用

肌の修復と保護
オイルは抗酸化物質であるαおよびγ-トコフェロール（ビタミンE）をきわめて多量に含んでいる。抗炎症作用のあるオメガ3系必須脂肪酸のα-リノレン酸にも富む。

肌の調整作用
葉のエキスには穏やかな収れん作用があり、皮膚の表皮の引き締めに効果的。脂性肌にはドライリーフから作った濃いめの浸剤をスキントナー（化粧水）として塗布する。

肌のコンディショニングと鎮静
敏感肌にも使用できるほど穏やかなオイルは、保湿・軟化作用に優れ、肌の弾力と水分保持力の改善を助ける。エラグ酸が乾癬や湿疹などの肌状態の改善に働く。疲れて見える肌のクイックケアとして、熟した果実をつぶしたものをフェイシャルマスクとして塗布すると、肌の活性化に効果的。

紫外線からの保護
オイルには紫外線のUVB波とUVC波の吸収を助ける作用があることが研究により明らかになった。このため、日焼け止めクリームに添加すると効果的。

食から美を得る

ラズベリー：果実には抗がん作用や体重管理に効果のある多様な植物の恵みが含まれる。

果実
甘くほのかに酸味のある実の抗酸化力は、果物と野菜の中でトップ10に入る。

葉
ストロベリーの葉のハーブティーには利尿作用があり、自然の洗浄作用やデトックスを助ける。

ストロベリー（イチゴ） *Fragaria vesca*

ストロベリーはおいしいだけではありません。ビタミン・ミネラルなどの栄養素や抗酸化物質に富み、肌や髪を含めた全身の健康に効果を発揮します。肌の洗浄、調整、栄養補給などには、フレッシュストロベリーをそのまま利用するケアに人気があります。

優れた作用

肌の調整作用
ストロベリーに含まれるサリチル酸は、毛穴の引き締めと、古い細胞や不純物の除去に効果がある。

肌の保護と修復
エラグ酸は、環境によるダメージ、刺激物、汚染などに起因する炎症に効果的。日焼けには、濃いめに淹れたストロベリーリーフの浸出液を冷やして、これを肌に軽くたたくように塗布すると、冷却・鎮静効果が得られる。

肌の改善
ジュースには美白作用があり、昔から年齢によるシミやソバカスの治癒に使われている。

歯と歯肉のケア
エキスは作用が穏やかなため、子供用の歯磨きペーストの成分としてよく使われている。

アンチエイジング
エキスは光保護剤として働き、肌を老化から守る。さらに細胞成長促進作用を高め、紫外線によるDNAダメージを軽減する。

食から美を得る

ストロベリー：実と葉のハーブティーに含まれるサリチル酸、ビタミンC、α-ヒドロキシ酸（AHA）はニキビの解消と脂性肌のバランスを整える作用をもつ。

ブルーベリー Vaccinium corymbosum

北アメリカ原産のブルーベリーは、その栄養と薬効の高さから長年、食されてきました。主要な抗酸化物質を最も多く含む植物の一種であり、肌の調整に働くビタミンAとCを多量に含有し、アンチエイジング効果にも優れています。

実
ブルーベリーは有効な抗酸化物質の含有量がトップレベルであることが研究によって示されている。

優れた作用

血行促進
ビタミンCと繊維質を豊富に含むブルーベリーは、デトックスを助け、動脈と静脈の健康を維持する。こうした作用から、肌の健康増進と、クモ状静脈やシミなどのトラブル解消をサポートする。

アンチエイジング
フレッシュブルーベリーに含まれるビタミンCは、肌の弾力や調子を保つコラーゲンの産生をサポートする。また、ブルーベリーに含まれる抗酸化物質のポリフェノールは、シワの原因であるフリーラジカルと戦う力をもつことから、ブルーベリーエキスが含有された市販のコスメ用品は増え続けている。ブルーベリーに含まれるアントシアニンには、コラーゲンを破壊する物質を抑制する作用がある。45～61歳の女性を対象とした実験では、ブルーベリーエキスの希釈液を3カ月間毎日塗布した結果、加齢肌の質が著しく改善した。

脂性肌の対策
フレッシュブルーベリーの栄養素は肌の脂分レベルを正常化し、毛穴の詰まりやニキビの発生を起こりにくくする。

ブルーベリーの特性
あらゆる部位に抗酸化物質を含むが、茎から精製したエキスの抗酸化力が最も高い。

食から美を得る

ブルーベリー：実100gには、他の果物や野菜5食分に相当する抗酸化物質が含まれている。

シーバックソーン（スナジグミ、ヒッポファン） Hippophae

シーバックソーンは乾燥肌、ダメージ肌、加齢肌の水分補給・修復能力に優れることから高く評価されています。種子、果肉のどちらのオイルにも抗酸化作用のあるカロテノイドとビタミンE、さらには肌の調子を整え、日々のダメージから肌を守る植物ステロールが豊富に含まれています。

実
実から搾った果汁は肌状態を改善するビタミンを豊富に含む。

優れた作用

肌の調整作用
オイルに含有されるビタミンA・C・Eやβ-カロテンなどの抗酸化物質には、肌の調子を整える効果がある。

肌の修復と保護
オイルには栄養豊富なオメガ3系（α-リノレン酸）、オメガ6系（リノール酸）、オメガ9系（オレイン酸）などの肌、髪、爪に有効な脂肪酸が含まれている。乾燥や弾力の喪失から肌を守り、コラーゲン産生や細胞組織の再生を促進するオメガ7系脂肪酸（パルミトレイン酸）の優れた供給源でもある。

肌のコンディショニングと鎮静
脂肪酸を多量に含有するこのオイルは皮膚軟化作用と栄養補給力に優れ、特に乾燥肌や日焼けによるダメージを受けた肌に効果的。サプリメントとして摂取したり、原液のまま肌に塗布すると、乾燥してひび割れた肌の軟化・鎮静に効果的。

シーバックソーンの特性
雌雄異株植物で、雌株にはオレンジ色のベリー類に似た果実ができる。

食から美を得る

シーバックソーン：実に含まれるビタミンCはストロベリーやキウイ、オレンジよりも多い。酸味のある果汁はフルーツミックスジュースにブレンドされることが多い。

サプリメント
シーバックソーンをサプリメントとして摂取すると肌にさまざまなメリットがある。オイルには成分が凝縮されているため、少量で十分な効果が得られる。

ココナッツ *Cocos nucifera*

ココナッツの実（ヤシノミ）から採れる質感の軽いオイルは保湿と栄養補給効果が高く、あらゆる肌質や髪質に使用できますが、特に乾燥した肌や髪への鎮静・軟化作用に優れています。また抗炎症作用が創傷、水ぶくれ、発疹の治癒に働きます。ココナッツミルクやココナッツウォーターは、肌や髪の栄養補給とコンディショニングに役立ちます。

実
他の多くの種子類やアーモンドなどのナッツ類よりも脂肪分が少ない。また、バナナ、リンゴ、オレンジなどの一般的なフルーツと比較すると糖分が少なく、タンパク質が多い。

ココナッツウォーター
未熟な果実からしみ出る透明なココナッツウォーターは完璧な電解質バランスを保ち、身体への水分補給力が水よりも優れている。

優れた作用

肌のコンディショニングと鎮静
ココナッツオイルは吸収が速く、シルクのようになめらかな感触を肌に残す。また、荒れた唇、湿疹、皮膚炎にはミネラルオイルの代用として、あるいはシェービングオイルとして使用することもできる。肌や手を濡らした状態で適用するとオイルが広がりやすくなるため、身体の広い範囲にも素早く塗れるようになる。

肌の洗浄と調整
洗浄と保湿が同時にできるオイルは、メイク落としとしても優れている。ココナッツウォーターは軽めのクレンザーやスキントナー（化粧水）として使用すると、ほこりや皮脂、汚れなどが落としやすくなる。

髪の栄養補給
シャンプー前のプレトリートメントやオーバーナイトヘアマスクとしてオイルを使用すると、フケ対策や、乾燥して傷んだ髪のツヤと輝きの回復に効果的。

抗真菌作用
オイルに含まれる脂肪酸は真菌・細菌感染を予防し、健康な爪と足の万能クリームとして効果を発揮する。

歯と歯肉のケア
少量のオイルを口の中でクチュクチュと動かし続け、20分経ったら吐き出す。最後に口をすすぐ必要はない。この「オイルプリング」というケア方法は、細菌発生や歯垢の抑制、虫歯や歯肉感染症の予防に効果的。口臭対策において、クロルヘキシジンを成分とするマウスウォッシュと同等の効果があることが研究から明らかになっている。

オーガニックオイル
無味無臭になるように精製した「ピュア」タイプは避け、コールドプレス製法によるオーガニックなバージンオイルを選ぶこと。

ココナッツオイル
ココナッツの香りを強く放つ料理用のオイルは、室温で固化するが、両手のひらに挟んで擦り込むとすぐに融ける。分別蒸留されたオイルは無臭で、精油を希釈する時のベースオイルとして優れている。

ココナッツミルク
主に白い胚乳部分から抽出されるココナッツミルクには、有益な脂肪が豊富に含まれる。

食から美を得る

ココナッツオイル：栄養豊富なこのオイルは、バターや他の調理油の代わりとして料理に利用できる。熱安定性がよいため、たいていの植物油よりも料理用オイルに向いている。

ココナッツウォーター：水分補給と身体のpHバランスの維持を助けるドリンクとして優れている。

バニラ *Vanilla planifolia*

バニラは、ラン科のバニラの実のこと。バニラのエキスは鎮静・軟化作用に優れ、抗酸化物質を豊富に含むため、ダメージを受けて荒れた肌の修復に最適です。殺菌作用があるためニキビの解消にも効果的。バニラは昔から香料メーカーに人気がありましたが、その若返り効果が注目され、化粧品メーカーも好んで利用するようになったのはごく最近のことです。

優れた作用

肌の修復と保護
環境汚染や毒素によるダメージから肌を守る抗酸化物質を豊富に含むエキスは、フェイスクリームに加えると最大の効果が得られる。

ニキビのケア
抗菌作用があるバニラは、ニキビ治療薬の優れた成分となる。バニラに含有されるバニリンの抗菌性は、肌の洗浄を助け、吹き出物やニキビの発生を抑制する。

髪のコンディショニング
エキスは髪を柔らかくし、枝毛の発生をできる限り予防する。育毛剤としても定評がある。

痛みの緩和
エキスに含まれるバニリンには、チリペッパーの成分のカプサイシンや、シナモンなどのスパイスに含有されるオイゲノールと類似した作用がある。局所に使用すると、一時的に穏やかな鎮痛作用をもたらす。アーユルヴェーダでは、エキスを歯痛の緩和薬として用いている。

ストレスの緩和
アロマセラピーの芳香にエキスをブレンドすると、不安感を軽減する効果がある。

催淫作用
エキスには陶酔効果があることから催淫効果もあるとされている。

> バニラエキスは髪を柔らかくし、枝毛の発生を予防する。

黒い種子鞘
発酵乾燥処理を施したバニラの種子鞘は、種子よりも強い風味と芳香をもつ。

未熟な種子鞘
緑色の種子鞘は、色が黒くなるまでゆっくりと乾燥させる。種子鞘の端が丸まり始めたら利用できる。

香りのブレンドレシピ
温かみと催淫作用のある香りを作るには、バニラエキスにサンダルウッド、シダーウッド、ベルガモットの精油をブレンドする。ローズやジャスミンの精油とも相性がよい。

バニラエキス
バニラはエキスとして利用されることが最も多い。エキスはアルコールと水の混合液に種子鞘を漬け込んで成分を抽出したもの。

クイックレメディ
コンディショナー：バニラビーンズをココナッツオイルに浸して作った香りのよいヘアマスクは、髪のコンディションを整え、髪に輝きを与える。代わりに高品質のバニラエキスを使うと、最上級の効果が得られる。

＊＊＊

バニラの特性
バニラから精油は作られない。芳香族化合物のバニリンは溶剤や二酸化炭素に抽出され、エキスやアブソリュートの形で精製される。

気分を高揚させるシトラス系フルーツ

シトラスの香りはすっかりおなじみのものですが、その治癒効果について考える人はあまりいないでしょう。シトラス系フルーツには気分をリフレッシュさせる爽やかな香りがあります。シトラスの精油は果皮に豊富に含まれるため、手頃な価格での大量生産が可能です。あらゆる肌質のバランス調整、デトックスなどに効果的です。

レモン *Citrus limonum* ▶

肌の調整作用
希釈した精油を局所に使用すると、血行が促進され、静脈瘤の改善としもやけの予防に効果的。また、脂っぽい肌の洗浄作用、シワやクモ状静脈の調整作用もある。

殺菌作用
多くのシトラス系の精油と同様に、レモンの精油にも殺菌作用がある。スキンケア用品に加えると、ニキビなどのトラブル肌の治癒に役立つ。

デトックス
精油の利尿作用はセルライトや浮腫を軽減する。温かいお湯にレモンのスライスを浮かべて飲むとデトックス効果があり、肝臓のサポートやリンパの流れをよくする。

髪のコンディショニング
ジュースはすぐに使えるリンスとして優れた効果があり、髪の色を明るくして状態を整える。水で薄めて使ってもよい。

頭痛の緩和
心地よい香りをもつ精油は、頭痛を緩和し、気分を明るくする。

グレープフルーツ Citrus paradisi ▶

デトックス
精油には利尿作用があり、皮膚を含め身体に溜まった水分やむくみを解消し、血行を促進する。

ダイエットのサポート
精油を含む蒸気を吸入すると、代謝を上げて体重減量をサポートすることが研究により明らかになっている。

皮膚がんの予防
臨床検査により、低濃度の精油が皮膚がん細胞を阻害する作用があることがわかっている。

肌の調整作用
精油には穏やかな殺菌作用があるため、脂性肌、毛穴の開き、ニキビの治癒に適している。スキンケア用品に添加したり、ベースオイルや水で薄めたりして使用すると、肌を引き締めて調子を整えるのに効果的。

幸福感を高める
エネルギッシュで爽やかな刺激的な芳香を放つ精油は、気分を高揚する作用がある。夜更かしや飲み過ぎた翌日の活力回復に特に効果的。

◀ ライム Citrus aurantifolia

デトックス
精油にはデトックス作用があるため、マッサージオイルに加えると、体内の余分な水分やセルライトの排出に効果がある。

ダイエットのサポート
研究によると、ライムの精油を含む蒸気を吸入すると、代謝を上げて体重減量をサポートすることが明らかになっている。

脂性肌とオイリーヘアの対策
希釈した精油には調整作用があり、脂性肌やニキビ性肌の改善を助ける。リンスの成分としては、頭皮の状態を整え、余分な脂分を除去するのに効果的。フケには、水とライムジュースを混合したものを洗髪時の仕上げ用リンスとして使用するとよい。

殺菌作用
鎮静・殺菌作用があるライムの精油を薄め、口唇ヘルペス、虫刺され、切り傷に適用する。

思考力を高める
精油には気分をリフレッシュさせる刺激的な香りがあるため、創造力や思考力を高める。

気分を高揚させるシトラス系フルーツ (続き)

▼ **オレンジ** *Citrus sinensis*

肌の修復と保護
スキンケア用品に含まれるオレンジの精油は、コラーゲン産生の促進と肌の修復プロセスを助ける。この精油に含まれるリモネンは治癒作用だけでなく、殺菌効果にも優れる。搾ったフレッシュオレンジジュースはコラーゲン産生を促進するビタミンCと抗酸化物質がぎっしり詰まっているため、定期的に飲み続けると体内から肌を改善する。

肌の調整作用
セビリアオレンジとも呼ばれるビターオレンジは、葉や小枝からはプチグレイン（p.77参照）、花からはネロリの2種類の精油を生み出し、どちらも肌の調子と状態を整える作用がある。オレンジのフローラルウォーターは原液のままスキントナー（化粧水）として肌に塗布したり、スプレーボトルに入れてミストとして用いる。

デトックス
マッサージ用のキャリアオイルに精油を加えると、血行促進や、リンパ系、膀胱、腎臓の刺激、あるいは毒素の体外排出に有効。

幸福感を高める
精油には甘く気分を高揚させる香りがあり、活力と回復力をもたらす。ネロリとプチグレインの精油はいろいろな感覚を刺激する作用もある。

マンダリンとタンジェリン
Citrus nobilis and *Citrus reticulata*

脂性肌の対策
収れん作用があるマンダリンとタンジェリンの精油は、脂性肌やニキビに効果がある。

肌の調整作用
どちらの精油もボディクリームやマッサージオイルに加えると、妊娠線の治癒や減量後などの皮膚のたるみの解消に役立つ。

デトックス
マッサージ用のキャリアオイルにマンダリンとタンジェリンの精油を加えると、老廃物の排出を助ける。

幸福感を高める
シトラス系オイルの中で最も甘い香りをもつマンダリンの精油には穏やかな鎮静作用がある。リラックス、加温、鎮静に効くこの精油は神経をなだめる作用があり、特にぐずりやすい子供と妊婦に適している。マンダリンは、軽い吐き気を感じる時の胃の鎮静にも働く。軽やかな甘さのシトラス系の香りを放つタンジェリンも、マンダリンに似た治癒効果がある。

ベルガモット *Citrus aurantium bergamia*

肌の調整作用
肌のバランス調整作用に優れた精油は、特に混合肌や脂性肌に適している。ベルガモットに含まれるベルガプテンという化合物は紫外線の刺激による光毒性のリスクを高めるため、必ずベルガプテンフリーの精油を使うこと。スキンケア用品にベルガモットの精油を加えると、どの肌質にも効果的である。

殺菌作用
精油には抗ウイルス・抗菌作用があるため、口唇ヘルペスやニキビに効く。ベースオイルで希釈し、患部に軽くたたくように塗布する。

肌のコンディショニングと鎮静
精油はかゆみを伴う乾燥した肌の状態を落ち着かせたり、傷あとを目立たなくする効果がある。

幸福感を高める
ベルガモットは非常に強い酸味をもつが、果皮には奥深い香りがある。アールグレイのあの独特の香りはベルガモットで香りづけしたもの。フルーティーで気分を高揚させる香りを放つ精油は、アロマセラピーではバランス回復と鎮静効果のある精油として用いられている。

アーモンドオイル
木の実ではなく果実である。種子を圧搾して抽出したオイルはあらゆる肌質に適する。

アーモンド *Prunus amygdalus dulcis*

ビタミン豊富なアーモンドからは、赤ちゃんや敏感肌の鎮静にも使えるほどマイルドな万能オイルが抽出されます。

優れた作用

肌の洗浄とコンディショニング
敏感肌や乾燥肌、炎症を起こした肌に適したこの軽い質感のオイルは、水分喪失の予防と炎症の緩和に有効。肌を薄い膜で覆い、栄養を補給し、肌の柔軟性を維持する。挽いたアーモンドには肌を洗浄し、角質を取り除く作用がある。

保湿マッサージ
オイルはゆっくりと吸収されるため、マッサージの滑りをよくするのに適する。単体でもベースオイルとしても十分な効果があるが、アプリコットやピーチカーネルなどのオイルとブレンドしても相性がよい。

紫外線からの保護
このオイルは紫外線に対するSPF値が低いため、単体では日焼け防止剤として使用しないこと。

アーモンドパウダー
ビタミンEが豊富で穏やかな作用をもつアーモンドは、肌の古い細胞を除去し、自然な再生を促進する。

ヘーゼルナッツオイル
ビタミンとミネラルがぎっしり詰まったこのオイルには、穏やかな収れん作用がある。

ヘーゼルナッツ *Corylus avellana*

ヘーゼルナッツから抽出されるマイルドで栄養豊富なオイルは、穏やかな収れん作用をもたらし、特に脂性肌や修復が必要な肌に適します。

優れた作用

肌のコンディショニングと鎮静
オイルは敏感肌はもちろん、赤ちゃんの肌にも使用できる。収れん作用に加えて、肌を柔らかくなめらかにする働きもあるため、水分が不足している脂性肌に優れた効果を発揮する。また、脂性肌と混合肌のバランスを整えるのにも役立つ。

肌の修復と保護
浸透力に優れたオイルは、手作りコスメの成分として、荒れた肌や傷んだ肌の治癒に働く。傷あとや妊娠線を薄くするには、ローズヒップシードオイルをブレンドする。

髪のコンディショニング
オイルをヘアオイルに添加すると、バランス調整効果とコンディショニング効果が強化される。

ヘーゼルナッツ
肌に栄養を与えるタンパク質とヘルシーな脂肪を豊富に含む。

マカデミアナッツ
マカデミアナッツに含まれるセレンや亜鉛、必須脂肪酸は、身体の効率的な脂肪燃焼をサポート。

マカデミア *Macadamia ternifolia*

栄養が凝縮されたマカデミアナッツから抽出されるオイルには保護・治癒作用があり、特に日焼けで傷んだ肌に効果を発揮する。

優れた作用

肌の修復と保護
マカデミアナッツにはナッツ類の中で一価不飽和脂肪の含有量が最も多く、また肌の修復作用があるオメガ7系のパルミトレイン酸を22％含んでいる。このなめらかで軟化作用に優れたオイルに含まれる脂肪酸と植物ステロールが、肌のバリア機能の修復と肌からの水分喪失を防止する。日焼け防止用品に特に適し、コンディショナーとしても優れる。

アンチエイジング
再生・保湿・保水作用に優れたオイルはパルミトレイン酸を豊富に含み、肌や細胞の老化を遅らせる作用がある。

マカデミアナッツオイル
原産地はオーストラリア。木の実を圧搾して得たナッツオイルは人間の皮脂と似た構造をもち、肌のバランス調整を助ける。

ニーム（インドセンダン） Melia azadirachta

ニームの種子から作られるオイルには殺菌・保湿作用があり、感染症、皮膚発疹、炎症の治療に利用されています。

優れた作用

肌のコンディショニングと鎮静
オイルからは、ニンビディンとニンビンと呼ばれる2つの抗炎症物質が発見され、湿疹や乾癬の緩和に有効なことが明らかになっている。

アンチエイジング
オイルは肌を軟化してシワを防ぎ、目立たなくする。

殺菌作用
ウイルスが細胞に侵入して感染するのを防止する作用があるため、口唇ヘルペスの治療に効果的。

防虫作用
強力な殺虫作用があるオイルは、自然派のアタマジラミ治療薬や蚊の防虫剤の主要成分として使われている。

ニームシードオイル
樹木から採れる果実と種子から圧搾抽出したオイルには強力な殺菌作用があるため、少量で十分な効果が得られる。

種子
種子からは外用の薬効オイルが採れるが、毒性の可能性があるため生の状態では絶対に食べないこと。

アルガン Argania spinosa

モロッコ原産のエキゾチックな万能オイルを精製するアルガンは、髪と肌の両方に栄養補給、コンディショニング、保護効果をもたらします。

優れた作用

肌の修復と保護
アルガンオイルは肌に有効な脂肪酸、植物ステロール、抗酸化物質を豊富に含み、その中でもビタミンEの含有量が特に多い。傷あとや妊娠線、日焼けで傷んだ肌に高い効果を発揮する。就寝前にごく少量のオイルを唇に塗っておくと、寝ている間に症状が回復する。

肌のコンディショニングと鎮静
肌や爪の栄養補給と活性化には、オイルを少量適用する。濡らした手で擦り込むと、広範囲に広げやすくなる。定期的に使用すれば、脂性肌の改善に有効。

髪のコンディショニング
コンディショナーとして使用すれば、乾燥や傷んだ髪に優れた効果を発揮する。

アルガンオイル
脂肪酸含有量はオリーブオイルとほぼ同じ。これらは「ドライ」オイルと呼ばれ、つけ心地が軽く、すぐに吸収される。

種子
種子から圧搾された栄養豊富なオイルには、ナッツの香りと風味がある。

ホホバ Simmondsia chinensis

保護作用に優れたホホバから採れるオイルは、活性・保湿効果が高いことで有名。あらゆる肌質におすすめです。

優れた作用

肌の洗浄とコンディショニング
オイルはメイク落としとしてあらゆる肌質に適し、毛穴に詰まった汚れや脂分を浮き上がらせて溶かしやすくする。また浸透力に優れ、肌荒れで固くなった肌や乾癬や湿疹などの改善に役立つ。

肌の修復と保護
オイルは吸収されやすく、人間の皮脂と類似した構造をもつ。加齢肌や厳しい気象環境にさらされた肌の保湿に役立つ。

髪と頭皮のコンディショニング
オイルは乾燥した髪や頭皮に、そのままトリートメントとして使用できる。育毛促進効果があるともいわれている。

ホホバオイル
ホホバオイルは、オイルではなく液体ワックスである。安定性に優れ、タンパク質とミネラルを豊富に含んでいる。

種子
昔から、低木であるホホバの種子をたたいて粉々にし、軟膏薬を作るのに利用されていた。

種子
オイルはヘンプの種子から抽出されたものだが、植物の栄養分はそのまま保持している。

ヘンプシードオイル
ヘンプは全草からでもオイルを圧搾できるが、種子だけを用いると高品質のオイルが得られる。

ヘンプ Cannabis sativa

ヘンプには、保水力のある必須脂肪酸が、人間の皮膚とほぼ同じ比率で含まれています。オイルは肌のバランス調整に優れ、あらゆる肌質に適しています。

優れた作用

肌の補修と保護
オイルはほとんどの肌質に使え、肌の保水作用に特に優れている。精製済みのオイルは無色でそのほとんどが無臭のため、さまざまなコスメ用品に適している。日焼け防止用ローションに使われることが多く、それ以外でも急激な温度変化にさらされた肌のケア用品などに添加されている。

肌のコンディショニングと鎮静
必須脂肪酸やタンパク質を多量に含有する、きわめて栄養豊富なオイルは、質感が軽くベタつきが少ない。乾燥肌、炎症を起こした肌、厳しい自然環境にさらされた肌に軟化・保湿作用をもたらす。

フラックスシードオイル（アマニ油）
オイルに含有されるオメガ3系のα-リノレン酸（ALA）には強力な抗炎症作用があり、内服しても直接皮膚に塗布してもよい。

種子
フラックスシードは、エストロゲン、抗酸化作用をもつリグナンを多く含有している。

フラックス（アマ） Linum usitatissimum

フラックスの種子は、特に乾燥肌に栄養補給と若返りの効果をもたらします。コールドプレス製法で作られた、ろ過をしていないオーガニックなオイルを選びましょう。

優れた作用

アンチエイジング
フラックスシードオイル（アマニ油）に含まれるオメガ3系脂肪酸とタンパク質は、肌細胞の保護と若返りの他にも、くすんだ肌を明るく見せてシワを目立たなくする効果がある。

肌のコンディショニングと鎮静
オイルは肌の潤いを閉じ込める働きがあるため、乾燥肌の状態を整えるのに役立つ。また、抗炎症作用が湿疹や乾癬などの肌トラブルに効果的。種子には肌に有効な必須脂肪酸が含まれているため、オイルを食生活の一部に取り入れるとよい。

ニキビのケア
オイルは脂性肌やニキビ性肌、さらには酒さの洗浄とコンディショニングに適している。

キャスターオイル（ヒマシ油）
キャスターオイルは粘性が高く重いため、他の植物油に10〜15％程度ブレンドして使用するとちょうどよい。

種子
「キャスター」という名称は、ビーバーの香嚢を乾燥させて作った香料ベースである「海狸香（カストリウム）」に由来し、その代用品であることを意味するもの。

キャスター（ヒマ） Ricinus communis

キャスターの種子から採れる重い質感の植物油は、コンディショニング力に優れ、肌の修復を助ける保護バリアを形成します。

優れた作用

肌のコンディショニングと鎮静
オイルは乾燥して荒れた肌を治癒するために、コスメ用品に添加されている。

髪と頭皮のコンディショニング
オイルは乾燥して弱くなった髪に優れたコンディショニング効果をもたらすことから、多くのヘアケア・スキンケア用品に配合されている。

肌の修復と保護
栄養豊富で軟化作用に優れたオイルはコスメ用品に添加されることが多い。特にバリア形成作用に優れるため、ひどい乾燥肌を水分喪失から守るのに有効。

アプリコット Prunus armeniaca

アプリコットの種子（仁）から採れるオイルは軟化作用に優れ、あらゆる肌質に適します。肌を落ち着かせ、しなやかさと潤いを持続させるのに有効です。

優れた作用

肌のコンディショニングと鎮静
アプリコットカーネルオイルは薄いバリアを形成して環境によるダメージから肌を守り、乾燥肌や炎症を起こした肌の緩和と肌の老化予防に効果的。

肌の洗浄と調整
毛穴の詰まりの原因となる汚れや固まった皮脂を浮かせて溶かすのに役立つ。

アンチエイジング
オイルは肌の柔軟性と弾力性を高め、小ジワを伸ばす効果がある。

保湿マッサージ
オイルは他のオイルに比べて肌にゆっくりと吸収されるため、マッサージオイルや美容液に適している。

カーネル（仁）
アプリコットの種子の核の部分である仁には栄養豊富なオイルが詰まっている。

アプリコットカーネルオイル
軟化作用に優れ、肌の鎮静とコンディショニングを助ける。アプリコットカーネルオイルが入手できない場合には、ほぼ同じ作用をもつピーチのカーネルオイルを試してみるとよい。

グレープシード Vitis vinifera

グレープシードから作られるオイルにはニキビ性肌や敏感肌に適した鎮静作用があります。また肌への浸透力が高いため、乾燥肌の状態を整える効果にも優れています。

優れた作用

肌の調整作用
オメガ6系のリノール酸が豊富なオイルには穏やかな収れん作用があり、肌を引き締め、調子や状態を整えるのに有効。

敏感肌の鎮静
敏感肌に最適なマイルドなオイル。アレルギー成分を含まないため、ナッツ類にアレルギーがある人にとっては、ナッツ系オイルの優れた代用品となる。

ニキビのケア
収れん作用があるため、ニキビ性肌や脂性肌に優れた効果がある。

保湿マッサージ
オイルは使用後の肌に絹のような感触を残す。早産児のマッサージや皮膚軟化用のオイルとしても利用できる。

果実
グレープの種子を圧搾したこの贅沢なオイルは、料理やコスメ用品などに利用できる。

グレープシードオイル
ベタつきの少ない絹のようなオイルには抗酸化物質、ビタミン、ミネラルが豊富に含まれ、肌質を問わず栄養を補給する。

ウィートジャム（小麦胚芽） Triticum vulgare

抗酸化物質が豊富なウィートジャムから作られるオイルは、自然の力で細胞の修復、肌の活力の回復、小ジワの予防を助ける作用があります。

優れた作用

アンチエイジング
オイルは肌を活性化し、目や口の周りのシワを予防する効果がある。

肌の修復と保護
妊娠中に適用すると、妊娠線の予防に有効。やけど、ただれなどの皮膚トラブルの治癒効果にも優れている。

肌のコンディショニングと鎮静
オイルは、抗酸化物質と、肌を保護するビタミンEとβ-カロテンを豊富に含み栄養補給効果が高い。マッサージや肌の状態を整えるオイルとして最適。

ウィートジャム
小麦の種子の中心部にある核のこと。新芽が発芽するこの部分は、小麦の中で最も栄養価が高い。

ウィートジャムオイル
あらゆるシードオイルの中で最もビタミンE含有量が多い。独特の香りを放ち、濃厚で粘性が高い。

濃厚なワックスとバター

ワックス（ロウ）やバターは、クレンザー、ボディクリーム、フェイスクリームに保湿性を加えるのに有効です。これらはオイルよりもバリアの持続効果が格段に高いため、乾燥肌や荒れてひび割れた肌の保護を目的としたスキンケア用品の保水効果を改善します。肌にバリアを形成することで、水分喪失を防ぎ、自然治癒力を高めます。

キャンデリラ *Euphorbia cerifera* ▶

ベジタリアンのために
ワックスは同名の砂漠で育つ植物から作られる。動物由来物質を一切摂取しない厳格なベジタリアンもビーズワックスなどの代用品として使用できる。

肌のコンディショニングと鎮静
ワックスは軟化作用に優れ、肌からの水分喪失を防ぐことから、リップバームなどの保護膜を形成するコスメに使用されている。抗炎症作用があり、かゆみを伴う皮膚をなだめ、シミを目立たなくするのに効果的。

肌の修復と保護
栄養素と脂肪酸を豊富に含み、質感がそれほど重くないため、肌に保湿と保護効果を少しだけ与えたい時に最適。

カルナバ *Copernicia cerifera* ▶

肌のコンディショニングと鎮静
リップスティックやリップバームによく使われる成分であるカルナバワックスは、保護バリアを形成することで唇の潤いと柔らかさをキープする。無臭で低アレルギー性のため、どの肌質にも利用できるが、特に敏感肌に適している。

コスメ用品の粘性と光沢の改善
ワックスはコスメ用品の増粘剤として一般に利用されている。天然ワックスの中で最も硬く、融点が高いために、リップスティックやリップバームなどのコスメに少量加えると、柔軟性を保ちながら硬さも与えることができる。

◀ ココアバター　*Theobroma cacao*

肌の修復と保護
ココアバターは軟化作用に優れたドライタイプのワックスで、水分喪失を防いで肌を柔らかく保つバリアとして機能する。コラーゲン産生を促進するため、シワや妊娠線の予防、肌の調子と弾力性の改善に効果的。

敏感肌の鎮静
ほとんどの肌質に適するマイルドなワックス。肌の水分を閉じ込めて蒸発しにくくする作用があるため、毛穴が詰まりやすく、ニキビや吹き出物ができやすい肌には適さないこともある。

肌のコンディショニングと鎮静
バターは天然の乳化剤・軟化剤として肌や髪に使用できる。バターの保湿・コンディショニング効果は素晴らしく、スキンケアとヘアケア用品に最適な成分となる。

カカオナッツ
これらのナッツから、肌や髪を保湿するロウ状の脂肪が採れる。

◀ シアバター　*Butyrospermum parkii*

肌のコンディショニングと鎮静
シアバターは最上級の保湿力をもち、優れた治癒効果も兼ね備えている。ビタミンAを豊富に含み、湿疹、乾癬、皮膚アレルギー、シミなどがある肌の状態を改善するのを助ける。乾燥肌やダメージを受けた肌に特に効果的。

肌の修復と保護
穏やかで有効な保湿剤のシアバターは不飽和脂肪酸のオレイン酸を含む。オレイン酸は、皮膚から自然に産生される皮脂との相性に優れていることから、肌に吸収されやすいだけでなく、他の有効成分の吸収も助けるといわれている。シェービングクリームに加えると、毛をなめらかに剃り上げるのに有効。

アンチエイジング
スキンケア用品に加えると優れた作用を示すこのバターは、5〜10％の植物ステロールを含み、肌細胞の成長を刺激するのに役立つ。また自然の抗酸化物質であるビタミンEを含み、フリーラジカル（p.98 参照）によるダメージから肌を守る。

ミルラ　Commiphora myrrha

殺菌作用のあるミルラは、治癒しにくい創傷の修復を助け、乾燥肌やダメージを受けた肌の状態を整えます。またアンチエイジングにも優れた効果があり、シワやその他の肌の老化サインの出現を遅らせます。アロマセラピーでは、神経系の強壮作用をもたらす働きがあります。

樹脂
樹皮の割れ目から自然に流れ出る樹液をいったん乾燥させ、水またはアルコールに溶かすと、シンプルなハイドロソルやティンクチャーができる。

ミルラの特性
先端の尖った枝をもつ低木で、原産地は中東、北アフリカ、北インド。

精油
ミルラの木から採れる樹脂を水蒸気蒸留して得られる精油は、優れた消毒作用をもつ。

香りのブレンドレシピ
男性向けのロマンティックな香りを作るには、ミルラの精油にフランキンセンス、サンダルウッド、バニラの精油をブレンドする。シダーウッド、サイプレス、レモンの精油との相性も抜群。

優れた作用

肌のコンディショニングと鎮静
精油は、荒れてひび割れた肌の治癒を早めるのに効果的。リップバームやクリームに加えると、有効性をさらに高める。

殺菌作用
精油は古くからニキビ、水虫、湿潤性湿疹などの発疹の治療に使われてきた。この精油は低刺激性のため、狭い範囲の切り傷、ただれ、やけど、創傷、あるいは口唇ヘルペスなどの皮膚感染症に軽くたたくように直接塗布できる*。

アンチエイジング
古くから肌の若さを保つ秘薬として知られるミルラの精油は、シワなどの肌の老化を防ぐ目的で、最高級のコスメやトイレタリー製品に添加されることがある。

歯と歯肉のケア
殺菌作用に優れた精油はマウスウォッシュに適し、口内炎、歯槽膿漏、喉の痛み、歯肉の出血、口臭、鵞口瘡などの感染症や炎症に効く。

集中力を高める
アロマセラピーでは、自分の目的意識を確立し、困難に打ち勝つ意欲を強化したい時に、ミルラの精油を用いる。

さまざまな痛みの緩和
精油を用いたアロママッサージは、月経痛の緩和に有効。モスリンの袋にミルラの樹脂を入れ、バスタブの中で溶かすこともできる。

*監修者注　日本では原則として、精油の原液を皮膚に塗布することは推奨しない。

ミルラには
アンチエイジング効果があり、
シワの出現を遅らせる。

樹木 | 69

ベンゾイン（安息香）Styrax benzoin

殺菌、治癒、鎮静作用のあるベンゾインはスキンケア成分として最適です。また、香り成分の蒸散を遅らせて持続性を高める作用があることから、インセンスや香水の一般的な保留剤としても使用されています。

優れた作用

肌の修復と保護
肌の乾燥、炎症、かゆみ、荒れなどに効果的な精油は、これらの肌状態を緩和するためにコスメ用品に添加されることが多い。

殺菌作用
精油を添加したバームや軟膏は、切り傷や創傷の治癒に有効。原液のまま肌に適用しないこと。

ニキビのケア
クリーム、軟膏、ローションに添加した精油は、ニキビなどの皮膚発疹の治癒に効果がある。

アンチエイジング
精油には肌の弾力性を高め、加齢肌の質感を全体的に向上する作用がある。この理由から、自然派のアンチエイジングコスメ製品の多くにベンゾインが含まれている。

さまざまな痛みの緩和
精油の刺激作用は、血行促進を助ける。マッサージオイルに添加すると、筋肉のこわばり、関節炎、リウマチ痛に効く。

幸福感を高める
精油には神経と消化器系の両方に鎮静作用があり、またうつ症状の緩和にも効く。

樹脂
ウィッチヘーゼルの仲間であり、この樹皮から採れる粘性の樹脂は、香料として高く評価されている。

精油
樹脂から抽出される精油は、甘く温かみのあるバニラのような香りを放つ。殺菌作用もある。

香りのブレンドレシピ

オリエンタルでスパイシーな香りは、ベンゾインの精油にフランキンセンス、サンダルウッド、イランイラン、パチュリー、ローズ、ベルガモットの精油をブレンドして作る。

＊＊

シナモン Cinnamomum zeylanicum

シナモンには、宗教儀式の薫香から加温のためのフットマッサージまで、多様な用途で利用されてきた長い歴史があります。その殺菌作用からコスメ用品にも利用されていますが、香りが強いため、使用は控えめに。原液のままの使用や、妊娠中の使用は避けること。

樹皮
抗酸化物質を豊富に含み、非常に優れた殺菌・消化補助作用をもつシナモンは、胃の状態を良好に保ち、肌を健康にする。

優れた作用

殺菌作用
精油は広範囲の細菌やウイルスの他、特にシラミや疥癬虫などの寄生虫に効果がある。

さまざまな痛みの緩和
精油には加温効果があり、手足の冷えや血行不良に有効。低温高湿の気候で悪化するリウマチ痛の緩和にも効果がある。

ストレスの緩和
精油は疲労回復を助け、気分の落ち込みなどの改善に効果的。

食から美を得る

シナモン：活力と抗酸化物質が豊富なシナモンパウダーをオーツ麦のポリッジ（英国式の粥）やローストした野菜、またはトーストに振りかける。シチューやジャムに加えると風味が豊かになる。スティックシナモンは、ホットココアやカフェオレをかき混ぜるのに使われる。

シナモンパウダー
シナモンが血糖値のバランス調整に働くことは証明済みである。活力の向上と肌状態の改善をもたらす。

精油
葉と樹皮を水蒸気蒸留して抽出された精油には加温効果がある。作用が強力なため、慎重に使用すること。

フランキンセンス *Boswellia carterii*

フランキンセンスは肌の調整と若返り作用をもつことから、特に加齢肌に活気を与えて肌のダメージを修復する精油の中でも、とりわけ重要なものとみなされています。殺菌・抗炎症作用があり、創傷の治療にも効果的。特徴的な香りは神経系に穏やかに作用し、気分の高揚と鎮静のどちらにも働きます。

樹脂
「砂漠の真珠」として知られるこの樹脂は、樹液を乾燥したもの。この樹液は人の手で採取しなければならないことから、原料価格が高くなる。

香りのブレンドレシピ
集中力を高め、心を落ち着かせる香りを作るには、フランキンセンスの精油にイランイラン、ゼラニウム、ベルガモット、パチュリー、クラリーセージ、サイプレスの精油をブレンドする。

精油
樹脂を水蒸気蒸留して得られる芳香豊かな精油は、心と身体の両方に鎮静作用をもたらす。

クイックレメディ
スキントナー(化粧水):フランキンセンスの精油1〜2滴を水50 mLに加え、コットンで肌に適用する。手軽に作れるスキントナーは肌の洗浄と毛穴の引き締めに効果がある。

＊＊＊

樹皮
インドとアラビア原産のこの植物の外側の樹皮は、羊皮紙のように薄くはがれて内側にある緑色の樹皮が現れる。これが芳香性の樹液の元である。

優れた作用

肌の修復と保護
精油に含まれるボスウェル酸には抗炎症作用と肌の治癒作用があるため、スキンケア用品の成分として人気が高い。

アンチエイジング
精油には若返り効果があり、特に加齢肌に効果的。また、シワや小ジワを減らし、傷あとやシミを目立たなくする。

肌の調整作用
精油の収れん性は肌の調子を全体的に改善する作用がある。フェイシャルスチーム(右頁参照)を5分間施すと、毛穴の洗浄、血行促進、肌の引き締めなどの効果が得られる。

殺菌作用
創傷や皮膚潰瘍には精油を局所に適用し、治癒を促す。精油は原液での使用は避け、必ず希釈すること。

ストレスの緩和
精油には不安感の緩和、気分の鎮静と高揚、活力と集中力の向上、瞑想などの作用があるため、アロマセラピーで用いられる。

さまざまな痛みの緩和
フランキンセンスに含有されるボスウェル酸には強力な抗炎症作用がある。マッサージオイルやローションにブレンドして局所に適用すると、腫れの軽減、関節炎やリウマチ痛の緩和に効果的。

抗がん作用
フランキンセンスに含まれる化合物には皮膚がんを含む多様な抗がん作用があるのではないかと研究されている。

幸福感を高める
アロマセラピーにおいて、フランキンセンスの精油は満足感と積極性を高める効果をもたらす。

フェイシャルスチーム：フランキンセンスの精油5〜6滴を熱湯が入った大きめのボウルに加える。タオルを使い、蒸気の上がっているボウルと頭をテントのようにして覆う。リラックスしながら深く蒸気を吸い込むと、肌に輝きが甦る。

ユーカリ（タスマニアンブルーガム）Eucalyptus globulus

花を咲かせるこの樹木から抽出される精油には加温・殺菌作用があり、さまざまな痛みの緩和、口内炎などの感染症、虫刺されや軽度の刺し傷などの治癒に優れた効果をもたらします。肌の調整作用もあり、クモ状静脈などの皮膚トラブルの治癒にも有効です。ユーカリの香りはわずかに薬品臭を感じさせますが、集中力を高め、気分の落ち込みを解消する効果があることが証明されています。

精油
オーストラリア原産のユーカリはブルーガムの別名をもつ。葉を水蒸気蒸留して作られる精油は、一般にユーカリ油として知られている。

ユーカリの特性
ユーカリには何百もの品種があるが、Eucalyptus globulus（ブルーガム種）が最も広く栽培・生産されている。

優れた作用

殺菌作用
ユーカリの精油を軽くたたくように肌に直接塗布すると*、感染症、創傷、ヘルペス、潰瘍、虫刺され、トゲなどの軽度の刺し傷の治癒を助ける。シラミの除去、水虫などの真菌感染症の治療にも有効。類縁種のユーカリシトリオドラ（Eucalyptus citriodora）にはレモンに似た香りがあり、同じように殺菌力は強いが、冷却効果はさらに高い。

肌の調整作用
精油は血行を促進し、患部の血流を増加させる。クモ状静脈や静脈瘤を目立たなくする効果もある。脂性肌やニキビ性肌には、精油を2～3滴加えたフェイシャルスチームで肌の洗浄と調整をする。

さまざまな痛みの緩和
精油はリウマチや関節炎に作用し、特に低温高湿の気候で悪化するリウマチ痛の緩和に効果的。ユーカリシトリオドラは筋肉や関節の痛みに特に優れた効果を発揮する。

集中力と記憶力を高める
精油にはリフレッシュ効果があり、疲労感、集中力低下、頭痛、体力消耗に有効。ユーカリラディアータ（Eucalyptus radiata）はユーカリの中でも作用が穏やかなため、特に子供や病み上がりで体力が低下している人に適している。

*監修者注　日本では原則として、精油の原液を皮膚に塗布することは推奨しない。

香りのブレンドレシピ

ストレスを緩和する香りを作るには、ユーカリの精油にラベンダー、ペパーミント、ジュニパー、パイン、レモンの精油をブレンドする。サイプレスやタイムの精油との相性もよい。

＊＊

ユーカリの精油は、低温多湿の気候で悪化したリウマチ痛や関節炎に特に効果がある。

ティートリー *Melaleuca alternifolia*

救急箱に欠かせないティートリーの精油はきわめて優れた殺菌作用をもつため、軟膏などに加えると創傷やただれに著しい効果を発揮します。免疫系を強化する作用があり、身体の感染抵抗力の改善にも有効です。一般にティートリーの精油は刺激性をもたないため、シミなどの狭い範囲には原液のまま適用できますが[*1]、炎症やかゆみを感じたら使用を中止しましょう。

優れた作用

抗真菌作用
ティートリーの精油は水虫や白癬などの真菌症に対して優れた治癒効果を発揮する。

抗菌作用
口唇ヘルペスやイボなどには毎日、軽くたたくように塗布する。創傷に発生する細菌、あるいはおできや膿瘍の菌を抑制する。

肌の修復と保護
同属のニアウリ(*Melaleuca viridiflora*)の精油は主に皮膚疾患や呼吸器疾患に使用されている。風邪、インフルエンザ、鼻炎、副鼻腔炎などの急性感染症には蒸気吸入が有効。

切り傷、擦り傷、打撲の治癒
精油には瘢痕形成作用があり、皮膚の治癒を助ける。

ニキビのケア
精油はニキビ性肌に抗菌・調整作用をもたらす。少量を原液のまま塗布する[*1]か、あるいはフェイシャルスチームに加えて使用する。

フケの対策
精油で頭皮をマッサージして刺激を与えると、フケを緩和し、脂っぽい髪質のバランスを整える。

デオドラント効果
ティートリーの精油が配合されたソープ、ボディパウダー、デオドラント用品を使うと、体臭対策に効果がある。

歯と歯肉のケア
口臭、口内炎、歯肉感染症には、十分に薄めた精油をマウスウォッシュとして使用する。

ティートリーの特性
オーストラリア原産のティートリーの花が咲くのは、同大陸南東部のニューサウスウェールズ州の比較的狭い地域に限られている。

香りのブレンドレシピ
デオドラント効果のあるルームスプレーを作るには、ティートリーの精油にクローブ、ユーカリ、ラベンダー、レモン、パイン、ローズマリー、タイムの精油をブレンドする。

クイックレメディ

殺菌洗浄剤:粘膜に感染した創傷やただれの緩和、シラミの解消には、10%溶液(ティートリーの精油[*2]:水=1:10)を使用後、水で洗う。

精油
ティートリーの葉を水蒸気蒸留して得られる透明な精油は、爽やかな中にもユーカリに似た薬品臭がわずかにある。

[*1] 監修者注 日本では原則として、精油の原液を皮膚に塗布することは推奨しない。

[*2] 監修者注 日本では原則として、精油は1%希釈のものを使用する。

シダーウッド *Cedrus atlantica*

現在知られている最古の精油の1つであるシダーウッドは、疲労が表れた顔色の調子を整えて若返りを図ります。殺菌と収れんの両方を兼ね備えており、脂っぽい肌や髪のバランス調整と、感染症や皮膚の発疹の治癒に役立ちます。気分を高揚させる香りから、アロマセラピーでは、神経の緊張、不安感、気分の落ち込み、無気力などの症状に優れた効果を発揮します。

精油
樹脂系の穏やかでウッディな芳香を放つ精油は、時間が経つとさらに木の香りが強まる。気持ちの鎮静、かゆみのある肌の鎮静に働く。

優れた作用

肌のコンディショニングと鎮静
シダーウッドは、セスキテルペンと呼ばれる成分を精油の中で最も多く含む。この成分は抗炎症作用に優れるため、炎症を起こして発赤した肌に効果的。皮膚への刺激を避けるため、ベースオイルに希釈して使用する。

肌の修復と保護
精油は創傷、水虫、皮膚潰瘍の治癒にも有効。

オイリーヘアと脂性肌の対策
精油は脂性肌やニキビ性肌のバランスを整え、オイリーヘアのトリートメントとしても効果がある。精油2〜3滴を水に薄めれば、収れん性のあるリンスが簡単にできる。あるいはオリーブオイルなどのベースオイルに滴下し、シャンプー前のトリートメントとして使い、しばらく放置しておくと効果がある。フケや脂漏性皮膚炎にも有効。

デトックス
精油はリンパ液の流れの促進、体内の余分な水分、毒素の体外排出などに役立つ。

さまざまな痛みの緩和
加温作用のあるシダーウッドの精油をマッサージオイルに加えると、運動後の痛みや関節痛などの症状の緩和に効果的。

ストレスの緩和
精油は神経の緊張、慢性的な不安感、気分の落ち込み、疲労感などの治療に用いられ、気分の鎮静と高揚をもたらす。気持ちをすっきりとさせ、集中力を高めるのに有効。

香りのブレンドレシピ

シンプルでセクシャルな香りを作るには、シダーウッドの精油にラベンダー、ベルガモット、ミルラ、サンダルウッドの精油をブレンドする。また、ジャスミン、ローズマリーの精油とも相性がよい。

> シダーウッドの精油は、脂性肌やニキビ性肌のバランス調整に効果がある。

シダーウッドの特性
この長寿命の針葉樹の葉からは大地を思わせる土の香りがする。濃厚な精油は樹皮から作られる。

サンダルウッド（白檀） *Santalum album*

サンダルウッドは古代から主に宗教上の儀式などに利用されていました。殺菌・抗炎症作用をもつことから、肌の若返りと保護に効果があることが明らかになっています。特に乾燥肌やダメージを受けた肌への有効性が高く、また収れん作用があることから、脂性肌にも優れたバランス調整力を発揮します。

優れた作用

肌のコンディショニングと鎮静
精油がもつ抗炎症作用は、乾燥して水分を失った肌や、かゆみを伴う炎症を起こした肌の鎮静に高い効果をもたらす。肌にベースオイルで希釈した精油を塗布する。

脂性肌の対策
精油にはマイルドな収れん作用があり、脂性肌やニキビ性肌のバランス調整に役立つ。

肌の修復と保護
精油は傷あとやシミを目立たなくする作用がある。紫外線から肌を保護する作用についても、さまざまな研究から示唆されている。

殺菌作用
精油はニキビやカミソリ負けに効果があり、かゆみの鎮静と緩和や、吹き出物や発疹の原因となる細菌の抑制に働く。

抗うつ作用
精油は気分の落ち込みや不安感を解消して安眠を助け、元気や活力の回復に役立つ。

催淫作用
サンダルウッドは気分を高揚させ活力を増強する効果をもつことから、催淫効果もある。

紫外線からの保護
精油には、紫外線と有害化学物質の両方に起因する皮膚がんの予防効果があることが、科学的実験によって証明されている。科学者はこの成分から天然の日焼け防止剤ができる可能性があると考えている。

精油
香りを調合する場合には、純粋な精油を用いること。毎日使うには、ベースオイルにブレンドしたものを使用するのも可能。品質の劣る代替品を避けるために、原料が *Santalum album* であることを確認する。

香りのブレンドレシピ
加温作用のあるロマンティックな香りを調合するには、サンダルウッドの精油に、イランイラン、ローズ、パルマローザ、ブラックペッパー、ジャスミンの精油をブレンドする。ベルガモットやベチバーの精油とも相性がよい。

サンダルウッドの特性
成長の遅い常緑樹。高齢樹木の心材（樹木の中心部）から採れる精油は高く評価されているが、過剰伐採や違法伐採により絶滅の危機に瀕している。持続可能な供給源から作られた精油だけを購入すること。

クイックレメディ
アフターシェーブオイル：サンダルウッドの精油2〜4滴をヘーゼルナッツやアプリコットカーネルなどの質感の軽い植物オイル小さじ1杯に加える。わずかに湿り気のある肌に素早くオイルを塗り込むと、肌の調子が整う。

サイプレス *Cupressus sempervirens*

加温と気分を高揚させる作用で広く知られるサイプレスには、鎮静とリラックスの効果もあります。また筋肉痛の緩和や、循環器系の強壮、皮膚や静脈の強力な調整作用などにも優れた効果を発揮します。サイプレスのフレッシュな香りは、林の中を散歩しているような気分にさせてくれます。

サイプレスの特性
地中海地域原産のサイプレスは、観賞用樹木および薬用油の原料として数千年も前から広く栽培されている。

香りのブレンドレシピ
室内を清々しくする香りを調合するには、サイプレスの精油に、パイン、レモン、ラベンダー、ジンジャー、ジュニパー、ゼラニウムの精油をブレンドする。

精油
フレッシュな葉と球果から水蒸気蒸留法により抽出された精油は、静脈瘤やクモ状静脈などの循環器系に関連する皮膚トラブルに特に有効。

優れた作用

肌の調整作用
サイプレスの精油は静脈系の調整作用をもち、静脈瘤、痔、毛細血管損傷の治療に有効。脂性肌や皮膚の浮腫、あるいは減量後などの皮膚のたるみにも効く。原液のまま肌に適用することは避け、必ず水（バスタブやフェイシャルスチームに滴下するなど）またはキャリアオイルなどで薄めて使うこと。

デトックス
精油は収れん性がきわめて高いため、マッサージオイルにブレンドすると、体内の余分な水分の排出やセルライトの減少を助ける。血行を促進し、毒素を除去する働きがある。

デオドラント
サイプレスの精油の収れん作用は多汗症にも効果を発揮する。強力な脱臭効果があるため、足のにおいの軽減に役立つ。

さまざまな痛みの緩和
精油をマッサージオイルやローションにブレンドすると、筋肉痙攣や月経痛に効果あり。

ストレスの緩和
精油は神経系をリフレッシュし、調子を整える作用があるため、ストレスからくる神経の緊張や疲労の緩和に効く。

> サイプレスの精油は、体内の余分な水分の排出やセルライトの減少を助ける。

プチグレイン *Citrus aurantium var. amara*

プチグレインはビターオレンジの木の小枝と葉から抽出される有益な精油ですが、その他にも花からはネロリ、果実の果皮からはビターオレンジと呼ばれる精油が採れます。プチグレインの最大の特徴は、肌と髪への優れたバランス調整力にあります。殺菌・調整作用がトラブル肌に効果をもたらし、リラックスできる香りが心と身体を落ち着かせるのに役立ちます。

優れた作用

肌の洗浄と調整
プチグレインの精油をローションやスキントナー（化粧水）に加えると、皮脂の過剰生産が抑制され、脂性肌のバランス調整に効く。リンスに加えると、髪と頭皮の脂っぽさを抑える。

強壮マッサージ
精油の調整作用は皮下まで浸透する。例えば、マッサージオイルにブレンドすると、消化器系を強くし、状態を整える効果がある。

肌の活性化
同じ木から採れるネロリと同様に、プチグレインの精油もくすんで疲れて見える肌の色合いを改善する作用があるため、スキンケア用品に配合されることが多い。プチグレインは「ネロリプチグレイン」と呼ばれることもあるが、他のシトラス系樹木の精油が混合されていることがあるため、原料名が *Citrus aurantium var. amara* であることを確認すること。

殺菌作用
精油は、ニキビや吹き出物などの皮膚の発疹を改善する作用があり、創傷を清潔に保ち、保護しながら治癒する。希釈した精油を気になる部分に塗布する。

多汗症対策
精油の収れん作用は多汗の抑制に、抗菌作用は体臭の抑制に働く。このことから、プチグレインは市販あるいは手作りのデオドラント用品の成分に適している。

ストレスの緩和
精油には鎮静作用があり、不安感、神経疲労、ストレスに起因する症状の治療に有効。特にパニックを起こした時や怒りを感じた時には、身体の緊張を解きほぐして呼吸を楽にし、心拍数の上昇を抑える効果がある。

葉
プチグレインの精油は、ビターオレンジの木の緑色の小枝と葉から抽出される。

ビターオレンジの特性
洗浄・調整作用に優れたビターオレンジから抽出される精油は、もともと青い未熟な果実から作られていた。この時の果実の大きさがチェリーほどだったことから、小粒（little grain）を意味する「プチグレイン」の名がついた。

精油
ウッディでグリーンな香りをもつこの精油は肌を活性化させ、くすんだ顔色を改善する。最上級品のオーデコロンには欠かせない成分となっている。

香りのブレンドレシピ
気分が高揚する香りを作るには、プチグレインの精油に、ネロリ、パルマローザ、ゼラニウム、オレンジの精油を組み合わせる。ラベンダーやサンダルウッドの精油とも相性がよい。

乳製品

新鮮な乳製品をクレンザーやマスクとして肌に適用すると、保水と顔色の回復に効果があります。カルシウムとビタミンDを含むオーガニックな乳製品を健康的な食生活の一部として取り入れると、効率的にカロリーを燃焼し、安定した体重維持を実現します。またヘルシーな脂肪分は血圧低下にも有効です。

生乳
栄養士の多くは、牛乳を殺菌すると栄養的価値が低下するため、殺菌処理をしていない生乳を推奨している。ただし、妊娠中は殺菌処理をしていない乳製品の摂取は避け、乳幼児や高齢者への摂取についても専門家の助言を求めた方がよい。

牛乳
牛乳や乳製品から最大の栄養を享受し、環境ホルモンや農薬などの「有害物質」を排除するためには、使用する製品がオーガニックなものであることを確かめる。

ヨーグルト
ノンシュガーで生菌を含むタイプのヨーグルトを使うと、肌への効果が高まる。

生クリーム
ヘルシーな脂肪分を含むクリームを肌に適用すると、顔色の回復と活性化を助ける。

優れた作用

肌のコンディショニングと鎮静
全乳をバスタブに加えると、肌を柔らかくし、乾燥やかゆみを伴う肌疾患の鎮静に効果がある。

ニキビのケア
乳製品に含まれるプロバイオティクスをマスク、クリーム、クレンザーの成分として利用する化粧品会社が増え続けている。これらの製品に添加されたLアシドフィルス（*L. acidophilus*）などの善玉菌が、吹き出物の原因となる悪玉菌のコロニー形成を予防することが研究により明らかになっている。

身体の修復と保護
牛乳の脂肪分のうち半分は飽和脂肪酸だが、残りの半分はオレイン酸（オリーブオイル含有成分）、パルミトレイン酸、共役リノール酸（CLA）などのヘルシーな不飽和脂肪酸である。牧草飼育されたオーガニックな全乳は、抗酸化物質とヘルシーなオメガ3系脂肪酸をより多く含むため、肌、髪、爪の健康の改善に効果的。それに対して、非オーガニックな乳製品には遺伝子操作された成長ホルモンが含まれ、抗生物質や農薬が残留している可能性がある。

代謝の改善
乳製品には新型のビタミンB_3（ナイアシン）が含まれ、安定した体重維持とエネルギー消費を改善する。乳製品中のカルシウムも脂肪の代謝を上げる効果がある。

消化器系の健康
ヨーグルト中の善玉菌は腸内細菌叢を改善し、美しい肌の維持に必要な栄養素の消化、免疫、代謝を助ける。

クイックレメディ

入浴剤：天然の乳化剤である牛乳40〜50 mLに精油を滴下し、入浴前にバスタブに加えると、精油がお湯全体に均一に広がる。

＊ ＊ ＊

食から美を得る

乳製品以外からの摂取：アレルギー体質の問題で乳製品の「善玉菌」を摂取できない場合には、味噌、豆腐、キムチ、ザワークラウト、ヤギ乳などの発酵食品を利用することもできる。

食材 | 79

オーツ麦 Avena sativa L.

オーツ麦（オートミール）は抗炎症・抗酸化のどちらの作用ももち、あらゆる肌質の保護と鎮静に最適です。

優れた作用

肌の洗浄とコンディショニング
オートミールは食用・外用ともに肌に栄養を補給する働きがあり、消化の改善と肌の毒素排出に効果がある。細かいパウダー状に挽いたオートミールをフェイススクラブとして使用すると、肌の古い細胞の除去やなめらかな肌質への改善を助ける。疲れた肌に水分を補給して若返りを図るのに効果的。

肌の修復と保護
オーツ麦は湿疹、日焼け、アレルギー症状などの肌トラブルのケアに役立つ。肌のかゆみには、オートミール片手1盛りをモスリンの袋に詰めてバスタブに入れると、肌を保湿してかゆみを緩和する。

細かいパウダー状オートミール
パウダーのオーツ麦はコスメ用品に添加したり、鎮静効果のある入浴剤としてバスタブに溶かしたりできる。

全粒オーツ麦
繊維の多さはもちろんのこと、オーツ麦にはヘルシーな脂肪と抗酸化作用のある栄養が豊富に含まれている。

ブラン（小麦ふすま） Triticum vulgare

ブランには抗酸化作用と肌の状態を整える作用があるとみなされていることから、角質除去用の製品に使用されています。

優れた作用

アンチエイジング
ブランは加齢肌を保水し、フリーラジカルによるダメージから肌を保護する。また、フリーラジカル対抗力をもつフェルラ酸の供給源であることも研究から明らかにされ、アンチエイジング用のフェイシャル用品の成分として重視されている。

肌のコンディショニングと鎮静
ブランは、敏感肌、あるいは湿疹や乾癬対策用のスキンケア用品に加えると、穏やかな洗浄・軟化作用をもたらす。

紫外線からの保護
ブランエキスは紫外線を吸収するため、日差しを浴びた肌を保護する効果がある。使用前に肌に少量塗り、パッチテストを行うこと。

ブラン
小麦粒精製後の残留物のこと。タンパク質、ビタミンB群、ミネラルが豊富。不溶性食物繊維を多く含むことから、消化管内の食物を効率よく移動するのを助ける。

シュガー（砂糖） Sucrose

天然の保湿剤である砂糖は、肌に水分を引き寄せることで保水効果を高めます。また、穏やかながらも効果的な角質除去作用もあります。

優れた作用

肌の洗浄とコンディショニング
砂糖にはグリコール酸とα-ヒドロキシ酸（AHA）の2つが含まれているため、肌の古い細胞をこすらずに除去し、肌のバランスを整えるのを助ける。

肌の角質除去
砂糖の粒は塩の結晶よりも角が丸く、特に敏感肌への使用に適する。刺激の強い角質除去剤を粉砂糖に変えてみるとよい。

ブラウンシュガー
他の砂糖よりも天然の抗菌作用に優れ、グリコール酸を多く含む。肌の若返りに効果あり。

粉砂糖
グリコール酸とα-ヒドロキシ酸の含有量はグラニュー糖と変わらないが、肌にはより穏やかに作用する。

スターアニス（八角） Illicium verum

スターアニス
アジア料理や漢方医学でなじみ深いこの香辛料は、実際には木になる果実を乾燥させたものである。

精油
精油は、フレッシュな果実と部分的に乾燥させた果実を水蒸気蒸留して作られる。

リコリス（甘草）に似た芳香を放つスターアニスは、強力な殺菌・デオドラント効果をもち、肌にさまざまなバランス調整作用をもたらします。

優れた作用

殺菌作用
スターアニスの精油は皮膚に抗菌・抗真菌作用をもたらす。アタマジラミやダニのケアにも使用される。

デオドラント効果
精油はソープに加えて、体臭予防に使用されることが多い。天然の口臭予防剤にもなる。

脂性肌の対策
精油のバランス調整作用は、脂性肌の改善に役立つことがある。

ストレスの緩和
精油には鎮静作用があり、心拍数の上昇を抑え、安眠を助ける。シトラス、シダーウッド、シトロネラ、ラベンダー、プチグレイン、ローズウッドの精油などとブレンドすると相性がよい。

カルダモン Elettaria cardamomum

カルダモン
カルダモンの種子から抽出される精油には刺激・デトックス作用があり、血行と消化を改善する。

精油
成熟直前に収穫された果実の種子から水蒸気蒸留法により抽出される。

殺菌作用に優れたカルダモンの精油は、天然のマウスウォッシュやデオドラント用品に使われる他に血行促進作用もあります。

優れた作用

デオドラント効果
精油はにおいの原因であるバクテリアを殺菌するため、ボディや足のデオドラント用品に利用すると、優れた効果を発揮する。

歯と歯肉のケア
カルダモンの精油を加えたマウスウォッシュは、歯周病や口臭を引き起こす細菌の除去に効果的。

デトックス
マッサージオイルに精油を滴下すると、血行の促進、毒素の排出、穏やかな利尿作用がある。

幸福感を高める
精油は胃のむかつきを抑え、疲れた時には気分を回復する効果がある。

催淫作用
精油は催淫作用があることでも有名。

クローブ Eugenia caryophyllata

つぼみ（ドライ）
クローブは香辛料と思われがちだが、ハーブの一種であり、花のつぼみを乾燥させたもの。

精油
葉、茎、つぼみから抽出される。使用量や使用頻度が多いと、皮膚がかぶれることがある。

クローブの精油には殺菌・鎮痛作用があります。精油は十分に希釈し、添加量が最終混合物の1％未満になるようにします。

優れた作用

ニキビのケア
精油はニキビの原因となる細菌の除去に有効。また、抗炎症作用が痛みを伴う炎症と吹き出物の赤みを緩和する。

歯と歯肉のケア
精油の殺菌作用は歯と歯肉の健康維持に役立つ。歯肉の腫れからくる痛みや歯痛も緩和する。

集中力を高める
精油は集中力を高める効果がある。

催淫作用
精油には催淫作用もある。

ブラックペッパー（黒コショウ）*Piper nigrum*

コスメ用品やアロマオイルにブレンドされたブラックペッパーは、加温効果とスパイシーな香りを与えます。局所に少量適用する場合には、殺菌・活性化作用をもたらします。鎮痛作用もあるため、マッサージオイルに加えると筋肉や関節の痛みの緩和によく効きます。

香りのブレンドレシピ
スパイシーで刺激的な香りを作るには、ブラックペッパーの精油にパチュリー、バニラ、ローズウッド、ラベンダー、グレープフルーツ、ベルガモットの精油を組み合わせる。

優れた作用

さまざまな痛みの緩和
ブラックペッパーの精油には抗炎症作用があるため、痛みを伴う疲れた手足や筋肉痛のケア用品に加えると効果的。

切り傷、擦り傷、打撲の治癒
精油の血行促進作用は打撲の治癒を早める。抗菌作用にも優れる。

ストレスの緩和
精油は集中力を高めるのを助け、気力低下や精神的疲労にも効く。

食から美を得る
ブラックペッパー：この香辛料が料理に加えるのは風味だけに留まらない。主成分のピペリンには抗酸化・抗炎症・抗菌作用があり、病気から消化管を保護することが研究から明らかになっている。

精油
未熟な果実を乾燥・粉砕したものから水蒸気蒸留により抽出する。十分に希釈せずに適用した場合、肌への刺激が強いことがある。

ペッパーコーン（ブラックペッパーの実）
ペッパーコーンはインドネシア原産のつる性植物になる実を乾燥させたもの。

ソルト（塩）*Sel*

塩はスキンケア用品に洗浄・保水・鎮静作用を加えます。使用する塩は、凝集防止剤やヨウ素などの添加物を含まない純粋なものを探し求めましょう。化粧品においては、増粘剤、乳化剤、防腐剤として使用されています。

デッドシーソルト
湿疹や乾癬などの肌症状の治癒に効果があり、肌が好むミネラルを豊富に含む。持続可能な原料を調達すること。

優れた作用

肌のコンディショニングと鎮静
塩は肌が本来もっている水分バランスを保つのを助ける。保湿剤と同じような、肌に水分を導く作用がある。

肌の修復と保護
デッドシーソルトなどの自然塩にはマグネシウムやカルシウムが豊富に含まれ、肌のバリア機能を強化することで、保水効果を改善する。脂性肌やニキビ性肌のバランスを整える作用がある。

デトックス
塩水は毒素の排出を助ける作用があるため、塩水に浸すと肌の状態が改善される。

歯と歯肉のケア
温水に塩を溶かすと優れたマウスウォッシュとなり、歯肉の痛みや出血を抑え、治癒効果をもたらす。

シーソルトの結晶
海水を蒸発させることで得られる結晶は、肌のコンディショニングと鎮静に効果的。

> 塩は、肌のバリア機能を強化することで保水効果を改善する。

エプソムソルト
特に硫酸マグネシウムが豊富なエプソムソルトは筋肉のさまざまな痛みの緩和に効く。

アルコール（エタノール）Ethanol

アルコールには優れた防腐効果があり、精油の定着剤やティンクチャー（p.41 参照）を手作りする際の溶剤として用いられています。コスメ用品作りでは、ウォッカやブランデーなどのアルコール度数（40度以上）の高いアルコールを使用します。

ブランデー
ブランデーにはほのかな甘味があるため、ティンクチャー作りに好んで利用する人もいる。

ウォッカ
無色で高純度・高度数のウォッカはティンクチャーのベースに最適。

優れた作用

溶剤としての作用
アルコールは主に精油の溶解やブレンドを効果的に行うために使用され、ボディミストや自然派香水のベースに適している。ティンクチャーでは、ハーブの有効成分を液体で溶出する役割を果たしている。

殺菌作用
安全な殺菌剤として切り傷や擦り傷を洗浄する作用がある。手作りのコスメ用品に添加すると、防腐効果があり、有害な細菌の増殖を防ぐのに役立つ。

髪と頭皮のコンディショニング
みじん切りにしたローズマリー小さじ4杯、あるいはフレッシュハーブの大きめの小枝1本をウォッカ250mLに浸す。一晩放置し、ふるいやコーヒーフィルターで濾す。このティンクチャーで頭皮をマッサージして乾燥するまで放置し、通常通りにシャンプーするか、あるいは冷水ですすぎ流す。

> アルコールは、パラベンなどの合成防腐剤よりも肌への負担が少ない。

ホワイトビネガー（蒸留酢）
蒸留酒を精製・発酵して作られる透明でマイルドな酢。水分中に約5〜8%の酢酸を含み、ほとんどのビューティーケアに効果がある。

リンゴ酢
芳香豊かなリンゴ酒から作られるリンゴ酢には生きた酵素がそのまま含まれている。「酢母（Mother）」と呼ばれる善玉菌を豊富に含む沈殿物と一緒にボトル入りで販売されていることが多い。

ビネガー（酢）Acetic acid

収れん・デオドラント・殺菌作用があり、値段も安い酢は手作りのビューティーケア原料として昔から使用されています。内服すると、身体をアルカリ化してバランスを整えます。また、炎症を起こして赤みを帯びた肌の状態を整え、鎮静化する作用もあります。

優れた作用

肌のコンディショニングと鎮静
バスタブに酢を垂らすと、湿疹やアレルギー症状などによる乾燥やかゆみを伴う肌の状態を鎮静させるのに有効。日焼け、虫刺され、トゲなどの軽度の刺し傷にも効果的。

ニキビのケア
酢は脂性肌やニキビ性肌のバランス調整に優れる。原液のまま塗布すると、ニキビの殺菌と乾燥に有効。

髪と頭皮のコンディショニング
酢には、髪に蓄積したヘアケア製品の汚れをすすぎ流し、髪を柔らかく良好な状態に保つ効果がある。また頭皮のかゆみやフケの治癒にも効果的。

クイックレメディ

足のにおいの対策：温水を張った大きめの洗面器かプラスチック製容器にカップ1杯の酢を入れ、疲れた足を20分間浸す。足の疲れを癒し、においを抑える効果もある。

* * *

食から美を得る

リンゴ酢：毎朝大さじ1〜2杯を水に薄めて飲むと、体内をアルカリ化し、肌を清潔に保つことができる。デトックス効果、代謝を改善する効果もある。

食材／自然素材 | 83

ウォーター（水） *Aqua*

保水効果はもちろんのこと、水は天然の溶剤であり、スキンケア用品に軽快さと冷却効果をもたらす。穏やかなクレンザーやスキントナー（化粧水）にもなります。手作りコスメにはミネラルウォーターやろ過水を用いましょう。

優れた作用

肌の洗浄と調整
冷水は肌の引き締め・調整効果があり、血行促進も助ける。さらに水や水と油を乳化したものをベースとしたスキンケア用品は、肌に軽やかな感触を与え、吸収しやすくする。

肌のクレンジング
フェイシャルスチームの熱い湯気は毛穴を開き、トラブルを起こしやすい肌状態を改善するのに役立つ。熱湯にフランキンセンスやユーカリなどの精油を2〜3滴垂らすと、肌への効果がより高まる。研究によると、軟水は肌の乾燥感を軽減する作用があるのに対し、カルシウムやマグネシウムを豊富に含む硬水は、飲用により心臓と骨に優れた効果をもたらすことが明らかになっている。

食から美を得る

水：毎日2L以上飲むようにすると、腎臓機能を適切に維持し、肌のくすみの原因となる毒素や老廃物の排出に役立つ。

水
身体を内側から潤し、清潔に保つ作用がある。水道水には有害物質が含まれている可能性があるため、キッチンの水道蛇口に簡単なフィルターを取りつけるだけでも、これらの影響を避けるのに役立つ。

クレイ（泥） *Phyllosilicates*

クレイは天然のトリートメント剤として皮膚の汚れ、脂っぽさ、肌の古い細胞を除去することで、肌の調整、血行促進、顔色の活性化などの作用をもたらします。クレイは最初にフローラルウォーターやハーブウォーター、またはアロエ液汁で溶かしてから使うとうまく混ざります。出来上がったペースト状のパック剤にベースオイルを少量加えることもできます。

カオリンクレイ
チャイナクレイの別名もあり、カルシウム、シリカ、亜鉛、マグネシウムに富む。敏感肌用のマスクやその他のコスメ用品に使用され、穏やかに吸収される。

優れた作用

デトックス
クレイパックは血行を促進し、肌から毒素や不純物を効果的に引き出す。

肌の洗浄と調整
特に脂性肌やニキビ性肌に強力なクレンジング効果を発揮する。また、引き締め・調整効果が肌のたるみやむくみ、毛穴の広がりを改善する。ソープを使用できない、あるいは使用したくない時には、バスタブに少量のクレイを溶かせば、肌の洗浄と鎮静のどちらにも効果がある。

肌のコンディショニングと鎮静
クレイパックは湿疹、日焼け、虫刺され、軽度の刺し傷の鎮静に効く。

ベントナイトクレイ
ベントナイトはモンモリロナイトと火山灰を主体とするミネラル豊富なクレイ。吸収力に優れ、脂っぽい肌と頭皮に優れた効果を発揮する。

ソープの代わりに、バスタブに少量のクレイを溶かすこともできる。

グリーンクレイ
シークレイから作られ、高い吸収性をもつ。肌から不純物を除去する場合には、パック剤以外にも湿布として使用してもよい。

フェイス

肌質や年齢を問わず、自分の美しさには自信をもちたいものです。
市販の化粧品と手作りのケア用品のどちらを使う場合でも、
多様な自然素材を生かした健康的なスキンケア習慣を身につけましょう。

自分の肌質を知る

スキンケアプログラムの作成、あるいはライフスタイルや食生活の見直しのためには、まずは自分の肌質を特定することがその第一歩となります。おそらくほとんどの女性が、これまでに目にしたアンケートや肌質比較表、あるいはビューティーアドバイザーとの会話から、自分の肌タイプを漠然と把握しているでしょう。しかし、肌質は年齢とともに変化するので、定期的に見直さなくてはなりません。

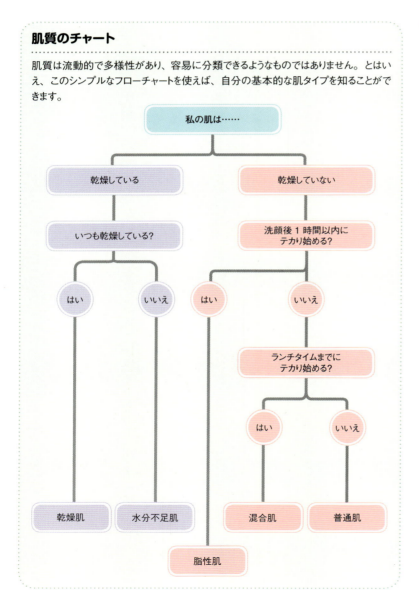

肌質のチャート

肌質は流動的で多様性があり、容易に分類できるようなものではありません。とはいえ、このシンプルなフローチャートを使えば、自分の基本的な肌タイプを知ることができます。

普通肌の特徴

「普通」の肌質に変えようと、ありとあらゆる方法を試している女性は少なくありません。普通肌を美容の観点から定義すると、シミがない、ツヤがある、太陽や風などにさらされた後の回復力・肌の脂分と水分のバランス調整力・年齢に応じた加齢への抵抗力などが揃っている肌質を指します。

つまり、私たちはこの魅力的な「普通肌」を目指して、日夜肌の改善に努めていますが、そのためには何よりもまず自分の肌質を知ることが先決なのです。この基本的な基準がわかれば、どのようなスキンケア用品を選ぶか、あるいはどの程度なら日光を浴びてよいのかなど、自分のライフスタイルを決めやすくなります。

自分の肌質を特定することは、自分に合ったケア方法を知るための第一歩となる。

肌への影響

遺伝的要因は肌のタイプ、色、性質、あるいは特定の肌トラブルの起こりやすさなどの多くを決定づけます。つまり、自分の家族がもつ特質をうまく利用すれば、予防ケアに役立てることも可能です。例えば、母親が色白で日焼けしやすい肌の持ち主だとしましょう。あなたの肌質が母親によく似ているのなら、日焼け予防を特に念入りに行えばよいのです。

しかし、遺伝がすべてではありません。毎日の食生活やスキンケア習慣も、肌の健康を左右する重要な要因となります。また、肌質は一生を通じて変化し続け、とりわけ思春期、妊娠期、更年期などのホルモン変動期には劇的に変わります。

生体器官である皮膚は活発に活動し、体内と体外のどちらで起きていることにも反応します。自分は「敏感肌」だと思っている人は、食物によるアレルギー反応を起こしたり、化粧品やトイレタリー用品に刺激を感じたりしたことがあるでしょう。アレルゲンを除去すれば、あなたの肌質はがらりと変わるかもしれません。

普通肌

普通肌は柔らかくなめらかで弾力性があり、発疹を起こしにくい。また健康的なツヤもある。毎日のお手入れはそれほど手がかからず、規則正しいクレンジングと軽めの保湿剤を用いれば、肌の透明感と健康を維持できる。普通肌は、加齢によって乾燥しがちになり、より濃厚な保湿剤が必要になることもある。

ハーブ：エルダーフラワー、マーシュマロウ、カレンデュラ、ラベンダー。

精油：ゼラニウム、ラベンダー、パルマローザ、フランキンセンス、ローズ。

❖ ❖ ❖

スキンケアの基本

どのような肌質であっても、美しさをもたらすのは毎日のお手入れと定期的な状態チェックです。顔の皮膚は身体の他の部分の皮膚よりも薄くてデリケートなため、ていねいに扱わなくてはなりません。本章に記載された肌タイプ別の情報を参考にして、あなたに合ったケア用品やお手入れ方法を見つけましょう。普通肌の方は、p.92～93「輝く肌を目指すスキンケア」を参照してください。

洗顔

　朝と夜の1日2回、徹底的に洗顔しましょう。そうは言っても、刺激の強いクレンザーやスクラブは使いません。これらには肌に炎症を引き起こす洗浄剤や防腐剤が含まれているため、このような刺激物を含まないオーガニック認定された製品だけを用い、十分にすすぎ流します。オイルベースのクレンザーを使用する時は、メイクなどの汚れや残ったクレンザーは、モスリンまたはマイクロファイバーのクロスを使って拭い取りましょう。乾燥した肌には、擦らずに優しくたたくように使います。

スキントナー（化粧水）

　スキントナーは使わなくてもよいものと思い込んでいる人は少なくありません。しかし、ハーブウォーターやフローラルウォーターなどのシンプルなもの、あるいはより多様な物質が配合されたものなど、その種類はどうあれ、スキントナーはスキンケアの大切な手順の1つです。スキントナーの役割は、洗浄後の肌のバランスを回復し、肌に保湿剤を与えるための準備をすること。栄養豊富なハーブエキスと抗酸化物質を多く含み、アルコールや刺激性の防腐剤を含まない、品質のよいオーガニックなものを使いましょう。また運動後には、スキントナーで顔をリフレッシュすることをおすすめします。汗が毛穴に詰まると、肌が赤くなったり、ニキビなどの状態が悪化したりすることがあるからです。

保湿

　脂性肌やニキビ性肌も含め、あらゆる肌質に保湿は欠かせません。優れた保湿剤は肌の調子と弾力を健やかに保ちます。自分の肌質に合った保湿剤を選びましょう。普通肌や混合肌は質感の軽いローションだけで十分ですが、乾燥しやすい肌には濃厚なクリームが適します。脂性肌にはジェルベースの保湿剤が最も効果的。肌質にかかわらず、夜のお手入れでは栄養美容液を使い、寝ている間に肌を修復させることが大切です。肌に必要なものをすべて与え、不要な合成化学物質を排除するために、オーガニック認定された製品を使いましょう。

フェイシャルパック

　フェイシャルパックを週に1～2回すると、単なる治癒以上の効果が得られます。パックには、肌のディープクレンジング、若返り、バランス回復、集中栄養補給などの作用があり、肌に輝きや光沢も与えます。不要な色素や防腐剤を添加した、刺激の強い合成化学物質を配合したパック剤は避け、ミネラル豊富なクレイなどを使ったシンプルなパック剤（p.128～131参照）を手作りしましょう。また、市販のパック剤を使う場合には、抗酸化物質や必須脂肪酸などの肌に有効な成分を含有する高品質のハーブエキスを配合したものを選び、肌の自然防御力や修復メカニズムの強化を助けましょう。

角質除去

　穏やかな角質除去を週に1～2回取り入れると、くすんだ古い肌細胞が剥がれやすくなり、新しい細胞の産生が促進されて、健全で自然な肌サイクルに近づきます（p.14～15参照）。角質を除去した後に現れるより柔らかく光沢のある皮膚層に保湿剤やパック剤を使用すると、さらに高い効果が得られます。スクラブは、かえって肌状態を悪化させることがあるため、特に敏感肌には強く擦る必要のない高品質のものを選びましょう。刺激の強いケミカルピーリングは避け、オーツ麦、擦りつぶした種子、クレイなどの自然成分を使うことをおすすめします。

ハチミツとオーツ麦のスクラブ（p.122～123参照）。肌に柔らかさとなめらかさを与え、水分を保ちながら角質を優しく除去する。

紫外線からの保護

　多くのフェイス用保湿剤には日焼け止め成分が含まれています。日中のほとんどを室内で過ごすのであれば、これらの成分は不要であり、無意味に化学物質を肌に導入しているにすぎません。保湿剤を塗布するのは朝一度だけという女性がほとんどですが、一日中屋外にいる日は定期的に保湿剤を塗り直さなければ、日焼け止め効果は得られません。

　長時間屋外で過ごす時には、オーガニックで高品質なミネラルベースの日焼け止めが不可欠です。太陽光は水や砂、雪にも反射するため、たとえ曇っていたり寒かったりしても、日焼け止めは欠かせません。日焼けして小麦色に輝く肌には健康的なイメージがありますが、実際の肌の状態は全く違います。日焼けは紫外線によるダメージを防ごうとした結果生じるものであり、これがやけどの状態にまで達してしまうと、肌は大きなダメージを受け、皮膚がんの発現リスクも高まります。

＊監修者注　SPF値はUVB波による日焼け防止指数。例えば、素肌のまま日に当たると20分で肌が赤くなる場合はSPF1＝20分。この場合SPF30は20分×30であり、600分は日焼けを防ぐことができるという意味になる。

SPFの真実

日焼け防止指数（SPF＊）を気にする人は多いが、それがどのように機能するのかを理解している人はほとんどいない。例えば、SPF値と効果は比例しないため、SPF30にはSPF15の2倍の日焼け防止効果があるわけではない。すべての太陽光線をブロックする日焼け止めは存在しないものの、日焼けをしやすい敏感肌にはわずかでもSPF値が高い方が効果も高い（右記参照）。日焼け対策は、日焼け止めだけに頼るのではなく、日中の太陽が高い時間帯には日陰を探したり、可能な時には日焼け防止効果のある衣服や帽子を着用したりするとよい。

SPF値の比較

SPF 15
UVB波の93％をブロック

SPF 30
UVB波の97％をブロック

SPF 50
UVB波の98％をブロック

乾燥肌

デリケートな乾燥肌は保湿力が足りないために、かさつきや小ジワが出来やすいことが欠点です。また、洗顔後にかゆみやつっぱり感などの不快な症状を生じ、まれに湿疹、乾癬、ひび割れ、あかぎれ、感染症などに発展することもあります。乾燥肌は遺伝的特性であることも少なくありませんが、加齢とともに肌の脂分産生量が減少して乾燥肌に変わるケースの方がより多くみられます。

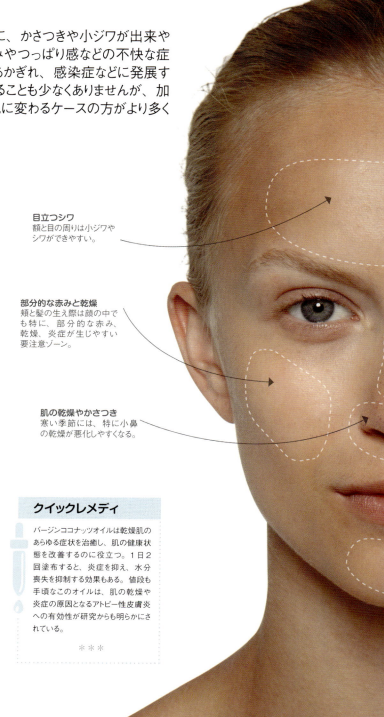

目立つシワ
額と目の周りは小ジワやシワができやすい。

部分的な赤みと乾燥
頬と髪の生え際は顔の中でも特に、部分的な赤み、乾燥、炎症が生じやすい要注意ゾーン。

肌の乾燥やかさつき
寒い季節には、特に小鼻の乾燥が悪化しやすくなる。

おすすめのケア方法

穏やかなお手入れを心掛けましょう。肌を乾燥させる原因となるアルコールや香料を含まない敏感肌用のクレンザーを使います。洗顔する際には、ぬるめのお湯をたっぷりと使ってすすぎます。熱湯は肌の保水を助ける皮脂も洗い流してしまうため、使用しません。週1回、ソフトな角質除去を行い、古い皮膚細胞を取り除きます。スクラブの材料には塩や砂糖を避け、オートミールなどの作用の穏やかなものが適します。オートミールは、含有するサポニン（植物性洗浄剤）が肌にストレスを与えずに優しく脂分や汚れ、古い皮膚細胞を除去する作用があるため、スクラブの材料として最適です。

- 穏やかで低刺激のソープやクレンザーを使用する。強いデオドラント効果のあるソープやケア製品にはアルコール、香料、レチノイド、サリチル酸、α-ヒドロキシ酸（AHA）が含まれるため、使用を避けること（p.18〜19参照）。
- 肌の水分は、タオルで優しくたたくようにして吸い取る。入浴時に皮膚を強く擦ることや、ヘチマや海綿などの刺激の強い角質除去用品を定期的に使うことは避ける。
- 入浴後や手を洗った後にはすぐに、栄養豊富な保湿剤で肌を潤す。ローションよりも軟膏や濃厚なクリームの方が効果は高いが、肌に浸透するまでに時間がかかることがある。
- ミネラルオイルよりも植物油ベースの製品を選ぶこと。朝だけでなく、必要に応じて塗り直す。
- 加湿器を使ってみるとよい。また、室温があまり高くならないように調節する。
- 寒い日の外出や、洗剤を使った家事作業時には手袋を使用する。
- 天然繊維の衣服を着用し、可能な限り低刺激の洗濯洗剤を使用する。肌に直接触れるすべてのものに注意を払う。

クイックレメディ

バージンココナッツオイルは乾燥肌のあらゆる症状を治癒し、肌の健康状態を改善するのに役立つ。1日2回塗布すると、炎症を抑え、水分喪失を抑制する効果もある。値段も手頃なこのオイルは、肌の乾燥や炎症の原因となるアトピー性皮膚炎への有効性が研究からも明らかにされている。

＊＊＊

自分の肌質を知る | 91

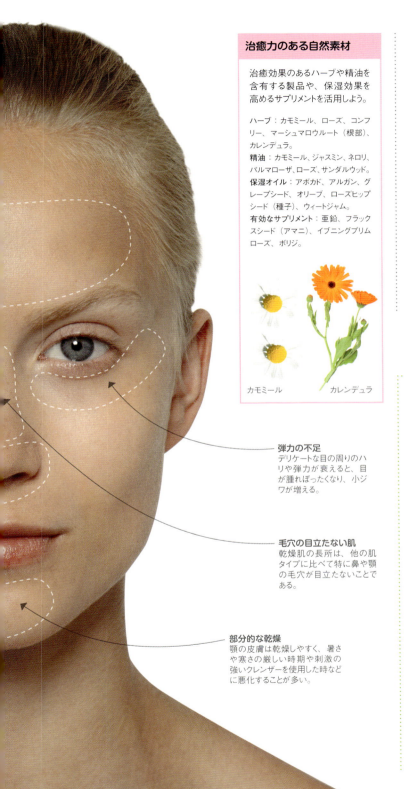

治癒力のある自然素材

治癒効果のあるハーブや精油を含有する製品や、保湿効果を高めるサプリメントを活用しよう。

ハーブ：カモミール、ローズ、コンフリー、マーシュマロウルート（根部）、カレンデュラ。

精油：カモミール、ジャスミン、ネロリ、パルマローザ、ローズ、サンダルウッド。

保湿オイル：アボカド、アルガン、グレープシード、オリーブ、ローズヒップシード（種子）、ウィートジャム。

有効なサプリメント：亜鉛、フラックスシード（アマニ）、イブニングプリムローズ、ボリジ。

カモミール　　カレンデュラ

弾力の不足
デリケートな目の周りのハリや弾力が衰えると、目が腫れぼったくなり、小ジワが増える。

毛穴の目立たない肌
乾燥肌の長所は、他の肌タイプに比べて特に鼻や顎の毛穴が目立たないことである。

部分的な乾燥
顎の皮膚は乾燥しやすく、暑さや寒さの厳しい時期や刺激の強いクレンザーを使用した時などに悪化することが多い。

避けた方がよいこと

肌のひどい乾燥に悩む人の中には、特に手の甲、腕、足にあまり手をかけていないために、肌荒れやかさつきが起きているという場合も少なくありません。しかし、症状を和らげるためには、絶対に避けるべきこともあります。厳しい暑さや寒さにさらされると、乾燥肌はひび割れ、皮膚が剥けやすくなったり、かゆみ、かぶれ、炎症などを起こすことがあります。また、現代人の生活に不可欠とはいえ、室内の冷暖房は症状を悪化させるものです。

- 入浴やシャワーは5～10分以内に。乾燥がひどい場合には、入浴は1日1回に留め、お湯の温度を低めに設定する。
- 風や日光、暑さや寒さなどの厳しい気象環境にさらされる機会を減らす。
- 日焼けマシンから放射される紫外線（UV）や長時間の日光浴は肌を乾燥させるため、積極的に日焼けすることは絶対に避けること。

肌質に適した食事

- 食品や化学物質に対するアレルギーの有無をチェックすること。アレルギー性物質は肌を乾燥させ、さらには状態を悪化させることもあるため、食事の内容を少しずつ変えることで調べてみるとよい。

- 肌の保水力を高めるオメガ3系脂肪酸を摂取する（脂肪分の多い魚、オリーブオイル、ナッツ・種子類に含まれる）。フラックスシードオイル（アマニ油）やボリジオイルのサプリメントを定期的に摂取すると、肌の保湿力を高め、部分的な肌荒れを軽減することが科学的に証明されている。

- 水を飲むことは肌の健康全般に不可欠である。水分を多く摂取するほど肌の保水力が高まるかどうかについては科学的な根拠は得られていないが、肌の輝きは確実に増加する。1日2L以上の水を飲むとよい。

輝く肌を目指すスキンケア

肌は、私たちの健康状態や生き方を映し出す鏡です。美しく健康的な肌は、高価なスキンケア用品にお金をかけられる一握りの人たちだけに許された贅沢ではありません。適切な習慣と注意深く物事を選択する気持ちさえあれば、誰にでも手に入れられます。肌質に合った自然素材を使ったスキンケア用品を定期的に使用し、滋養のある食品を取り入れた適切な食習慣を身につければ、あなたの肌も透明感と潤いに溢れた輝く肌に生まれ変わります。

毎日のお手入れ

1 洗顔

メイクと汚れを落とすためのクリーム状あるいは液状の優れたクレンザーは、肌にさっぱり感を与えながらも、乾燥やつっぱりは感じさせない。

使い方

毎日朝と夜、クレンザーの使用説明書に従って洗顔する。メイク汚れはしっかり落とす。

2 スキントナー（化粧水）

スキントナーには保湿剤の導入前に肌を準備する役割があり、肌のリフレッシュ、毛穴の引き締め、残っているクレンザーの除去を行う。スキントナーは乾燥を招かない程度に肌をさっぱりさせるものがよい。

使い方

1日2回、コットンにスキントナーを染み込ませ、開いた毛穴の部分を特に念入りに拭き取る。

3 美容液（セラム）

美容液は、アンチエイジング作用のある植物性抗酸化物質などの特別な栄養成分を肌に補給し、保湿剤よりも肌の深層まで浸透する。優れた美容液は、ヒリヒリ感を与えずに肌に素早く吸収される。

使い方

保湿剤の塗布前やメイクアップの前に使う。肌に浸透するように、優しくパッティングする。

4 保湿（乳液やクリーム）

保湿剤の濃厚さの加減は、肌質によって異なり（p.86〜87参照）、シンプルなナッツオイルやクリーミーローションで代用できることもある。肌が脂っぽくベタつかずに、柔らかさと保水効果を実感できるものが適している。

使い方

メイクアップ前には質感の軽いクリームを、洗浄後には栄養価の高いものを使う。目の周りを避け、乾燥した部分に軽くたたくように使用する。

週1回のお手入れ

フェイシャルパック

パックは肌の奥深くまで洗浄し、あらゆる汚れを取り去る。きめを整える効果もある。脂性肌にはわずかに収れん作用のあるパック剤、乾燥肌には保湿作用のあるパック剤が適する。肌にさっぱり感と輝きを与え、その後の栄養美容液や保湿剤を浸透させやすくするものがよい。

使い方

化粧水を塗布した後の肌に、顔の中央部、頬の順番に塗布する。そのまま使用説明書に指示された時間（およそ10分）置いてから、洗い流す。

スクラブ

角質除去は、古い肌細胞の除去と肌のリフレッシュ、さらには美容液や保湿剤を浸透させやすくするために行う。優れたスクラブには細かい粒子が含まれるため、肌を発赤させずに穏やかに角質を取り除くことができる。

使い方

化粧水を塗布した後に、デリケートな目の部分を除き、指先につけたスクラブで肌全体に小さな円を描くように塗り込む。その後水で洗い流す。

おすすめの植物

自然の植物エキスの中には、肌の輝きと健康に有効なものが多種多様に存在する。その効果は長い年月をかけて証明されている。

ローズ：肌の保水力を高めるローズには鎮静効果があり、赤みを抑えながら、肌の輝きを増す作用がある。

アーモンドオイル：質感が軽く吸収されやすいアーモンドオイルは、肌の保湿バランスを整え、あらゆる肌質に適した天然の保湿剤として働く。顔色を改善し、"若々しく輝く肌"に導く。

アルガンオイル：ビタミンEと脂肪酸を多く含有し、肌のさまざまな疾患の治癒や酸化による肌の老化の防止に役立つ。また、植物ステロールとして知られる成分が、肌の代謝改善、炎症の緩和、保湿力の強化に働く。

ココアバター：ココアバターはチョコレート味のベースとなるだけでなく、顔と身体の皮膚の乾燥にも優れた効果を発揮し、ローションやクリームに栄養分とクリーミーさや粘り気をもたらすことができる。抗酸化物質を豊富に含み、肌に柔軟性となめらかさを与え、乾燥状態を緩和するのに効果的。

美肌作りのポイント

- 適切なお手入れ習慣を身につける。洗顔、スキントナー、美容液と保湿剤の塗布を毎日実践することで、肌の若々しさを保ち、ニキビを予防できる。
- 朝、保湿の前に冷水で顔をすすぐと、手軽に肌をリフレッシュできる。
- 1日に2L以上の水を飲むと、肌の透明感が続き、身体の内部から水分が補給される。
- 適度な運動は、肌の調子と弾力を改善する効果がある。また血流が増加するため、肌が健康的に輝く。

おすすめレシピ

- エッセンシャルクレンジングバーム（p.103）
- ダブル作用のクレンザー（p.104）
- フランキンセンスのスキントナー（p.107）
- ネロリのフェイシャルミスト（p.107）
- ココアバターのモイスチャークリーム（p.109）
- アルガンのモイスチャークリーム（p.110）
- グリーンクレイのクレンジングパック（p.131）

混合肌

顔の一部が脂っぽく、それ以外が普通〜乾燥しているような肌タイプは、一般に混合肌といわれます。混合肌の持ち主は、シミや吹き出物と同時に、部分的な肌の乾燥やかさつきに悩まされることもあります。このような肌質には、脂っぽい部分と乾燥している部分にそれぞれ異なる製品やケア方法を取り入れる「混合型」のお手入れが効果的です。混合肌はお手入れ方法を少し調整するだけで、自らバランスを取り戻す力があることを実感できるかもしれません。

おすすめのケア方法

混合肌の持ち主の多くは、自分の肌のバランス回復力が高いことを知っています。極度な乾燥または脂っぽさを招くケア用品や、刺激性の防腐剤、着色料、香料を配合した製品を使用していないか、必要以上に顔を洗ったり擦ったりしていないか、もう一度見直してみましょう。

- マイルドなクレンザーやソープを使用する。強いデオドラント効果のあるソープや、アルコール、香料、レチノイド、サリチル酸、α-ヒドロキシ酸（AHA）（p.18〜19参照）が配合された製品は避けること。
- ローズやオレンジなどのフローラルウォーターをスキントナー（化粧水）として使用する。
- 定期的に保湿するが、毛穴をふさぐ質感の重いクリームではなく、軽めのローションを選ぶ。
- オイルベースの化粧品をやめて、水性のものに変える。オーガニックコスメ用品のほとんどは水性のため、顔の脂っぽい部分はオーガニックなものに変えて、症状を緩和する。

避けた方がよいこと

肌の脂っぽさや乾燥は、年齢、遺伝的性質、ホルモン変動などの自分ではどうしようもない要因によって起こり得ます。それでも自分でできる対策はあります。

- 強力なクレンザーや角質除去剤など、刺激の強い製品を排除する。これらはかさついた部分をさらに乾燥させ、脂っぽい部分の皮脂生産を活発化するおそれがある。
- メイクを落とさずに寝ることは厳禁。ニキビや吹き出物の原因となる。
- 日差しが強い時にはミネラルベースの日焼け防止剤を使用したり、寒さや風対策として衣服で覆ったりして、肌の露出を制限する。

治癒力のある自然素材

治癒作用のあるハーブやオイルを配合したケア用品を手作りしたり、買い求めるようにしよう。毎日サプリメントを摂取すると、肌のバランス調整に有効。

ハーブ：ローズ、ラベンダー、エルダーフラワー、ダンデリオン（西洋タンポポ）、バードック（ゴボウ）、コンフリー、ヤロウ、カレンデュラ。
精油：ゼラニウム、イランイラン、ベルガモット、ラベンダー、パルマローザ、フランキンセンス、ネロリ、ローズ、ジャスミン。
保湿オイル：ヘーゼルナッツ、ホホバ、グレープシード、ウィートジャム、アボカド。
有効なサプリメント：ビタミンB複合体、亜鉛。

ラベンダー

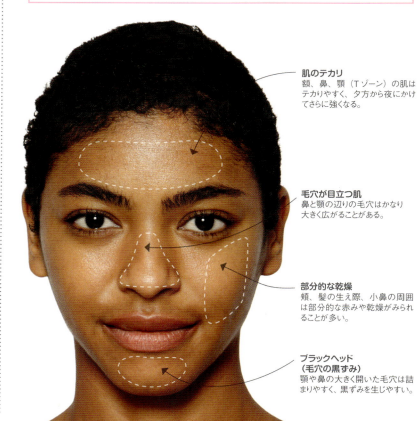

肌のテカリ
額、鼻、顎（Tゾーン）の肌はテカリやすく、夕方から夜にかけてさらに強くなる。

毛穴が目立つ肌
鼻と顎の辺りの毛穴はかなり大きく広がることがある。

部分的な乾燥
頬、髪の生え際、小鼻の周囲は部分的な赤みや乾燥がみられることが多い。

ブラックヘッド（毛穴の黒ずみ）
顎や鼻の大きく開いた毛穴は詰まりやすく、黒ずみを生じやすい。

敏感肌

常に乾燥し、かさつきやかゆみ、発赤などの症状が出やすい敏感肌は、アレルギー反応や毛細血管損傷を起こしやすい性質もあります。年代や性別を問わず、誰でも敏感肌になる可能性はありますが、遺伝や人種的形質も影響しています。例えば、ニキビ、湿疹、乾癬、酒さなどの敏感肌に関係する肌症状の多くはある家系特有の症状であったり、また特にアジア系の人が洗剤に敏感だったりすることなどがその例として挙げられます。

おすすめのケア方法

医療機関でアレルギーテストを受けて誘発因子が特定されれば、それらを避けることができます。検査の結果、食物アレルギーや過敏症だと判明した場合でも、刺激性の化学物質を肌に使用するとこれらの症状が悪化することもあります。

- 使い慣れない製品は、使用前にパッチテストを行うこと。
- 低発泡性で配合成分のきわめて少ない、穏やかな自然素材のオーガニック製品や低アレルゲン製品を1日に2回、洗顔と保湿のために使用する。
- 洗顔後、肌が乾かないうちに保湿クリームなどを塗布する。

避けた方がよいこと

敏感肌のお手入れの基本は「優しく扱う」こと。敏感肌のケアとは、肌への刺激物をどのようにして排除するかを学ぶことでもあるのです。

- 入浴やシャワーにはぬるめの湯を使い、1日1回までとする。熱いお湯は避けること。
- 香料の強いソープとクレンザー、あるいは刺激の強い角質除去剤やスキントナーは使用しない。
- メイクを落とさずに寝るのは厳禁。またウォータープルーフのコスメ用品は、刺激性のクレンザーでなければ落ちないため、できるだけ使用しないこと。
- 室内外を問わず、暑さ寒さの厳しい環境にさらされないようにする。可能な限り日差しを浴びないようにするが、無理な場合には、良質なミネラルベースの日焼け止めクリームなどを使用する。

治癒力のある自然素材

治癒作用のあるハーブやオイルを配合したケア用品を手作りしたり、買い求めるようにしよう。毎日サプリメントを摂取すると、肌の鎮静作用が得られる。

ハーブ：カレンデュラ、オーツ麦、緑茶、アロエ、コンフリー、チックウィード、マーシュマロウ。
精油：ジャーマンカモミール、ローマンカモミール、ラベンダー、ローズ。
保湿オイル：アプリコットカーネル、アボカド、アーモンド、ホホバ。
有効なサプリメント：プロバイオティクス、オメガ3系脂肪酸、ビタミンB_5・E。

マーシュマロウ

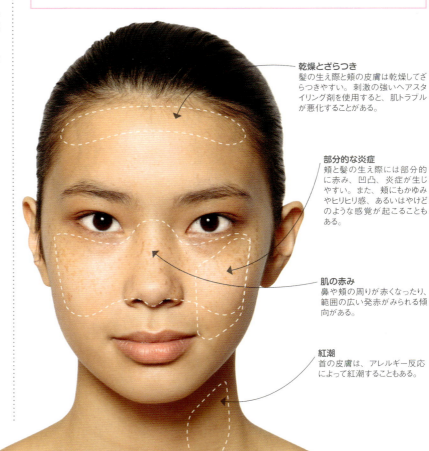

乾燥とざらつき
髪の生え際と頬の皮膚は乾燥してざらつきやすい。刺激の強いヘアスタイリング剤を使用すると、肌トラブルが悪化することがある。

部分的な炎症
頬と髪の生え際には部分的に赤み、凹凸、炎症が生じやすい。また、頬にもかゆみやヒリヒリ感、あるいはやけどのような感覚が起こることもある。

肌の赤み
鼻や頬の周りが赤くなったり、範囲の広い発赤がみられる傾向がある。

紅潮
首の皮膚は、アレルギー反応によって紅潮することもある。

脂性肌

脂性肌になる原因の多くは遺伝的形質、あるいはホルモン変動によるものです。女性の身体は、思春期だけでなく、月経期、妊娠期、更年期にも肌を脂っぽくするホルモンを産生します。このような変化により、身体はより多くの皮脂を分泌するようになり、その結果、皮脂と古い肌細胞が結合して毛穴を詰まらせます。しかし、皮脂には肌を保湿し、シワになりにくくする作用もあります。

おすすめのケア方法

脂性肌は重たく鈍い印象があり、吹き出物やニキビができやすい性質があります。脂っぽさを引き起こすホルモン変動に関して対処する手立てはほとんどありませんが、それ以外で改善できることはたくさんあります。収れん性のある穏やかなビューティーケアを実践し、肌のバランス調整と毛穴の洗浄を助けましょう。

- 朝と夜の1日2回、肌を洗浄する。毛穴を浄化し、皮脂を詰まらせないための大原則は規則正しい洗顔習慣。強く擦らずに肌をツルツルに洗い上げたら、クレンザーが残らないようにしっかりとすすぎ流す。
- 収れん性のあるスキントナー（化粧水）を使うと、一日中皮脂の分泌を抑制して、テカリを抑えることができる。大量の汗をかいた時には、スキントナーで顔を拭き取り、毛穴に汚れが残らないようにする。
- ラベルに「ノンコメドジェニック（毛穴を詰まらせない）」と表示されている製品には、その原因を作る成分が含まれていないため、利用してみる。
- 穏やかな収れん作用のあるウィッチヘーゼルのハーブウォーターまたはオレンジのフローラルウォーターをスプレーボトルに入れて手元に置き、時折肌に吹きかける。
- オイルベースの化粧品をやめて、水性のものに変える。オーガニックコスメ用品のほとんどは水性のため、顔の脂っぽい部分はオーガニックなものに変えて、症状を緩和する。
- 脂性肌も水分を必要としているため、保湿を心掛ける。濃厚なクリームよりも軽めのローション、あるいはオイルフリーの保湿剤を選ぶ。
- 脂っぽさの程度は天候に左右されるため、季節によってケア方法を調整する。肌が若干乾燥する冬には軽めのクレンザーを使い、温暖な季節にはディープクレンジングで肌を洗浄する。

吹き出物ができる原因

- 大人にできるニキビや吹き出物は、肌の脂っぽさや正常なホルモン変動の影響だけではなく、不適切な食生活や環境有害物質が関係していることもある。
- 肝機能の低下や多囊胞性卵巣症などの症状の副次的影響の場合もある。
- これといった要因が特定できなければ、肌トラブルの原因はストレスかもしれない。
- 肉体的あるいは精神的、どちらのストレスも肌の脂っぽさや吹き出物の原因になり得る。
- 毎日のスキンケアに加えて、リラックスやストレスを解消するための時間を確保することも大切である。

・・・

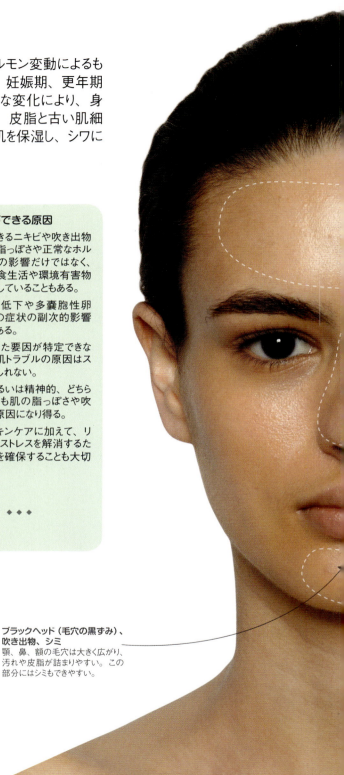

ブラックヘッド（毛穴の黒ずみ）、吹き出物、シミ
顎、鼻、額の毛穴は大きく広がり、汚れや皮脂が詰まりやすい。この部分にはシミもできやすい。

治癒力のある自然素材

治癒作用のあるハーブやオイルを配合したケア用品を使うようにしよう。肌のバランスを調整するサプリメントもおすすめ。

ハーブ：エルダーフラワー、ウィッチヘーゼル、ヤロウ、レモングラス。
精油：シダーウッド、サイプレス、ベチバー、パチュリー、オレンジ、レモン。
保湿オイル：ヘーゼルナッツ、ホホバ、アルガン、グレープシード。
有効なサプリメント：ビタミンA・B_3・C、亜鉛、イブニングプリムローズ、プロバイオティクス。

エルダーフラワー
ヤロウ
ウィッチヘーゼル

部分的なテカリ
額、鼻、顎は部分的にテカりやすい。ストレスを感じている時や気温が高い時期は午後になるとさらにテカリが目立つようになる。

毛穴の広がり
鼻と顎の毛穴は広がりが目立つことがある。広がった毛穴からは過剰な皮脂が分泌され、テカリを抑えるのが難しくなる。

クイックレメディ

クレイパックは毛穴の中から皮脂や汚れを一時的に引き出すことができるため、使用後数時間は脂っぽさが解消したように見える。しかし、どのスキントリートメントでも同じだが、クレイパックも使いすぎに注意し、1カ月に1〜2回に抑えるか、肌をとびきり美しく見せたい特別なイベントの直前にだけ使うようにする。

＊ ＊ ＊

避けた方がよいこと

製品の中には、肌に必要な脂分まで奪ったり、脂性肌への刺激が強すぎたりするものも少なくありません。肌はデリケートで優しくケアすべきもののため、ディープクレンジングのしすぎに注意しましょう。

- 刺激の強いクレンザーやスキントナーを避ける。これらは肌をヒリヒリさせ、吹き出物の原因となる。
- ニキビは手で触れず、赤みや炎症が悪化しないように、つつく、潰す、押し出すなどの行為はやめること。
- 強力な電動ブラシや洗浄器具などは使用しない。これらの手軽なディープクレンジングを謳い文句にした製品は、肌から皮脂を奪い取ってしまうため、肌は自らバランスを整えようとさらに皮脂を分泌することがある。

肌質に適した食事

脂性肌やトラブル肌に悪影響を及ぼす食品を特定するのは、科学者でも難しい。チョコレート、コーヒー、牛乳、あるいはフライドポテトに代表される高脂肪食品など、脂性肌に関与する食品は多いが、トラブル肌と食品との間には一貫した関連性がみられない。

- 健康的な食生活を送ること。炎症や吹き出物を誘発する脂肪、加工食品、砂糖、塩、添加物などが多い食事を避け、肌の健康を増進するために必要なあらゆる栄養素を摂取するように心掛ける（p.126〜127参照）。
- プロバイオティクスを摂取する。腸の健康状態は肌の調子に表れる。ヨーグルトなどのプロバイオティクスを多く含有する食品を摂取すると、脂性肌のバランスを整えやすい。

• • •

加齢肌

加齢肌が目指すべきは、「より若く見せること」と思い込んではいませんか。「寝ている間に10歳若返る」あるいは「あっという間に老化サインが全部消える」など、実現したら嬉しいと思わせる誇大広告を目にすれば、そう思うのも当然です。しかし、健康的で自分の年齢のベストな状態に見せることの方がずっと賢明で、手が届く目標なのです。

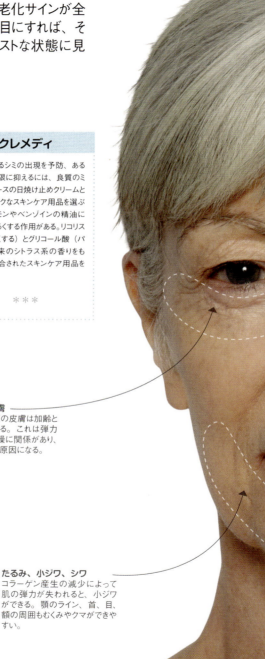

薄くなる皮膚
目の周りと頬の皮膚は加齢とともに薄くなる。これは弾力の低下と乾燥に関係があり、シワやクマの原因になる。

たるみ、小ジワ、シワ
コラーゲン産生の減少によって肌の弾力が失われると、小ジワができる。顎のライン、首、目、額の周囲もむくみやクマができやすい。

おすすめのケア方法

肌は身体の器官の中で最も早くに老化サインが現れるところです。概して、これまでの人生において肌を含め健康全般に気を配ってきた人ほど、老化の進行に対してより優れた抵抗力をもっているものです。肌の変化に合わせ、ビューティーケアの方法も変えていきましょう。

- 日中も夜も保湿を心掛ける。自分の肌質とニーズに合ったスキンケア用品を購入すること。
- 良質の日焼け止めクリームは肌の保護にも効果がある。化学汚染物質を含まないオーガニックなミネラルベースのものを選ぶ。
- できるだけメイクをしないで肌が呼吸できるようにする。肌細胞に酸素を届けるために新鮮な空気をたくさん取り入れ、運動により発汗を促して毒素を排出する。
- 目の周りの皮膚はとてもデリケートなため、加齢による変化が現れやすい。アイケアに特化したケア用品は、擦り込むのではなく、軽くたたくように目の周りに使用する。
- 十分な睡眠を取るのにお金はかからない。睡眠不足は、見た目年齢を10歳も老けさせることが研究から明らかになっている。
- フェイシャルマッサージを取り入れると、効果を高め、自分の肌をベストな状態に見せることができる。専門のセラピストに施術を依頼しても、自らマッサージ方法を習得してもよい（p.120〜121参照）。

クイックレメディ

年齢によるシミの出現を予防、あるいは最小限に抑えるには、良質のミネラルベースの日焼け止めクリームとオーガニックなスキンケア用品を選ぶこと。レモンやベンゾインの精油には肌を明るくする作用がある。リコリス（シミを薄くする）とグリコール酸（パパイヤ由来のシトラス系の香りをもつ）が配合されたスキンケア用品を探す。

＊＊＊

フリーラジカルに対抗する

肌の老化の最大の原因は、フリーラジカルと呼ばれる皮膚細胞に付着している不安定分子にある。フリーラジカルは体内で生成されるが、汚染物質や合成化学物質により露出が増える。このフリーラジカルは抗酸化物質によって中性化されるため、ビタミンEを多く含むスキンケア用品を選び、食生活に新鮮な自然食品をたくさん取り入れるとよい。

部分的な乾燥
加齢肌では額、目、頬、首の周りが乾燥しやすい。刺激の強いクレンザーやピーリングは状態を悪化させる。

年齢によるシミ
肝斑としても知られる淡褐色や濃茶色のシミは、老化に伴って紫外線の感受性が高まることを示すサインである。顔は日光を浴びる機会が多いことから、頬や額にできることが多い。

クモ状静脈
皮膚表面のすぐ下にある毛細血管が切れるとクモ状静脈(毛細血管拡張症)ができる。これらは鼻、頬、顎に発症し、妊娠期や更年期などのホルモン変動期にも現れる。

治癒力のある自然素材

治癒作用のあるハーブやオイルを配合したケア用品、あるいは毎日の生活にサプリメントを活用してみよう。

ハーブ：ローズ、コンフリー、マーシュマロウルート(根部)、カレンデュラ、白茶、緑茶。
精油：フランキンセンス、ミルラ、ローズ、パルマローザ、ラベンダー、ネロリ、パチュリー。
保湿オイル：ココアバター、アプリコットカーネル、アボカド、ローズヒップシード、アーモンド。
有効なサプリメント：ビタミン A・C・D・E、コエンザイム Q_{10}、イブニングプリムローズ、セレン、亜鉛。

ローズ　コンフリー

避けた方がよいこと

加齢とともに、肌にはさまざまな変化が起こります。例えば、シワや小ジワは、皮膚を下から支えるコラーゲン線維がねじれて固くもつれることが原因で生じます。このような避けられない老化の進行を遅らせる方法はいくつかあり、対策を取る時期が早いほど、人生の後半をより美しい肌で過ごせます。

- 洗顔する時に肌を強く擦らない。1日2回、穏やかなクレンザーで汚れとメイクを落とし、しっかりと洗い流す。水分は優しくたたくようにして吸い取る。
- 喫煙はしない。タバコは老化の原因となるフリーラジカルによるダメージを拡大する。
- アルコールは肌を乾燥させ、クモ状静脈の発現を早めるため、飲酒はほどほどにする。
- 日差しを浴びるとコラーゲンの損傷を早めるため、紫外線を浴びないようにする。質のよいミネラルベースの日焼け止めクリームを使用する。
- 慎重に製品を選ぶこと。スキンピールなどのアンチエイジングケアの中には、効果が誇張されていたことが後からわかるものも少なくない。

肌質に適した食事

- 水を飲んで肌の水分を保ち、肌の輝きを失わないようにする。
- オメガ3系脂肪酸(脂分の多い魚、ナッツ類、ナッツオイル、卵黄)やオメガ6系脂肪酸(種子類、イブニングプリムローズオイル、ボリジオイルなどのシードオイル、全粒穀物)などのヘルシーな脂肪を摂取する。
- レインボーカラーの食品を食べる。鮮やかな色合いのオーガニックなフルーツや野菜、緑茶、ブラックチョコレートには、フリーラジカルに対抗する抗酸化物質が豊富に含まれている。

アンチエイジングのためのスキンケア

若い世代と熟年世代の肌のお手入れは基本的に同じですが、加齢肌にはシワと小ジワに焦点を絞ったケアが必要です。ケア用品は、シワなどの老化サインの抑制効果が証明されているビタミンA・E、抗酸化物質、オメガ脂肪酸、コラーゲン産生促進物質、ペプチドなどといった成分を多く含有しているものを選びましょう。

毎日のお手入れ

1 洗顔

メイクと汚れを落とすためのクレンザーは穏やかで軽めのものを選ぶ。優れたクレンザーは、肌にさっぱり感と柔らかさを与える。

使い方

毎日朝と夜、クレンザーの使用説明書に従って洗顔し、メイク汚れはしっかり落とす。

2 スキントナー（化粧水）

スキントナーは美容液や保湿クリームが浸透しやすくなるように肌を整える他、肌のリフレッシュ、毛穴の引き締め、残っているクレンザーの除去も行う。軽い収れん作用のあるスキントナーは、乾燥とシワに効果がある。

使い方

1日2回、コットンにスキントナーを染み込ませ、開いた毛穴の辺りを特に念入りに拭き取る。

3 美容液（セラム）

美容液は、コラーゲンの産生促進作用のあるペプチドや植物性の抗酸化物質を肌に補給し、保湿剤よりも肌の深層まで浸透する。保湿剤の塗布前やメイクアップの前に使う。肌にヒリヒリ感を与えずに、素早く吸収されるものがよい。

使い方

老化サインの現れた部分に美容液を塗布し、肌に吸収させる。

4 保湿（乳液やクリーム）

肌を保護し若々しさを取り戻すには、アンチエイジング作用のある植物を配合した抗酸化作用やコラーゲンの産生促進作用のあるクリームを選ぶ。肌が脂っぽくベタつかずに、柔らかさが実感できるものが適し、栄養価の高い軽めのクリームを使う。

使い方

メイクアップの前に使用する。唇と目の端や眉間を集中的に、肌を引き上げるように優しく塗り込む。

5 ナイトクリーム

肌に栄養を補給し、寝ている間にコラーゲン産生を高めてシワを軽減する働きのあるものを選ぶ。日焼けと加齢によるダメージから肌を修復するには抗酸化物質、コラーゲン産生促進にはペプチドが効く。ナイトクリームは滋養・保湿力に優れていながらもつけ心地の重すぎないものが適している。

使い方

就寝前に使用する。シワになりやすい部分に集中的に塗り込み、肌になじませる。

おすすめの植物

植物の中には、アンチエイジングに効果のある抗酸化・抗炎症作用をもつものがいくつかある。

フランキンセンス：精油には抗炎症・アンチエイジング作用があり、肌の調子を整え、シワと小ジワを改善する。また、健康な肌細胞を保護する効果もある。

ローズヒップのシードオイル：臨床研究により、このオイルを日常的に使用していると、日焼けによる肌ダメージを回復し、シワや年齢によるシミを改善することが証明されている。ビタミンA、レチノール、リノール酸を豊富に含む。

アボカドオイル：このオイルは結合組織内のコラーゲンを結集して増加し、しなやかさと柔軟性を増すことで肌を若々しく見せることが、研究から明らかになっている。ビタミン、レシチン、必須脂肪酸が豊富に含まれる。

白茶／緑茶：日焼けによるダメージ、ストレス、不適切な食生活が原因となるフリーラジカルは肌にダメージを与え、肌の老化を進行させる。抗酸化物質を豊富に含む白茶や緑茶は、これらのフリーラジカルを排除することで、肌を保護してさまざまなダメージの回復をサポートする。

週1回のお手入れ

フェイシャルパック

パックは汚れの除去と同時に、栄養補給と洗浄作用ももたらす。加齢肌には、栄養成分が豊富に含まれ、肌に抗酸化物質を補給するものが適している。肌になめらかさと透明感、滋養をもたらすものがよい。

使い方

化粧水を塗布した後、美容液を塗る前に顔全体にパック剤を塗る。10〜15分間そのまま置いた後、ぬるま湯で洗い流す。

おすすめレシピ

- フランキンセンスのスキントナー（p.107）
- アルガンのモイスチャークリーム（p.110）
- ワイルドローズのモイスチャークリーム（p.111）
- フランキンセンスデイクリーム（p.112）

美肌作りのポイント

- 抗酸化物質を豊富に含む植物エキスと、抗炎症作用のあるオメガ脂肪酸を多く含有する植物オイルを食生活とスキンケアの基本とする。スキンケア用品は効果が実証されているものを選ぶ。
- 休息やリラックスのための時間を確保する。休んでいる時に肌や身体の免疫機能が働くからである。
- 過度の日差しから肌を保護するために、帽子やサングラスを着用し、日焼け止めクリームを塗布する。
- 若返り効果のある贅沢なフェイシャルケアを定期的に取り入れる。

フェイシャルケアのレシピ

肌、唇、歯、そして目のケアをするためのレシピを紹介します。
ここで使用する原料はすべて、
肌に素晴らしい効果のある恵み豊かな天然素材ばかりです。
手作りスキンケアの基本となるバーム、エマルション、ミストを揃えていきましょう。

エッセンシャルクレンジングバーム

すべての肌質のためのケア

どの肌質にも適するこのクレンジングバームは、垢や汚れを穏やかに除去します。サンフラワーオイルとシアバターが皮脂や汚れを浮かし、ラベンダーの精油が洗浄効果を発揮。つけ心地のなめらかなこのバームは肌に優しく働きかけ、血行促進作用に加え、メイクや日常的な汚れを肌から取り除きます。使用後はモスリンやフランネルのクロスで拭き取りましょう。

材料

ビーズワックス
肌の保護と栄養補給に効果がある。

サンフラワーオイル
塗り広げやすい軽い質感のオイルで、ビタミンと必須脂肪酸を豊富に含む。

オリーブオイル
滋養豊富でわずかに粘り気のあるこのオイルは、肌の状態を整えて柔らかくする。

シアバター
天然の軟化剤であるこのバターは体温で溶け、肌に栄養をたっぷりと補給して潤いを閉じ込める。

レモン精油
肌の調整効果がきわめて高いこの精油は、鎮静作用もあり、シミにも効果的。

ラベンダー精油
芳香のある精油があらゆる肌の皮脂のバランス調整と治癒に穏やかに働く。

材料（約140g）
- サンフラワーオイル…90mL
- オリーブオイル…小さじ2杯
- シアバター…大さじ1杯
- ビーズワックス…大さじ1杯
- ラベンダー精油…12滴
- レモン精油…8滴

作り方
1. 精油以外のすべての材料を湯煎で温める（p.133参照）。ワックスが溶けたら、湯煎から下ろす。
2. バームのあら熱がとれたら、精油を加える。
3. 殺菌したガラス容器に注ぎ入れ、1～2時間置いて冷めたら使用する。

使い方
さくらんぼ1粒大程度の分量を肌にのせ、小さな円を描くようにマッサージする。特に鼻の周りなどの汚れが溜まっているところを念入りに行う。バームが肌に浸透するまで2分ほど待ち、その後、清潔なモスリンまたはフランネルのクロスで拭き取ってから温水で洗い流す。冷暗所で保存し、使用期限は3カ月。

ダブル作用のクレンザー

すべての肌質のためのケア

油性と水性のどちらの原料も配合されたこのクレンザーは、油性の汚れやメイクの洗浄と、その後のリフレッシュトーニングの2つの役割を一度に果たします。エキゾティックな香りをもつイランイランとローズオットーの精油が、肌に水分を補給してバランスを整えます。ローズのフローラルウォーターには鎮静とマイルドな収れん作用があり、毛細血管の損傷や赤みを帯びた皮膚を治癒します。

クイックレシピ

材料(約100mL)
- ローズのフローラルウォーター…75mL
- グリセリン…小さじ2杯
- アーモンドオイル…小さじ2杯
- イランイラン精油…8滴
- ローズオットー精油…4滴

作り方
1. ボウルにローズのフローラルウォーターとグリセリンを入れる。
2. オイルと精油を加え、よく混ぜ合わせる。
3. 殺菌したガラス瓶に注ぎ入れ、蓋を閉める。

使い方
使用前によく振ること。デリケートな目の周りを避け、はじめに眉、鼻、顎の周り、次に頬全体をコットンに染み込ませたクレンザーで拭き取る。冷暗所で保存し、使用期限は6週間。

角質を除去するクレンジングバーム

すべての肌質のためのケア

カオリンをたっぷりと配合したこのバームは肌の浄化、鎮静、治癒に有効です。また、角質除去作用が古い皮膚細胞を穏やかに剥がし取ります。オリーブオイルとココナッツオイルの両方を配合することで、肌のなめらかさと爽快感を保ちながら優しく肌を洗浄し、栄養を補給します。ゼラニウムはローズ系の香りで、乾燥肌やニキビ性肌には特に大切な機能である皮脂分泌のバランス調整を助けます。

材料(約50g)
- オリーブオイル…大さじ2杯
- ココナッツオイル…小さじ1杯
- ビーズワックス…小さじ1/2杯
- カオリン…大さじ1杯
- ゼラニウム精油…6滴

作り方
1. オイルとビーズワックスを湯煎で温める(p.133参照)。ワックスが溶けたら、湯煎から下ろす。
2. カオリンを加え、よくかき混ぜる。あら熱がとれたら、精油を加える。
3. 殺菌したガラス容器に注ぎ入れ、約1時間置いて完全に冷めたら蓋を閉める。

使い方
小さな円を描くように肌をマッサージする。モスリンまたはフランネルのクロスで拭き取ってから温水で洗い流す。必要に応じて、バームの後にスキントナーを使用してもよい。冷暗所で保存し、使用期限は3カ月。

角質を除去するクレンジングバーム ▶

ローズとアロエベラのスキントナー

普通肌／水分不足肌のケア

ドライローズの浸剤をベースにしたシンプルなスキントナー（化粧水）で肌を保水し、リフレッシュしましょう。ローズの収れん作用が毛穴を引き締めて肌になめらかさと潤いを与え、鎮静作用が酒さや湿疹の症状を和らげます。肌の鎮静剤として名高いアロエベラは冷却効果だけでなく、肌の治癒・保水効果にも優れています。

材料

ドライローズ
天然の殺菌・抗炎症作用をもつローズには、鎮静と保水に有効な成分も含まれる。

グリセリン
肌の潤いを維持する保湿剤。肌が乾燥している時に優れた効果をもたらす。

アロエベラジュース
創傷の治癒と抗炎症作用のあるホルモンが含まれている。

材料（約100mL）

- ミネラルウォーター…100mL
- ドライローズ…大さじ1杯
- グリセリン…小さじ1杯
- アロエベラジュース…小さじ1杯

作り方

1. ローズの浸剤を作る。ティーポットまたはガラス製のボウルに、ローズを入れ、沸騰したミネラルウォーターを注ぎ入れる。10分間浸したら、ローズを濾す。
2. 浸剤にグリセリンとアロエベラジュースを加え、よくかき混ぜる。殺菌したガラス瓶に移し、冷めたら、蓋またはスプレー式のキャップを取りつける。

使い方

使用前に振ること。クレンジング後に、目の周りを避け、コットンで顔につける。スプレー式キャップを取りつけて、フェイシャルミストとして使用してもよい。冷蔵庫で保存し、使用期限は6週間。

フランキンセンスのスキントナー

加齢肌のケア

古代エジプト人がスキンケアの材料としてフランキンセンスをこよなく愛していたことは、さまざまな記録に残されています。それもそのはず、この精油は肌細胞のターンオーバー、傷あとの改善、創傷の治癒の促進など、驚くほどの効果を加齢肌にもたらしてくれるのです。また、ミルラの精油にも肌のヒーリング効果や抗炎症・収れん作用があります。

クイックレシピ

材料（約80mL）
- ミネラルウォーター…75mL
- グリセリン…小さじ1杯
- フランキンセンス精油…3滴
- ミルラ精油…1滴

作り方
1. ボウルにミネラルウォーターとグリセリンを入れる。
2. 精油をすべて加え、よくかき混ぜる。殺菌したガラス瓶に注ぎ入れ、蓋を閉める。

使い方

肌をリフレッシュし、保水効果を高めたい時には、クレンジング後に使用する。スキントナーを数滴垂らしたコットンを使い、額、鼻、頬の順番で拭き取り、汚れやメイクをしっかり落とす。スプレー式のキャップを取りつけて、リフレッシュ用のフェイシャルミストとして使用してもよい。冷蔵庫で保存し、使用期限は6週間。

ネロリのフェイシャルミスト

すべての肌質のためのケア

ハードな運動や長距離通勤で疲れた時には、フェイシャルミストで肌をリフレッシュするとよいでしょう。ネロリの精油とオレンジのフローラルウォーターの心地よい香りは、回復力を高めるのに効果的。これらは神経系に働きかけ、ストレスや不安感を軽減し、乾燥した肌を活性化させます。シトラス系の香りを放つベルガモットはリフレッシュ効果に加えて殺菌力もあるため、脂性肌に最適です。

クイックレシピ

材料（約100mL）
- ミネラルウォーター…75mL
- オレンジのフローラルウォーター…大さじ1杯
- グリセリン…小さじ1杯
- ネロリ精油…5滴
- ベルガモット精油…2滴

作り方
1. ボウルにミネラルウォーターとオレンジのフローラルウォーターを入れ、混ぜ合わせる。
2. ここにグリセリンと精油を加え、よくかき混ぜる。殺菌したガラス瓶に注ぎ入れ、スプレー式のキャップを取りつける。

使い方

肌をリフレッシュし、保水効果を高めたい時には、クレンジング後に顔や身体にスプレーする。冷蔵庫で保存し、使用期限は6週間。

パルマローザのフェイシャルミスト

脂性肌／混合肌のケア

ウィッチヘーゼルとパルマローザの精油を使って、肌のバランスと調子を整えましょう。収れん作用のあるウィッチヘーゼルのハーブウォーターに鎮静・治癒に優れたアロエベラジュースを組み合わせたこのミストは、肌に爽快感と皮脂バランス調整作用をもたらします。またパルマローザには殺菌・保水・皮脂の分泌調整作用、レモンの精油には収れん・トーニング作用があることから、特に脂性肌に適した香りのよいトーニングミストが出来上がります。

材料

ウィッチヘーゼルのハーブウォーター
収れん性の高いウィッチヘーゼルは、瞬時に冷却と鎮静作用をもたらし、毛穴を穏やかに引き締めるのに効果的。

パルマローザ精油
抗菌・水分補給作用のあるパルマローザは、ニキビの治療に有効。

アロエベラジュース
透明な液汁が肌の発赤や炎症を緩和する。

レモン精油
皮脂産生を抑制し、収れん剤として働く。抗菌作用がニキビの治療に役立つ。

材料（約60mL）
- アロエベラジュース…大さじ1杯
- ウィッチヘーゼルのハーブウォーター…大さじ1杯
- ミネラルウォーター…大さじ2杯
- パルマローザ精油…2滴
- レモン精油…1滴

作り方
1. ボウルにすべての材料を入れて混ぜ合わせる。
2. 殺菌したガラス瓶に注ぎ入れ、スプレー式のキャップを取りつける。

使い方
使う前に振り混ぜる。クレンジング後や、肌をリフレッシュしたい時にスプレーする。このフェイシャルミストは、目の周りを避けて直接顔に吹きかけても、コットンやモスリンクロスに吹きつけて、優しく肌を拭いてもよい。冷蔵庫で保存し、使用期限は6週間。

ココアバターのモイスチャークリーム

乾燥肌のケア

滋養豊富なココアバターにアーモンドオイルとホホバオイルをブレンドし、鎮静作用のある濃厚なフェイスクリームを作りましょう。アーモンドオイルとホホバオイルに含有された必須脂肪酸が栄養を補給して肌に強さとしなやかさを与え、ここにさらにビーズワックスの保護作用が加わることで、乾燥から肌を守ります。これらの成分が配合されたこの贅沢な保湿クリームは、肌に水分を閉じ込める効果に優れています。

材料（約100g）
- ココアバター…小さじ2杯
- アーモンドオイル…小さじ1杯
- ホホバオイル…小さじ1杯
- ビーズワックス…小さじ1杯
- ミネラルウォーター…大さじ4杯
- 乳化ワックス…大さじ1杯
- グリセリン…小さじ1杯

作り方
1. 下記の「エマルションの作り方」の手順に従って、エマルション（ペースト状の乳剤）を作る。
2. エマルションベースがなめらかになったら、殺菌したガラス容器に注ぎ入れる。1時間そのまま置き、冷めてから使用する。

使い方
顔や身体の乾燥している部分を中心にたっぷりと塗る。デリケートな目の周りを避け、下から撫で上げるように顔や首をマッサージする。冷蔵庫で保存し、使用期限は6週間。

エマルションの作り方

コスメ用途のエマルション（ペースト状の乳剤）は基本的に油性と水性の原料を組み合わせ、乳化剤を添加することで、物理的な安定性を保たせます。この方法を利用すれば、通常はブレンドすることがきわめて難しい油溶性と水溶性の原料を組み合わせられるようになるため、水性・油性にかかわらず最適な原料をブレンドできるようになります。エマルションは、保湿クリームなどのクリーム状のコスメ用品の基本となるものです。

1 ガラス製のボウルにココアバター、アーモンドオイル、ホホバオイル、ビーズワックスを入れる。ボウルごと湯煎で温め、ワックスが溶けたら湯煎から下ろす。

2 鍋にミネラルウォーターを入れ、温度計を用いて80℃になるまで加熱する。乳化ワックスとグリセリンを加え、ワックスが完全に溶けるまでかき混ぜる。ワックスが完全に溶けない場合は、もう一度鍋を火にかけてミネラルウォーターを温め直す。

3 1と2の液体をどちらも温かいうちに混ぜ合わせ、泡立て器またはスティック型のブレンダーでなめらかになるまでかき混ぜる。温度が下がってからも、適宜かき混ぜ続ける。

ジャスミンとシアバターのモイスチャークリーム

乾燥肌のケア

香りのよいこのクリームは、シアバターの軟化・滋養作用とアプリコットオイルの回復・鎮静作用があり、肌の部分的な乾燥の治癒に効果的。特に炎症ややけどによって熱を帯びた肌や、シワなどの老化サインが出始めた肌に有効です。

材料（約100g）
- シアバター…小さじ2杯
- アボカドオイル…小さじ1杯
- アプリコットオイル…小さじ1杯
- ビーズワックス…小さじ1杯
- ミネラルウォーター…大さじ4杯
- 乳化ワックス…大さじ1杯
- グリセリン…小さじ1杯
- ジャスミンアブソリュート精油…6滴
- ゼラニウム精油…2滴

作り方
1. シアバター、オイル類、ビーズワックスを合わせて湯煎で溶かし（p.109参照）、ワックスが溶けたら湯煎から下ろす。
2. 鍋にミネラルウォーターを入れ、80℃になるまで加熱する。乳化ワックスとグリセリンを加え、ワックスが完全に溶けるまでかき混ぜる。
3. 1.と2.の液体をどちらも温かいうちに混ぜ合わせ、泡立て器またはスティック型のブレンダーでなめらかになるまでかき混ぜる。
4. クリームの温度が下がってからも、適宜かき混ぜ続ける。あら熱がとれたら精油を加え、さらによく混ぜ合わせる。殺菌したガラス容器に注ぎ入れ、冷めたら蓋を閉める。

使い方
デリケートな目の周りを避け、下から撫で上げるように顔や首をマッサージする。柔らかくハリのある肌を目指すには、昼と夜の2回、特に乾燥している部分に念入りに塗り込む。冷蔵庫で保存し、使用期限は6週間。

アルガンのモイスチャークリーム

乾燥肌のケア

この栄養価の高いクリームは、肌に水分を閉じ込めて保湿力を高めるのに効果的です。アルガンオイルは水分と栄養を補給する効果が高いことで知られています。また、シアバターも肌に栄養を与え、ビタミン豊富なアボカドオイルは乾燥してかさついた肌に役立ちます。

材料（約100g）
- シアバター…小さじ1杯
- アルガンオイル…小さじ2杯
- アボカドオイル…小さじ1杯
- ビーズワックス…小さじ1杯
- ミネラルウォーター…大さじ4杯
- 乳化ワックス…大さじ1杯
- グリセリン…小さじ1杯
- フランキンセンス精油…5滴
- ネロリ精油…2滴
- ベルガモット精油…1滴

作り方
1. シアバター、オイル類、ビーズワックスを合わせて湯煎で溶かし（p.109参照）、ワックスが溶けたら湯煎から下ろす。
2. 鍋にミネラルウォーターを入れ、80℃になるまで加熱する。乳化ワックスとグリセリンを加え、ワックスが完全に溶けるまでかき混ぜる。
3. 1.と2.の液体をどちらも温かいうちに混ぜ合わせ、泡立て器またはスティック型のブレンダーでなめらかになるまでかき混ぜる。
4. クリームの温度が下がってからも、適宜かき混ぜる。あら熱がとれたら精油を加え、さらによく混ぜ合わせる。殺菌したガラス容器に注ぎ入れ、完全に冷めたら蓋を閉める。

使い方
デリケートな目の周りを避け、小さな円を上に向けて描くように、顔や首に塗る。冷蔵庫で保存し、使用期限は6週間。

ワイルドローズのモイスチャークリーム

すべての肌質のためのケア

修復力に優れたローズヒップオイルは加齢肌や瘢痕に効果的です。また、ビタミンと抗酸化物質を豊富に含み、傷あと、過剰な色素沈着、シワの改善に効果をもたらします。また多種類の精油は肌の治癒とバランス調整に効果があり、若返りにも有効です。

材料（約100g）
- シアバター…小さじ2杯
- ローズヒップシードオイル…小さじ2杯
- ビーズワックス…小さじ1杯
- ミネラルウォーター…大さじ4杯
- 乳化ワックス…大さじ1杯
- ローズウォーター…大さじ1杯
- グリセリン…小さじ1杯
- ゼラニウム精油…2滴
- ローズマリー精油…2滴
- フランキンセンス精油…2滴
- パチュリー精油…2滴
- パルマローザ精油…2滴

作り方
1. シアバター、オイル類、ビーズワックスを合わせて湯煎で溶かし（p.109参照）、ワックスが溶けたら湯煎から下ろす。
2. 鍋にミネラルウォーターを入れ、80℃になるまで加熱する。乳化ワックス、ローズウォーター、グリセリンを加え、ワックスが完全に溶けるまでかき混ぜる。
3. 1.と2.の液体をどちらも温かいうちに混ぜ合わせ、泡立て器またはスティック型のブレンダーでなめらかになるまでかき混ぜる。
4. クリームの温度が下がってからも、適宜かき混ぜる。あら熱がとれたら精油を加え、さらによく混ぜ合わせる。殺菌したガラス容器に注ぎ入れ、完全に冷めたら蓋を閉める。

使い方

デリケートな目の周りを避け、小さな円を上に向けて描くように、顔や首に塗る。冷蔵庫で保存し、使用期限は6週間。

アボカドとハチミツのモイスチャークリーム

普通肌／乾燥肌のケア

ハチミツには肌を柔らかくなめらかにする働きだけでなく、肌の栄養補給・鎮静・保護作用もあります。滋養とビタミン豊富なアボカドオイルは整肌作用に優れています。さらに栄養豊富なアーモンドオイルと、爽やかに香るネロリとオレンジの精油をブレンドしたこの贅沢な保湿クリームは、デリケートな顔の皮膚の治癒に働きます。

材料（約100g）
- シアバター…小さじ2杯
- アーモンドオイル…小さじ1杯
- アボカドオイル…小さじ1杯
- ミネラルウォーター…大さじ4杯
- 乳化ワックス…大さじ1杯
- グリセリン…小さじ1杯
- オーガニックハチミツ…小さじ1杯
- オレンジ精油…5滴
- ネロリ精油…5滴

作り方
1. シアバターとオイル類を合わせて湯煎で溶かし（p.109参照）、バターが溶けたら湯煎から下ろす。
2. 鍋にミネラルウォーターを入れ、80℃になるまで加熱する。乳化ワックスとグリセリンとハチミツを加え、ワックスが溶けるまでかき混ぜる。
3. 1.と2.の液体をどちらも温かいうちに混ぜ合わせ、泡立て器またはスティック型のブレンダーでなめらかになるまでかき混ぜる。
4. あら熱がとれたら精油を加え、クリームの温度が下がってからも、適宜かき混ぜる。殺菌したガラス容器に注ぎ入れ、冷めたら蓋を閉める。

使い方

デリケートな目の周りを避け、小さな円を描くように、顔や首に塗る。最初は豆粒大ほどの分量からはじめ、必要に応じて量を増やす。冷蔵庫で保存し、使用期限は6週間。

フランキンセンスデイクリーム

加齢肌のケア

アンチエイジング効果で名高い2種類の精油を配合したこのデイクリームで、肌の調子を整え、若々しさを取り戻しましょう。若返りに定評のあるフランキンセンスと肌の美しさを保つ作用に優れたミルラのそれぞれの精油が相乗効果をもたらし、シワなどの出現を遅らせます。

材料（約100g）
- ココアバター…大さじ1杯
- アルガンオイル…小さじ1杯
- ビーズワックス…小さじ1杯
- ミネラルウォーター…大さじ4杯
- 乳化ワックス…大さじ1杯
- フランキンセンス精油…5滴
- ミルラ精油…3滴

作り方
1. ココアバター、アルガンオイル、ビーズワックスを合わせて湯煎で溶かし（p.109参照）、ワックスが溶けたら湯煎から下ろす。
2. 鍋にミネラルウォーターを入れ、80℃になるまで加熱する。乳化ワックスを加え、ワックスが完全に溶けるまでかき混ぜる。
3. 1.と2.の液体をどちらも温かいうちに混ぜ合わせ、泡立て器またはスティック型のブレンダーでなめらかになるまでかき混ぜる。
4. クリームの温度が下がってからも、適宜かき混ぜる。あら熱がとれたら精油を加え、さらによく混ぜ合わせる。殺菌したガラス容器に注ぎ入れ、約1時間置いて冷めたら蓋を閉める。

使い方
肌を洗浄して水分を拭き取り、デリケートな目の周りを避け、上に向かって円を描くようにクリームを塗り込む。冷蔵庫で保存し、使用期限は6週間。

スージングフェイスクリーム

乾燥肌／敏感肌のケア

敏感肌はストレスの多い生活環境や特定の製品や成分に反応して、肌にまだらな赤み、かゆみ、かさつきを生じることがあります。このクリームには肌の修復を助けるカレンデュラや、スキンケアに有効な精油が数種類配合されているため、優れた抗炎症・鎮静効果をもたらし、肌の状態を整えます。

材料（約100g）
- ココアバター…大さじ1杯
- カレンデュラ浸出油…小さじ1杯
- ビーズワックス…小さじ1杯
- ミネラルウォーター…大さじ3杯
- 乳化ワックス…大さじ1杯
- グリセリン…小さじ1杯
- アロエベラジュース…小さじ1杯
- ローマンカモミール精油…3滴
- ラベンダー精油…1滴
- ローズ精油…1滴

作り方
1. ココアバター、浸出油、ビーズワックスを合わせて湯煎で溶かし（p.109参照）、ワックスが溶けたら湯煎から下ろす。
2. 鍋にミネラルウォーターを入れ、80℃になるまで加熱する。乳化ワックスを加え、完全に溶けるまでかき混ぜる。グリセリンとアロエベラジュースも加える。
3. 1.と2.の液体をどちらも温かいうちに混ぜ合わせ、泡立て器またはスティック型のブレンダーでなめらかになるまでかき混ぜる。
4. あら熱がとれたら精油を加え、クリームの温度が下がってからも、適宜かき混ぜる。殺菌したガラス容器に注ぎ入れ、冷めたら蓋を閉める。

使い方
クレンジング後に、豆粒大ほどの分量を顔や首に小さな円を描くように優しく塗り込む。デリケートな目の周りを避ける。冷蔵庫で保存し、使用期限は6週間。

イブニングプリムローズのモイスチャークリーム

加齢肌のケア

肌の鎮静・冷却・若返りに効果的なこのクリームの特徴は、γ-リノレン酸（GLA）を多く含有するイブニングプリムローズオイルにあります。GLAは天然の抗炎症作用と肌の若返り効果に優れ、肌触りとなめらかさの改善に役立ちます。

材料（約100g）

- ミネラルウォーター…200mL
- ドライローズ…大さじ1杯
- イブニングプリムローズオイル…小さじ2杯
- ホホバオイル…小さじ2杯
- ビーズワックス…小さじ1杯
- 乳化ワックス…大さじ1杯
- グリセリン…小さじ1杯
- ローズ精油…6滴
- パチュリー精油…4滴
- ゼラニウム精油…2滴

作り方

1. 沸騰したミネラルウォーターをドライローズの入ったティーポットに注ぐ。10分間浸したら、ドライローズを濾す。
2. オイル類とビーズワックスを合わせて湯煎で溶かし（p.109参照）、ワックスが溶けたら、湯煎から下ろす。
3. 別の鍋で**1.**の浸剤大さじ4杯を80℃になるまで加熱する。乳化ワックスを加え、ワックスが完全に溶けるまでかき混ぜる。グリセリンも加えてよく混ぜ合わせる。ここに**2.**を加え、泡立て器またはスティック型のブレンダーでなめらかになるまでかき混ぜる。
4. クリームの温度が下がってからも、適宜かき混ぜる。あら熱がとれたら精油を加え、さらによく混ぜ合わせる。殺菌したガラス容器に注ぎ入れ、約1時間置いて冷めたら蓋を閉める。

使い方

目の周りを避け、濡れていない肌に、上に向かって円を描くように塗り込む。冷蔵庫で保存し、使用期限は6週間。

ネロリとレモンバームのナイトクリーム

すべての肌質のためのケア

このナイトクリームは水分補給効果があり、肌の自然な再生を助けます。肌に繊細な保護膜を形成し、肌の柔らかさと水分を守るホホバオイルに、滋養に優れたシアバターと活性・鎮静作用のあるネロリの精油を加えたこのクリームは、寝ている間に肌の回復力を高めてくれます。

材料（約100g）

- シアバター…小さじ1杯
- ホホバオイル…小さじ3杯
- 乳化ワックス…大さじ1杯
- ビーズワックス…小さじ1杯
- ミネラルウォーター…200mL
- ドライレモンバーム（刻む）…大さじ1杯
- グリセリン…小さじ1杯
- ネロリ精油…5滴
- オレンジ精油…2滴

作り方

1. シアバター、ホホバオイル、ワックスを合わせて湯煎で溶かし（p.109参照）、ワックスが溶けたら湯煎から下ろす。
2. 沸騰したミネラルウォーターを、ドライレモンバームを入れたティーポットに注ぐ。10分間浸したら、ドライレモンバームを濾す。
3. 別の鍋で**2.**の温かい浸剤大さじ4杯を80℃になるまで加熱し、グリセリンも加える。**1.**を加え、どちらも温かいうちに混ぜ合わせ、泡立て器またはスティック型のブレンダーでなめらかになるまでかき混ぜる。
4. クリームの温度が下がってからも、適宜かき混ぜる。あら熱がとれたら精油を加え、さらによく混ぜ合わせる。殺菌したガラス容器に注ぎ入れ、冷めたら蓋を閉める。

使い方

目の周りを避け、下から撫で上げるように顔や首をマッサージする。冷蔵庫で保存し、使用期限は6週間。

ゼラニウムとホホバのモイスチャークリーム

脂性肌／混合肌のケア

混合肌のバランスを整えるのに最適なクリームです。ホホバオイルとゼラニウムの精油はどちらも皮脂腺からの分泌を調節し、パルマローザの精油は皮脂産生のバランス調整を助ける働きがあります。またパルマローザには殺菌・保水作用もあるため、軽度の皮膚感染症の治癒にも有効です。

材料（約100g）
- ホホバオイル…大さじ2杯
- ミネラルウォーター…大さじ3杯
- 乳化ワックス…大さじ1杯
- グリセリン…小さじ1杯
- ゼラニウム精油…8滴
- パルマローザ精油…2滴

作り方
1. ホホバオイルを湯煎で溶かし（p.109参照）、オイルが温まったら、湯煎から下ろす。
2. 鍋にミネラルウォーターを入れて80℃になるまで加熱する。乳化ワックスとグリセリンを加え、よくかき混ぜる。
3. 1.と2.の液体をどちらも温かいうちに混ぜ合わせ、泡立て器またはスティック型のブレンダーでなめらかになるまでかき混ぜる。
4. クリームの温度が下がってからも、適宜かき混ぜる。あら熱がとれたら精油を加え、さらによく混ぜ合わせる。殺菌したガラス容器に注ぎ入れ、冷めたら蓋を閉める。

使い方
目の周りを避け、下から撫で上げるように顔や首をマッサージする。冷蔵庫で保存し、使用期限は6週間。

カモミールとカレンデュラのモイスチャークリーム

敏感肌のケア

敏感肌には、自分に合った保湿クリームを作るのが一番です。この穏やかな保湿クリームは配合する成分の種類を最小限にとどめています。昔から整肌作用に優れたハーブとして評価されているカレンデュラには、カモミールと同じような抗炎症・創傷治癒効果もあります。

材料（約100g）
- ココアバター…大さじ1杯
- カレンデュラ浸出油…小さじ2杯
- ビーズワックス…小さじ1杯
- ミネラルウォーター…200mL
- ドライカモミール…大さじ1杯
- ドライカレンデュラ…大さじ1杯
- 乳化ワックス…大さじ1杯
- グリセリン…小さじ1杯

作り方
1. ココアバター、浸出油、ビーズワックスを合わせて湯煎で溶かし（p.109参照）、ワックスが溶けたら湯煎から下ろす。
2. 沸騰させたミネラルウォーターを、ドライハーブを入れたティーポットに注ぐ。10分間浸したら、ドライハーブを濾す。
3. 別の鍋で2.の浸剤大さじ3杯を80℃になるまで加熱し、乳化ワックスとグリセリンも加える。ワックスが完全に溶けるまでかき混ぜる。
4. 1.と3.をどちらも温かいうちに混ぜ合わせ、泡立て器またはスティック型のブレンダーでなめらかになるまでかき混ぜる。殺菌したガラス容器に注ぎ入れ、完全に冷めたら、蓋を閉める。

使い方
目の周りを避け、下から撫で上げるように顔や首をマッサージする。冷蔵庫で保存し、使用期限は6週間。

ビューティーバーム

すべての肌質のためのケア

この贅沢なフェイシャルバームは、くすんだ肌や疲れて見える肌の活性化と栄養補給に効果的です。栄養豊富なオイルとシアバターが過度な水分喪失を予防し、肌のしなやかさと柔軟性を保ちます。洗浄、角質除去、充血緩和、栄養補給に優れたバームには、肌と髪のトリートメント剤であるモロッコ原産のアルガンオイルと、ビタミンと抗酸化物質を多く含有し、肌の再生と改善作用があるローズヒップシードオイルが含まれます。

多目的ケア

材料

- **ローズヒップシードオイル** ビタミンと抗酸化物質を豊富に含み、傷あとの改善に有効。
- **フランキンセンス精油** 肌の調整力や若返り作用があり、肌の改善、シワのある加齢肌に効果があるという点で最も素晴らしい精油の1つである。
- **ビーズワックス** 肌に保護層を形成する。
- **ベルガモット精油** フルーツの甘い香りとリフレッシュ・冷却作用があり、肌のヒーリング効果も高い。
- **サイプレス精油** 常緑樹の針状の葉と小枝を蒸留して作られるこの精油は爽やかな香りを漂わせる。
- **シアバター** 肌の保湿、保護、軟化作用に優れている。
- **アルガンオイル** 不飽和脂肪酸とビタミンEを豊富に含む。

材料（約100g）

- アルガンオイル…大さじ2杯
- ローズヒップシードオイル…大さじ2杯
- シアバター…大さじ2杯
- ビーズワックス…大さじ1杯
- サイプレス精油…5滴
- フランキンセンス精油…5滴
- ベルガモット精油…5滴

作り方

1. オイル類、シアバター、ビーズワックスを合わせて湯煎で溶かす（p.133参照）。ワックスが溶けたら湯煎から下ろす。
2. あら熱がとれたら精油を加え、殺菌したガラス容器に注ぎ入れ、1～2時間置いて冷めたら蓋を閉める。

使い方

円を描くようにマッサージする。バームは肌に塗布することで優れた保湿効果を発揮する。あるいは古い肌細胞を除去する目的でクレンザーとして使用する場合には、湿らせたモスリンやフランネルのクロスで拭き取る。冷暗所で保存し、使用期限は3カ月。

パルマローザのフェイシャルオイル

脂性肌／混合肌のケア

軽い質感のグレープシードオイルに、バランス調整に効くホホバオイルと、さらにヘンプシードオイルをブレンドしたこのオイルは、脂性肌や混合肌のバランス調整力の回復に役立ちます。パルマローザの精油にはローズに似た甘いフローラルな香りと殺菌作用があり、水分を補給して皮脂の産生を正常化するのに効果的。刺激的なレモンの精油の収れん作用が毛穴を引き締め、皮脂の過剰な分泌を抑制します。

材料（約90mL）
- グレープシードオイル…60mL
- ホホバオイル…大さじ1杯
- ヘンプシードオイル…大さじ1杯
- パルマローザ精油…5滴
- ベルガモット精油…2滴
- レモン精油…2滴
- ラベンダー精油…1滴

作り方
1. ボウルにオイルを入れ、精油を加えてよく混ぜ合わせる。
2. 殺菌したガラス瓶に注ぎ入れ、ぴったり閉まる蓋、あるいはスポイトを取りつける。

使い方
使う前にはよく振り混ぜること。指先にオイルを2〜3滴垂らし、デリケートな目の周りを避け、下から撫で上げるように顔や首をマッサージする。肌の保水力を強化したい時に、夜あるいは保湿クリームをつける前に使用する。冷蔵庫で保存し、使用期限は3カ月。

肌を明るくするフェイシャルオイル

すべての肌質のためのケア

この抗酸化物質を豊富に含むフェイシャルオイルはくすんで疲れた肌を回復します。ローズヒップシードオイルは、やけど、顔のシワ、傷あとなどがある肌組織の再生に優れた効果があることが明らかになっています。必須脂肪酸とカロテノイドを多く含有するシーバックソーンオイルは、肌を明るくする作用が格別に優れています。このオイルを使用すると、黄色っぽい色素が顔に残ることがありますが、簡単に洗い流せます。

材料（約60mL）
- ローズヒップシードオイル…大さじ2杯
- ウィートジャムオイル…大さじ1杯
- シーバックソーンオイル…大さじ1杯
- サイプレス精油…2滴
- クラリーセージ精油…2滴
- ローズマリー精油…2滴
- フランキンセンス精油…2滴

作り方
1. ボウルにオイルを入れ、精油を加えてよく混ぜ合わせる。
2. 殺菌したガラス瓶に注ぎ入れ、ぴったり閉まる蓋、あるいはスポイトを取りつける。

使い方
使う前にはよく振り混ぜること。指先にオイルを2〜3滴垂らし、デリケートな目の周りを避け、下から撫で上げるように顔や首をマッサージする。肌の保水力を強化したい時に、夜あるいは保湿クリームをつける前に使用する。冷蔵庫で保存し、使用期限は3カ月。

ナイトタイムフェイシャルオイル

すべての肌質のためのケア

香りのよい贅沢なフェイシャルオイルで、寝ている間に肌を癒しましょう。必須脂肪酸を豊富に含む植物性オイルが多数ブレンドされたこのオイルは、睡眠中に栄養を補給して肌をなめらかにします。このレシピでは、肌の再生力に優れたパチュリー、肌の皮脂バランスを整えるイランイラン、鎮静作用のあるオレンジなどの精油が肌に効果的に働きかけます。

材料（約100mL）
- ポメグラネイトオイル…大さじ1杯
- マカデミアナッツオイル…大さじ2杯
- キャスターオイル…小さじ2杯
- ホホバオイル…大さじ3杯
- ベンゾインのティンクチャー…2滴
- サイプレス精油…1滴
- クラリーセージ精油…1滴
- パチュリー精油…1滴
- イランイラン精油…1滴
- オレンジ精油…1滴

作り方
1. ボウルにオイルを入れ、ティンクチャーと精油を加えてよく混ぜ合わせる。
2. 殺菌したガラス瓶に注ぎ入れ、ぴったり閉まる蓋、あるいはスポイトを取りつける。

使い方
指先にオイルを2～3滴垂らし、デリケートな目の周りを避け、下から撫で上げるように顔や首をマッサージする。特に肌の保水力を強化したい時には、夜に使用して睡眠中に栄養が補給されるようにする。また、次のp.120～121に紹介している「10分間のフェイシャルマッサージ」用のオイルとして使用してもよい。冷蔵庫で保存し、使用期限は3カ月。

クラリーセージ
クラリーセージの葉を蒸留して作られる精油は、肌の炎症の鎮静と不安感の緩和に役立つ。

10分間のフェイシャルマッサージ

フェイシャルマッサージを週に1回取り入れると、血行促進、肌の色むらの改善、たるんだ肌のリフトアップ、むくみの緩和に効果があります。マッサージの前には手を洗って水分を拭き取りましょう。背もたれがあり、両足が床につく高さの椅子にゆったりと腰かけたら、まずはリラックス。どの手順も下から撫で上げるように肌をマッサージします。

1 自分の肌質に合ったフェイシャルオイルを選び、指先にオイルを3滴垂らして擦り込む。鼻の前で両手を丸め、指のすき間から息を吸い込んだら、深く吐き出す。これを3回繰り返す。

2 デリケートな目の周りを避け、顎の下から指を額まで引き上げて顔全体にオイルを伸ばす。この時、指先はしっかりと肌の上をすべらせるが、力を入れずに優しく動かす。これを3回繰り返す。

3 人差し指、中指、薬指の指先を眉に沿って等間隔に開く。優しく指先で押してから離す。指先の位置を髪の生え際の方に1cmずらして繰り返す。

4 目頭の位置から、目の周りにメガネのような円を薬指で描く。これを3回繰り返す。

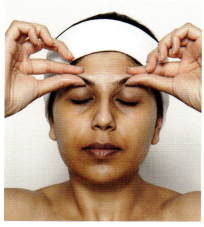

5 両方の眉毛を、眉頭から眉尻に向かってつまみながら移動する。これを3回繰り返す。

6 鼻筋から小鼻に向かって小さな円を描きながら、薬指をすべらせる。

10分間のフェイシャルマッサージ | 121

7 薬指で目の中心の下を軽く押し、そのまま薬指を頬骨に沿って耳の方に移動する。指先を首伝いに肩の方へすべらせる。

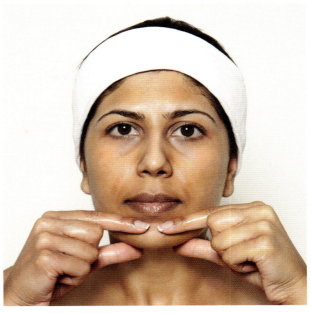

8 両手の親指と人差し指で顎をつまんだら、顎のラインに沿って耳の方へ指先を移動する。顎のたるみをとり、ラインをすっきりさせる。

9 耳たぶを優しく引っ張り、両手で顎から頬を引き上げるように指を素早く動かす。顔の血液を循環させ、たるみをとり、ラインをすっきりさせる。

10 最後に、両手の指をすべて使い、顎の下から頬の上まで、目の周り、額の生え際までを順番にしっかりと撫で上げる。これを3回繰り返す。

ハチミツとオーツ麦のスクラブ

すべての肌質のためのケア

血行促進と古い肌細胞の除去作用に優れたこの穏やかなフェイシャルスクラブは、顔色を明るく輝かせます。オーツ麦にはマイルドな肌の鎮静・軟化・洗浄作用があり、乾燥した肌や炎症を起こした肌の治癒に最適です。古代から保湿剤として用いられているハチミツには、肌を柔らかくなめらかにする作用の他にも、鎮静や保護などの働きもあります。

材料

オーツ麦
鎮静・栄養補給・軟化作用をもつオーツ麦には穏やかな角質除去効果もある。

ハチミツ
栄養補給と保湿のどちらの作用も、疲れた肌の調子を整えるのに効果的。

グリセリン
グリセリンは無臭で、保湿性を高めるために使用される。

オレンジ精油
再生作用が高く、乾燥肌やニキビ性肌、炎症を起こした肌の治癒に有効。

材料（約50g）
- ジャンボオーツ…大さじ1杯
- グリセリン…大さじ2杯
- ハチミツ…小さじ1杯
- オレンジ精油…4滴

作り方
1. 乳鉢にオーツ麦を入れ、細かい粉末状になるまで乳棒ですりつぶす。スティック型のブレンダーを用いてもよい。
2. オーツ麦をボウルに移し、残りの材料を加える。ぴったり蓋が閉まる殺菌したガラス容器に入れる。

使い方
目の周りを避け、洗浄後の肌をスクラブでマッサージし、温水で洗い流す。清潔なタオルで軽くたたいて水分を取る。冷蔵庫で保存し、使用期限は6週間。

アボカドとハチミツのスクラブ

すべての肌質のためのケア

家庭のキッチンにある材料だけで作れるこのフェイシャルスクラブは、くすんで疲れた肌を活性化させるだけでなく、穏やかな角質除去・栄養補給効果ももたらします。ハチミツには天然の洗浄・鎮静作用があり、アボカドは肌の健康維持に役立つビタミン A・E の優れた供給源として知られています。またどちらにも必須脂肪酸の一種であるリノール酸が豊富に含まれています。

材料

オリーブオイル
リノール酸を含有するこのオイルは肌の保湿作用に優れている。

アボカド
この果実には高い保湿作用があり、ビタミン E を豊富に含む。

ハチミツ
天然の防腐剤であるハチミツには水分を閉じ込める作用もある。

米粉
米粉は穏やかな角質除去作用をもたらす。

材料（多めの1回分）
- 完熟アボカド…1/2個
- ハチミツ…小さじ1杯
- オリーブオイル…大さじ1杯
- 米粉…大さじ1杯

作り方
1. ボウルにアボカドを入れ、フォークでつぶす。
2. ハチミツを湯煎で温める（p.133参照）。オリーブオイルと温めたハチミツを1.に加えて、混ぜ合わせる。
3. 米粉を加え、ペースト状になるまでよく混ぜる。

使い方

うっ血しているところを特に念入りに、スクラブで優しくマッサージする。そのまま1〜2分間置き、温水で洗い流す。清潔なタオルで軽くたたいて水分を取る。保存がきかない新鮮な材料を用いているため、すぐに使用すること。

ストロベリーとクリームのスクラブ

すべての肌質のためのケア

冷蔵庫の中にストロベリーが数粒残っていたら、この角質除去パックを作ってみましょう。抗酸化物質とビタミンを多く含有するストロベリーは、肌の活性化に素早く働き、明るさと光沢をもたらします。つぶしたストロベリーに、穏やかな角質除去作用のあるジャンボオーツと保湿力に優れた生クリームをミックスすると、見た目や手触り、香りはもちろんのこと、食べてもおいしい最高のスクラブが出来上がります。

材料（多めの1回分）
- ジャンボオーツ…大さじ2杯
- 完熟ストロベリー…2～4粒
- 生クリーム（低脂肪のもの）…小さじ2杯

作り方
1. 乳鉢にオーツ麦を入れ、粉末状になるまで乳棒ですりつぶす。スティック型のブレンダーを用いてもよい。
2. ボウルにストロベリーを入れ、フォークでつぶす。オーツ麦を入れて混ぜ合わせる。
3. 全体がペースト状になるまで生クリームを加える。

使い方

デリケートな目の周りを避け、スクラブで優しくマッサージする。パックとして使用する場合には、そのまま10分間置き、温水で優しく洗い流す。清潔なタオルで軽くたたいて水分を取る。保存がきかない新鮮な材料を用いているため、すぐに使用すること。

ローズフェイシャルスクラブ

すべての肌質のためのケア

このフェイシャルスクラブは、古い肌細胞を剥がし取り、その下にある輝く新しい肌を引き出します。米粉と粉末状にしたオーツ麦には穏やかな研磨作用があり、どんな肌質の角質も効果的に取り除きます。美しい香りを放つローズのフローラルウォーターは肌を洗浄してリフレッシュし、グリセリンが保湿力を高めます。このスクラブは固まりやすいため、顔全体にたっぷりと塗り、しっかりと角質を落としましょう。

材料（多めの1回分）
- グリセリン…大さじ1杯
- オーガニックコーンフラワー（トウモロコシの粉）…小さじ1杯
- ローズのフローラルウォーター…小さじ2杯～大さじ1杯
- オーツ麦…小さじ1杯
- 米粉…小さじ1杯

作り方
1. ボウルにグリセリンとコーンフラワーを入れ、かき混ぜてペースト状にする。
2. ローズのフローラルウォーターを加え、泡立て器でかき混ぜる。
3. 乳鉢にオーツ麦を入れ、粉末状になるまで乳棒ですりつぶす。スティック型のブレンダーを用いてもよい。
4. ボウルに粉末状にしたオーツ麦と米粉を加え、ペースト状になるまでかき混ぜる。ペーストの水分が足りなければ、ローズウォーターを追加する。

使い方

デリケートな目の周りを避け、スクラブで優しくマッサージする。その後、温水で洗い流す。清潔なタオルで軽くたたいて水分を取る。保存がきかない新鮮な材料を用いているため、すぐに使用すること。

肌の透明感を高めるための食事

肌は、私たちの健康とライフスタイルを映し出す鏡です。質の悪い食事、栄養や水分の不足、あるいはストレスによるアレルギーや炎症反応などは、吹き出物、湿疹、くすみ、老化などの形で肌に現れます。肌の健康状態を改善したいのであれば、それにふさわしい食事療法を取り入れ、1〜2週間かけてその効果を確かめてみましょう。以下に、美しく健康な肌づくりに効果的な食事習慣と代表的なスーパーフード、またその反対に、美肌のために避けた方がよいものを紹介します。

食生活の質を高める

1日7品目を摂る：1日に少なくとも7〜10品目の有機果物や野菜を食べると、抗炎症作用のあるビタミンCを十分に摂取し、コラーゲン産生も促進することができる。また、新鮮な果物や野菜のファイトニュートリエント（植物性の栄養成分）には肌の健康促進とアンチエイジングに効果のある抗酸化物質も含まれている。

全粒穀物を選ぶ：全粒小麦、オーツ麦、玄米には、肌細胞の保護作用のある抗酸化物質のビタミンEが含まれる。

水を飲む：水をたくさん飲むと肌が浄化され、体内の毒素の排出も促進される。また、肌に水分を貯留してふっくらした状態を保つのに効果的。

オメガ脂肪酸が豊富なオイルを使う：肌のしなやかな健康を維持するために、食生活に魚やナッツ・種子類などに含まれる「良質」なオイルをより多く摂るようにする。特に優れているのがオリーブ、ヘーゼルナッツ、ヘンプ、フラックスシードなどのオイル。オメガ脂肪酸を多く含有するオイルには、肌の透明感を保つのに重要な抗炎症作用もある。

オーガニックフードを食べる：有毒農薬の残留が少ないオーガニックな食物ほど健康によい。これらには、肌の透明感と健康に不可欠なミネラル成分である亜鉛などの重要な栄養素がより多く含まれる。

スーパーフード

食事のバランスを整えるために、肌の修復に不可欠なビタミン、ミネラル、抗酸化物質を格別に多く含有するスーパーフードを食べましょう。これらは肌の調子を著しく改善する効果があります。

カシューナッツ
カシューナッツは肌の修復効果のあるタンパク質を多く含有し、また肌の治癒に有効な鉄や亜鉛などのミネラルも供給する。

アボカド
アボカドには、肌の表皮層の水分を維持して肌の柔らかさを守る、オメガ脂肪酸が豊富に含まれる。またダメージを受けた皮膚細胞の再生や、炎症、顔の発赤、かゆみの緩和に働くオレイン酸も供給する。

ダンデリオン（西洋タンポポ）の葉
新鮮な葉をサラダにしたり、ドライリーフでお茶を淹れたりして摂取する。ダンデリオンの葉は自然な排泄を促す作用があるため、吹き出物などの発生を予防する。またカロテノイド、フラボノイド、ビタミンA・C、カルシウム、鉄、カリウムも含む。

肌の透明感を高めるための食事 | 127

ゴジベリー（クコの実）
その再生力の高さから「不老不死の実」として知られるゴジベリーは抗酸化物質の宝庫であり、ビタミンA・Eを豊富に含む。この果実は体内から肌に栄養を届け、炎症の発生予防に役立つ。

肌のために避けた方がよいもの

- **加工食品**：加工食品には、老化を早め、健康に悪影響を及ぼす脂肪、塩、砂糖などが大量に含まれている。加工食品を中心とした食事は、カロリーばかりが高く、肌の健全な透明感に必要となる本物の栄養素の含有量は少ない。
- **砂糖／精製炭水化物**：これらを摂取した直後に起こる血糖値の上昇が合図となり、糖の細胞への吸収を助けるインスリンというホルモンが体内で産生されはじめる。インスリンはニキビに関与することが研究から明らかになっている。肌の透明感を高めるのに有効な低血糖負荷食を食生活に取り入れるには、砂糖や精製炭水化物を避け、最も悪影響が大きい炭酸飲料を完全に排除すべきである。
- **乳製品の摂りすぎ**：バランスのよい食事の中で、牛乳や乳製品を少量摂ることは決して悪いことではない。しかし、牛乳は炎症を悪化させることもあるため、ニキビや吹き出物に悩んでいるのなら、しばらくこれらを排除してみる価値はある。研究により、乳製品を排除した食生活によってニキビが解消した症例も明らかになっている。
- **喫煙**：食生活に関するアドバイスとは異なるものの、喫煙は肌を衰弱させて、くすみやうっ血、老化を引き起こすことがある。禁煙により、肌の健康状態を大きく変えることができる。

ブラジルナッツ
亜鉛の優れた供給源であるブラジルナッツには、免疫力を高めて創傷などの肌の治癒効果をもたらすセレンも含まれる。

フラックスシード（アマニ）
フラックスシードに含まれる脂肪酸は健康で透明感のある肌に必要な抗炎症作用をもたらす。このオイルは湿疹やニキビなどの炎症を伴う肌トラブルの軽減に特に効果がある。サラダやスープ、シチューなどに、種子を砕いて散らしたり、オイルをかけたりするとよい。

アーモンド
抗酸化作用の高い栄養素であるビタミンEを多く含有するアーモンドは、肌の状態と見た目を改善する効果が高い。毎日2～3粒のアーモンドを食べる、あるいは牛乳のかわりにアーモンドミルクを飲むのもおすすめ。

リンゴ
新鮮なリンゴには、肌の治癒と健康なコラーゲンの増加に効果のあるビタミンA・Cが含まれる。またリンゴに含まれる化合物のペクチンは血糖のバランスを整えて排泄を促す作用があるため、肌の透明感を維持するのに有効。

肌を回復するトマトパック

すべての肌質のためのケア

ビタミン豊富なこのパックで肌の回復力を高めましょう。冷却・収れん作用があり、美肌効果で名高いトマトには、肌を明るくするビタミンCが豊富に含まれます。オリーブオイルは肌の軟化・栄養補給効果があることから、スキンケア用品に広く使われています。また、オレイン酸の含有量が多いため、乾燥した肌の保湿にも効果的です。

クイックレシピ

材料（多めの1回分）

- トマト（中サイズ）…1個
- コーンフラワー…小さじ2杯
- オリーブオイル…小さじ1杯

作り方

1. トマトを裏返してしっかりと固定し、底の皮によく切れるナイフで十字の切り込みを入れる。沸騰したお湯の中にトマトを沈め、皮が剥け始めるまで約20秒待つ。
2. 注意しながら熱湯からトマトを引き上げ、すぐに氷水を入れたボウルに移して冷やす。
3. トマトのあら熱がとれて触れる程度になったら、十字の切り込みを入れた底の方から、果物ナイフを使って皮を剥く。
4. トマトを別のボウルに入れてフォークでつぶし、ふるいを使って、種子を濾し取る。
5. 4.のトマトにコーンフラワーを加えてペースト状にし、ここにオリーブオイルを垂らしてよく混ぜ合わせる。ペーストは顔に均一に塗り伸ばせる程度の硬さにすること。

使い方

洗顔直後の肌に、指先でパックを塗る。5分間ほどそのまま置き、温水で洗い流す。清潔なタオルで軽くたたいて水分を取る。作ったらすぐに使用する。

トマト
β-カロテンとビタミンCが豊富なトマトには、がんの発症リスクの低下や目と肌の保護作用、さらには免疫力の強化が認められているリコペン（リコピン）が驚くほどたくさん含まれている。

アボカドとバナナのパック

すべての肌質のためのケア

フレッシュバナナは肌を保湿し、なめらかにする作用に優れています。このレシピでは、バナナにビタミンとミネラルが豊富で整肌作用のあるアボカドと保湿力の高いハチミツを組み合わせることで、肌の奥深くまでじっくりと栄養を補給するトリートメントパックを作ります。パックを肌に塗ったら、目を閉じてリラックスし、魔法のような効果が現れるまで10分ほど待ちましょう。

クイックレシピ

材料（多めの1回分）
- 完熟アボカド…1/2個
- 完熟バナナ…1/2本
- ハチミツ…小さじ1杯
- ローズのフローラルウォーター…小さじ1杯

作り方
1. ボウルにアボカドとバナナを入れ、フォークでつぶしてペースト状にする。
2. ハチミツとローズウォーターを加え、よく混ぜ合わせる。ペーストは顔に均一に塗り伸ばせる程度の硬さにすること。

使い方

デリケートな目の周りを避け、洗顔してすぐの肌に指先でパックを塗る。10分間ほどそのまま置き、温水で洗い流す。清潔なタオルで軽くたたいて水分を取る。作ったらすぐに使用する。

アロエベラのクーリングパック

すべての肌質のためのケア

アロエベラ、ラベンダーの精油、カオリンクレイを組み合わせた冷却作用に優れたパックで肌の保水力を高めましょう。アロエベラはヒーリングと保湿効果が高く、ダメージを受けた肌を癒すために広く使われています。カオリンクレイは不純物を引き出すことで肌の浄化を助け、グリセリンは肌に潤いを与えます。

材料（約30g）
- アロエベラジュース…大さじ1〜2杯
- グリセリン…大さじ1杯
- カオリン…大さじ1〜2杯
- ラベンダー精油…2滴

作り方
1. ボウルにアロエベラジュース、グリセリン、カオリンを入れる。泡立て器またはスティック型のブレンダーで、素早くかき混ぜてペースト状にする。
2. 精油を加え、よく混ぜ合わせる。ペーストは顔に均一に塗り伸ばせる程度の硬さにすること。
3. ペーストが硬すぎる場合にはアロエベラジュースを、軟らかすぎる場合にはカオリンを必要に応じて追加する。

使い方

デリケートな目の周りを避け、洗顔してすぐの肌に指先あるいは清潔なファンデーション用ブラシでパックを塗る。5分間ほどそのまま置き、パックが乾く前に温水で洗い流し、清潔なタオルで軽くたたいて水分を取る。このペーストは乾きやすいため、すぐに使用する。

グリーンクレイのクレンジングパック

すべての肌質のためのケア

グリーンクレイには天然の吸着力があるため、余分な皮脂の洗浄と吸着に有効です。フェイシャルパックのベースとして使用すると、肌から不純物を引き出す作用があります。ここに栄養を補給するグリセリンと鎮静作用のあるラベンダーを組み合わせたこのパックは、肌の洗浄・バランス調整に効果的。また、肌の調子を整えるため、毛穴を小さくして顔色を明るくする働きもあります。

材料（多めの1回分）

- グリーンクレイパウダー…大さじ1杯
- グリセリン…大さじ1杯
- ラベンダーのフローラルウォーター
   …小さじ1杯

作り方

1. ボウルにクレイパウダー、グリセリン、フローラルウォーターを入れる。
2. フォークでペースト状になるまで混ぜ合わせる。ペーストは顔に均一に塗り伸ばせる程度の硬さにすること。ペーストが軟らかすぎる場合にはクレイを追加する。

使い方

デリケートな目の周りを避け、洗顔してすぐの肌に指先あるいは清潔なファンデーション用ブラシでパックを塗る。10分間ほどそのまま置き、パックが乾く前に温水で洗い流し、清潔なタオルで軽くたたいて水分を取る。このペーストは乾きやすいため、すぐに使用する。

毛穴を小さくする

肌の表皮の下には皮脂腺と呼ばれる分泌線があり、ここで「皮脂」といわれる脂性物質が産生され、毛包（毛穴）を通して排出される。清潔で健全な毛穴を維持することは、肌の健康において重要である。表皮の下の方で毛穴が詰まるとホワイトヘッド（毛穴の皮脂詰まり）、皮膚表面で詰まるとブラックヘッド（皮脂の酸化による毛穴の黒ずみ）の原因となる。毛穴の黒ずみはメイク、汚れの付着、皮脂産生ホルモンの変化などの外的な要因によって起こる。ディープクレンジング作用のあるこのクレンジングパックは肌のバランスを整え、毛穴を小さくするのに役立つ。

ウィッチヘーゼルとアロエベラの アフターシェーブスプレー

クイックレシピ

すべての肌質のためのケア

シェービング後の肌をヒーリング効果のあるウィッチヘーゼルのハーブウォーターと鎮静作用のあるアロエベラジュースで穏やかに冷却し、リフレッシュしましょう。昔から伝統療法で使用されているウィッチヘーゼルのハーブウォーターは、ウィッチヘーゼルの木から刈り取ったばかりの葉と小枝を蒸留してから、アルコールを添加して作られます。炎症を起こした肌の状態を鎮静するのに有効です。

材料（約100mL）
- ウィッチヘーゼルのハーブウォーター…大さじ3杯
- アロエベラジュース…大さじ3杯
- グリセリン…小さじ2杯
- ティートリー精油…5滴
- グレープフルーツ精油…3滴
- ベルガモット精油…2滴
- ラベンダー精油…1滴

作り方
1. ボウルにすべての材料を入れる。
2. 殺菌したガラス瓶に注ぎ入れ、ぴったり閉まる蓋、あるいはスプレー式のキャップを取りつける。

使い方
使用前に毎回よく振ること。シェービング後の肌に、指先につけて塗布するか、スプレー式キャップを取りつけて顔全体にスプレーする。冷蔵庫で保存し、使用期限は6週間。

オリーブのシェービングオイル

クイックレシピ

すべての肌質のためのケア

この濃厚なシェービングオイルを顔や脚の皮膚に塗ると、カミソリが肌に密着し、気持ちよく剃り上がります。オリーブオイルとホホバオイルは毛を軟化し、カレンデュラの浸出油が肌を保湿することで、カミソリ負けや湿疹の発生を軽減します。また、肌の修復作用のあるフランキンセンス、ミルラ、ラベンダーの精油が、シェービング後の肌に潤いと爽やかな感触を残しながら、肌を癒します。

材料（約30mL）
- オリーブオイル…小さじ2杯
- ホホバオイル…小さじ2杯
- カレンデュラ浸出油…小さじ2杯
- フランキンセンス精油…5滴
- ミルラ精油…2滴
- ラベンダー精油…1滴

作り方
1. ボウルにすべての材料を入れる。
2. 殺菌したガラス瓶に注ぎ入れ、ぴったり閉まる蓋、あるいはスポイトを取りつける。

使い方
シェービングする部分の皮膚を温水で湿らせ、オイル8〜10滴を擦り込む。顔を剃る時には、毛の生えている向きに剃り、時々カミソリを水ですすぐ。剃り終わった肌を冷水で洗い流し、清潔なタオルで軽くたたいて水分を取る。冷暗所で保存し、使用期限は3カ月。

ココナッツのシェービングバーム

すべての肌質のためのケア

この特別贅沢なシェービングバームには、栄養価の高いオイルや肌をなめらかにするオイルなどが何種類もブレンドされ、肌に密着した快適な剃り心地をもたらします。ココナッツオイルは毛を柔らかくして、カミソリ刃のすべりをよくします。鎮静・冷却作用のあるサンダルウッドと爽やかなネロリの精油をブレンドしているため、肌の発赤やかぶれの緩和にも有効です。

材料（約60g）
- ココナッツオイル…大さじ2杯
- スイートアーモンドオイル…小さじ1杯
- サンフラワーオイル…大さじ1杯
- シアバター…小さじ1杯
- カルナバワックス…小さじ1杯
- サンダルウッド精油…4滴
- ネロリ精油…4滴
- ジャーマンカモミール精油…1滴

作り方
1. 下記の「バームの作り方」の手順に従って、バームを作る。
2. バームが冷めてから蓋を閉める。

使い方
肌の角質を除去し、清潔にしておく。シェービングする部分の皮膚を温水で湿らせ、豆粒大ほどの分量のバームを塗る。必要に応じて、バームをつけ足す。顔を剃る時には、毛の生えている向きに剃り、時々カミソリを水ですすぐ。剃り終わった後は、肌を冷水で洗い流し、清潔なタオルで軽くたたいて水分を取る。冷暗所で保存し、使用期限は3カ月。

バームの作り方

オイル、バター、ワックスだけで作られるシンプルなバームは肌に栄養を与え、過剰に水分を喪失しないように肌を守ります。バームはすべての材料を湯煎にかけて穏やかに溶かし、固まったら完成です。バームは固形のため、持ち運びに便利で実用的です。また水を含まないため、微生物が繁殖する心配もありません。

1 ガラス製のボウルにオイル、バター、ワックスを入れる。熱湯が半分まで入っている鍋の上にボウルを置き、ボウルの底が熱湯に浸かるようにする。

2 材料が溶けたら、湯煎から下ろす。この時、ボウルが熱くなっているので注意する。あら熱がとれたら、精油を加えてよく混ぜ合わせる。

3 殺菌したガラス容器に注ぎ入れ、冷めるまで約1時間置く。バームは温度が下がってくると、次第に不透明になり固まる。

ココナッツとライムのリップバーム

すべての肌質のためのケア

ココナッツオイル、シアバター、アーモンドオイルを組み合わせた極上のこのリップバームは唇の状態を整え、栄養を補給します。ビーズワックスはデリケートな肌の保護層を作るため、唇に水分を閉じ込めて潤いとなめらかさを与えます。リフレッシュ効果のあるライムとレモンの精油には、爽やかな香りだけではなく、マイルドな抗菌作用もあります。

材料（約30g）
- ココナッツオイル…大さじ1杯
- シアバター…小さじ1杯
- アーモンドオイル…小さじ1杯
- ビーズワックス…小さじ1杯
- ライム精油…4滴
- レモン精油…1滴

作り方
1. 精油以外のすべての材料を湯煎で温める（p.133参照）。ワックスが溶けたら、湯煎から下ろす。
2. バームのあら熱がとれたら、精油を加えてよく混ぜ合わせる。
3. 殺菌したガラス容器に注ぎ入れ、約1時間置いて冷めたら蓋を閉める。

使い方
乾燥して水分が必要な唇に塗る。就寝前に使用すると、寝ている間も唇が潤う。冷暗所で保存し、使用期限は3カ月。

キス・ミー・リップバーム

すべての肌質のためのケア

オイルとワックスをブレンドしたこのリップバームは唇にシルクのようななめらかさと潤いを与えます。このレシピにおいて、シアバターは皮膚の保湿と保護に作用し、キャスターオイルはデリケートな唇の表皮に保護層を形成し治癒する役割を果たしています。またミントは爽やかな風味と香りでアクセントを加え、穏やかな殺菌作用ももたらします。

材料（約30g）
- シアバター…大さじ1杯
- キャスターオイル…小さじ1杯
- サンフラワーオイル…小さじ1杯
- ビーズワックス…小さじ1杯
- ペパーミント精油…4滴

作り方
1. 精油以外のすべての材料を湯煎で温める（p.133参照）。ワックスが溶けたら、湯煎から下ろす。
2. バームのあら熱がとれたら、精油を加えてよく混ぜ合わせる。
3. 殺菌したガラス容器に注ぎ入れ、約1時間置いて冷めたら蓋を閉める。

使い方
乾燥して水分が必要な唇に塗る。就寝前に使用すると、寝ている間も唇が潤う。冷暗所で保存し、使用期限は3カ月。

子供用シトラス味の歯磨きペースト

子供の歯のケア

穏やかな殺菌・洗浄作用があるこの歯磨きペーストは、子供たちが大好きなシトラス味に仕上げました。毎日の歯磨きを楽しくさせるこのペーストなら、小さい子供のデンタルケアにもうってつけです。重曹には穏やかな研磨・洗浄作用があり、ここにマンダリンとベルガモットの精油が加わることで、おなじみの甘くフルーティーな香りが漂います。

材料(約10g)
- グリセリン…2滴
- 重曹…小さじ1杯
- マンダリン精油…6滴
- ベルガモット精油…1滴
- 水…小さじ1杯

作り方
1. 小さめのボウルにすべての材料を入れる。ここに水を加え、ペースト状になるまでよくかき混ぜる。
2. 出来上がり量は多めの2回分。

使い方

歯ブラシにペーストをのせ、1日2回、いつも通りに歯を磨く。口の中の液は飲み込まないこと。冷蔵庫に入れてその日のうちに使い切る。

ハーブの歯磨きペースト

歯のケア

昔からよく使われている歯磨きペーストには、皮膚の発疹やアレルギーを引き起こすラウリル硫酸ナトリウム(SLS)などの刺激の強い洗浄剤が含まれていることがあります。天然成分だけを配合したこの歯磨きペーストは同等の洗浄・殺菌力をもちながらも、炎症を起こす心配はありません。このペーストにブレンドされた天然の殺菌作用をもつ数種類の精油は、細菌への抵抗力を強化し、歯肉の健康を維持する効果もあります。

材料(約15g)
- グリセリン…2滴
- 重曹…小さじ1杯
- 食卓塩…小さじ1杯
- タイム精油…2滴
- ローズマリー精油…2滴
- フェンネル精油…2滴
- 水…小さじ1杯

作り方
1. 小さめのボウルにすべての材料を入れる。ここに水を加え、ペースト状になるまでよくかき混ぜる。
2. 出来上がり量は多めの2回分。

使い方

歯ブラシにペーストをのせ、1日2回、いつも通りに歯を磨く。口の中の液は飲み込まないこと。冷蔵庫に入れてその日のうちに使い切る。

フェンネルの種子
アニシードに似た風味と歯肉の炎症や喉の痛みを治癒する働きをもつフェンネルは、歯磨きペーストの原料として最適。

爽快なミントのマウスウォッシュ

口内のケア

このマウスウォッシュにはアルコールも砂糖も含まれていません。定期的に使用すると治癒・殺菌効果があり、ペパーミントの浸剤と精油を両方配合しているため、刺激的なメンソールの風味が感じられます。ティートリーには強い殺菌力があり、またミルラの殺菌作用も歯肉の痛み、口臭、口内炎の緩和に役立ちます。

材料（約100mL）
- ミネラルウォーター…100mL
- ドライペパーミント…大さじ1杯
- 食卓塩…小さじ1杯
- ペパーミント精油…1滴
- ティートリー精油…1滴
- ミルラ精油…1滴
- アロエベラジュース…小さじ1杯
- グリセリン…小さじ1杯

作り方

1. 沸騰させたミネラルウォーターを、ドライペパーミントが入ったティーポットまたはガラス製のボウルに注ぐ。10分間浸したら、ペパーミントを濾す。
2. 別のボウルに塩を入れ、次に精油を加える。ここに温かい浸剤を注いで、塩を溶かす。アロエベラジュースとグリセリンを加える。
3. 殺菌したガラス瓶に注ぎ入れ、完全に冷めたら、蓋またはスプレー式のキャップを取りつける。
4. 使用前によく振ること。

使い方

1日2回、歯磨きの後に口の中をすすぐ。液は飲み込まないこと。冷蔵庫で保存し、使用期限は1週間。

グリセリン
甘い味のするグリセリンは防腐剤として働く。砂糖と異なり、細菌の繁殖やプラーク形成を助長することはない。

クーリングアイパック

すべての肌質のためのケア

目をひんやりと心地よく癒し、リフレッシュさせるこのアイパックは、目の周りのデリケートな肌の調子を整え、むくみや炎症を抑える効果があります。配合成分のウィッチヘーゼルのハーブウォーターは収れん・リフレッシュ作用に優れています。カレンデュラにはヒーリング作用があり、このティンクチャーをアロエベラ、ウィッチヘーゼルと組み合わせたことにより、むくんだ目の下にできたシワをなめらかに伸ばし、目に爽快感を与えます。

材料（約25mL）
- ウィッチヘーゼルのハーブウォーター…小さじ2杯
- アロエベラジュース…小さじ1杯
- グリセリン…小さじ1杯
- カレンデュラのティンクチャー…小さじ1杯

作り方
1. 殺菌した大きめのボウルにすべての材料を入れて、混ぜ合わせる。
2. 殺菌したガラス瓶に注ぎ入れ、蓋を閉める。

使い方
アイパックを目の周りの骨（眉骨と頬骨）の辺りに塗る。ただし、きわめてデリケートなまぶたと目のすぐ下の皮膚は避けること。5分間そのまま置き、コットン、あるいは湿らせたフランネルやモスリンクロスで優しく拭き取る。冷蔵庫で保存し、使用期限は1週間。

目を活性化させる

疲れた目をリフレッシュさせるシンプルなケアです。下の手順をそれぞれ3回繰り返しましょう。

①リラックスできる椅子に腰掛ける。目を閉じ、清潔な手で目全体をそっと覆って光を遮断する。ゆっくりと3回深呼吸する。

②手の覆いを外したら、目をギュッと4秒間強くつぶり、次に4秒間見開く。

③温水に浸したモスリンクロスを絞り、顔に軽く押し当てる。眉頭から外側に向かって眉を優しくマッサージする。

④冷水に浸したモスリンクロスを絞り、顔にかぶせる。頬骨と眉骨を優しくマッサージする。

⑤目を時計回りに回したら、パチパチとまばたきをする。次に反時計回りに回す。

⑥頭を動かさずに、遠くの物体に焦点を合わせて10秒間見つめ、次に近くの物体に焦点を合わせて10秒間見つめる。

⑦視線を上、下、左、右の方向に順番に動かす。

⑧目を閉じ、手のひらでそっと目を覆ったら、ゆっくり1回深呼吸する。

リフレッシュアイパック

すべての肌質のためのケア

現代人の目はコンピューターやテレビの画面などを凝視する機会が多く、常に緊張を強いられています。アイブライト、ウィッチヘーゼル、カモミールを配合したこのアイパックで疲れた目を活性化しましょう。アイブライトとウィッチヘーゼルには収れん作用があり、一日の終わりに目を癒し、デリケートな目の周りの調子を整えるのに効果的。抗炎症作用のあるカモミールは、使いすぎた目をリフレッシュさせます。

材料（約100mL）
- ミネラルウォーター…100mL
- ドライアイブライト…大さじ1杯
- ドライカモミール…大さじ1杯
- ウィッチヘーゼルのハーブウォーター
   …小さじ1杯
- グリセリン…小さじ1杯

作り方
1. 沸騰させたミネラルウォーターを、ドライハーブが入ったティーポットまたはガラス製のボウルに注ぐ。10分間浸したら、ドライハーブを濾す。
2. この浸剤にウィッチヘーゼルのハーブウォーターとグリセリンを加える。完全に冷めたら、殺菌したガラス瓶に注ぎ入れ、蓋を閉める。

使い方
アイパックを目の周りの骨（眉骨と頬骨）の辺りに塗る。ただし、きわめてデリケートなまぶたと目のすぐ下の皮膚は避けること。5分間そのまま置き、コットン、あるいは湿らせたフランネルやモスリンクロスで優しく拭き取る。冷蔵庫で保存し、使用期限は1週間。

アイブライト
昔からハーバリストはこの花の咲く植物を目の衰弱や炎症の治療薬として使ってきた。一般的には、アイブライトと水だけで作ったシンプルな浸剤として利用されることが多い。

オーガニックメイクアップ

新しいメイクを試してみましょう。
メイクアップ技術の習得は難しいものではありません。
良質の自然派化粧品をうまく使ってメイクをすれば、
誰でも自分をもっと魅力的に見せたり、
全く新しい自分に出会えたりするのです。

  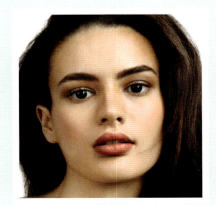

メイクアップの魔法

「自分の外見を変えたい」。メイクはその望みを一時的に叶える究極かつ最高の方法です。実際に私たちの多くは、メイクをした時の自分の容姿を美しいと感じ、その姿に自信をもっています。メイクは、チークで輪郭をはっきりさせ、目を強調して大きく見せる、肌の色むらをなくす、唇をふくよかに見せる、あるいはまつげを長く見せることなどが可能です。しかし、メイクは自分の個性を最大限に生かすための手段なのですから、メイクをうまく活用する前にはまず、自分の素顔を好きになることが大切です。

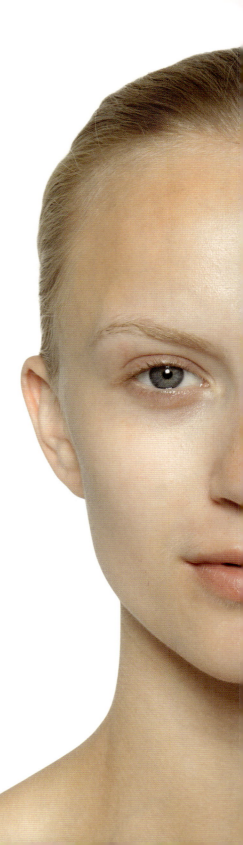

ポジティブメイクアップ

ある調査から、現代社会に生きる人々のほとんどが、メイクをする女性には、しない女性に不足している特性（例えば、職場での能力、信頼性、好感度の高さなど）が備わっているとみなしていることが明らかになりました。このような認識に背中を押され、私たちは自分をより美しく見せようと、人工的な日焼け、つけまつげ、完璧に整えた眉、ボリュームを出したヘアスタイルなど、手間のかかる外見を追求しはじめるかもしれません。しかし、何時間もかけてあれこれ手を加えなくても、自然な美しさを演出できる簡単なメイクアップ方法はあるのです。

オーガニックのすすめ

一般的なメイク用品には合成着色料や香料、刺激の強い防腐剤など、肌トラブルの原因となりやすい物質がたくさん含まれています。そのため、これらを排除し、その代わりに鉱物色素や、ビタミンEなどの天然防腐剤を使用したオーガニック化粧品や自然派化粧品を選択するのは意味のあることです。

メイクの必要性

メイクは私たちの生活の一部であり、実際のところ、多くの女性にとってメイクをしないという選択肢はありません。メイクをする理由は、メイクをするのが当然と思われているから、より美しく見せられると思うから、皆がメイクをしているから、とさまざまでしょう。しかし、メイクの前にいつも自分自身に問いかけてみてください。「今日、私は本当にメイクをしなくてはならないの？」と。メイクをするしないは自分で選択すべきことなのです。

清潔に保つ

　ブラシなどのメイク道具に有害な細菌がつかないように、定期的なメンテナンスが必要です。メイク用品や道具を介してウイルスや細菌に感染することがあるため、他人と共有することは避けます。またメイク用品にも品質保証期限があるので、定期的に新しいものに交換しましょう。

夜のメイク落としをかかさずに

　疲れている時にメイク落としをするのは面倒なものです。しかし、肌の修復と再生は夜間に行われるため、私たちが肌にできる最大のケアはメイクを除去することなのです。毎日のフェイシャルクレンジングの中に軽いマッサージを組み込むと、血行を促進して肌の調子ときめを整える効果があります。

セルフタンニング製品を避ける

　実際に紫外線を浴びて日焼けするよりも、日焼け肌に見せかけるセルフタンニング製品を使った方が害が少ないという考え方にも一理あるでしょう。しかし、これらの製品の多くには、ジヒドロキシアセトン（DHA）という化学物質が含まれており、研究によると、この物質は肌細胞の寿命を縮め、遺伝子変化やDNA損傷の原因となることが明らかになっています。

加齢による変化を受け入れる

　年齢を重ねるごとに、肌の調子は変化していきます。若い頃と同じ色を使ってメイクをしても、同じ外見は作れません。それならば、自分の変化に合わせてメイクのカラーを入れ替え、新しい自分を発見してみましょう。ただし、濃すぎるメイクはかえって老けて見えることがあるのでご注意を。

メイク用品を慎重に選ぶ

肌にトラブルが生じたら、メイク用品に含まれている成分が原因かもしれない。肌に炎症や赤みが生じている場合には、2～3日間メイクをしないで過ごすと早く回復することがある。どのメイク用品に反応したのかを特定するために、もう一度同じ製品を1つずつ使ってみよう。目に感染症を生じたら、アイメイクを中止し、完治後には再感染を避けるために新しい製品を購入することをおすすめする。

オーガニックメイクアップ Water（水）

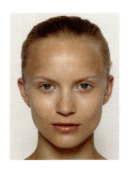

「水」をコンセプトにしたデイタイムにふさわしいメイクアップは、健康的で露のような清らかな肌に柔らかな光沢感を与えます。肌が十分に潤っていないとこのメイクは完成しないため、下準備には時間をかけましょう。ていねいに洗顔した後に10分間のフェイシャルパック、保水美容液、保湿剤、最後にフェイシャルオイルの順番でお手入れすると、みずみずしさと活気に溢れた健康的な肌が整います。メイクを始める前に、自然な光沢をもたらすファンデーションベースをむらなくていねいに塗っておきます（p.152～153 参照）。

メイク道具

- アイシャドウブラシ（中）
- アイシャドウブラシ（小）
- アイシャドウブレンディングブラシ
- スマッジブラシ
- パウダーブラシ
- リップブラシ

プロのテクニック

- 左右の目の間隔が狭い場合には、目頭側にハイライトを入れると、離れて見えるようになる。
- ブロンザー（日焼け色に見せるパウダー）を濃くしすぎた場合には、乾いたコットンでたたき、余分な粉を優しく擦り落とす。ブロンザーは肌がくすまない程度に健康的に見えるように使う。
- 加齢肌のメイクでは、きらめき感が強いと小ジワが強調されることがあるため、光沢をごく控えめに抑えた製品を使う。

目

1. 陰影：アイシャドウブラシ（中）を使い、ゴールドのアイシャドウまたはクリームアイシャドウをまぶた全体に塗る。頬にアイシャドウの粉が落ちるのを防ぐため、目の下をティッシュで押さえてもよい。

2. 立体感：アイシャドウブラシ（小）で目頭と下まつげのラインに沿って少量のシャドウをたたくようにのせる。最初のブラシを使い、濃いゴールドのアイシャドウをアイホール、目尻、下まつげのラインに重ねる。

3. ぼかし：2色のアイシャドウが自然につながっていることを確認する。清潔なブレンディングブラシを使い、優しく弧を描くような動きでこめかみに向かって外側にぼかす。

4. 強調：光沢のあるダークブラウンまたはブロンズのアイライナーで上まつげのラインに沿ってラインを描く。スマッジブラシを使って目の輪郭をはっきり見せる。まつげをカールし、ブラウンか黒のマスカラを塗る。

頬

チーク：健康的に日焼けしたような輝く肌に見せる。パウダーブラシをチークの上でクルクルと動かしながらブロンズ色のチークをブラシに含ませ、余分な粉をたたき落とす。頬からこめかみに向けてぼかすように、大きな円を描きながらチークを肌にのせる。

唇

グロス：リップバームを塗って乾燥している部分がないようにする。自分の自然な唇の色と同じか明度をワントーン下げた色味のリップグロスを選ぶ。リップブラシを使って塗ること。

自分の肌トーンに合わせる

アイシャドウ：ホワイト系の肌には淡いゴールドかピンクゴールド、ベージュ系の肌にはアンティークゴールド、ダーク系の肌には光沢の強いゴールドが合う。

ブロンザー：ホワイト系の肌には黄褐色がかったピーチ、ベージュ系の肌にはカラメル色、ダーク系の肌には栗色のブロンザーが合う。

オーガニックメイクアップ Earth（土）

このメイクは「母なる大地」から着想を得て、大地を織りなす暗褐色の土、温かみのある樹木、焼けた砂、鮮やかな落ち葉を表現しました。目の陰影にポイントを置き、柔らかく流れるラインを作るために周りとうまくなじませます。誰にでも似合うこのメイクは、日中から夜までどのシーンにもふさわしく、場の雰囲気に溶け込みやすいのが特徴です。メイクは30分ほどの時間をかけてゆっくりと楽しみながらしましょう。メイクを始める前に、ファンデーションベースをむらなくていねいに塗っておきます（p.152～153参照）。

メイク道具

- チークブラシ
- リップブラシ
- アイシャドウブラシ（中）
- アイシャドウブラシ（小）

自分の肌トーンに合わせる

チーク：ホワイト系の肌には温かみのあるピーチを選ぶ。ベージュ系の肌にはダークブラウン、ダーク系の肌には濃いめのテラコッタ（茶色がかったオレンジ色）が合う。

リップ：髪や肌の色が濃いほど、リップの色も濃くした方が似合う。ホワイト系の肌にはローズやピーチ、ダーク系の肌には暖色のナッツ系のブラウン、シナモン、赤褐色などの土を思わせる色の中から選ぶとよい。

頰

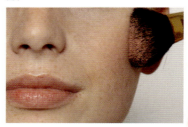

チーク：チークブラシを使い、頰骨の中央に温かみのあるピーチ色をのせ、弧を描くように優しくブラシを動かして、こめかみに向かってぼかす。

プロのテクニック

- くぼんだ目にアイシャドウをのせる時には、真正面を見つめるようにすると、どの位置にアイホールのラインを作ればよいかがわかりやすくなる。カラーはまぶたよりも上に塗る。
- 濃色のアイシャドウを塗りすぎないようにすること。ブラシに含ませたら、まずは手の甲につけて余分な粉を落とす。このテクニックを利用すれば、顔に塗る化粧品の量をうまく調節できるようになる。
- さらに印象的に見せたい場合には、下まつげの内側にアイライナーを引くとよい。

唇

1. 輪郭：ヌードカラーのリップライナーで唇の輪郭を描く。最初に上唇の真ん中から口角に向かって唇の自然なラインをなぞる。綿棒でリップライナーの際をなじませる。

2. カラー：リップブラシで、ピーチ色の口紅を塗る。ティッシュで押さえてから、もう一度塗る。一番上に透明なグロスを重ねると、よりグラマラスに仕上がる。

Earth(土) | 147

目

1. ベース：アイシャドウブラシ（中）を使い、オリーブブラウンのシャドウをまぶた全体に塗り、さらにアイホールラインまで広げる。次にアイシャドウブラシ（小）で下まつげのラインにも塗る。

2. 立体感：アイシャドウブラシ（中）を使い、まぶたの目尻側に濃いヘーゼル色（黄味がかった褐色）で影をつけ、アイホールラインのシワになじませる。ブラシを前後に優しく動かしながら輪郭をぼかす。ダークブラウンのマスカラを塗る。

3. 輪郭：ダークチョコレート色のアイライナーを上まつげの根元に引く。この時、まつげの根元からはみ出ないようにていねいにラインを引くこと。下まつげ側には目尻から目頭に向かってアイライナーを入れる。

オーガニックメイクアップ　Air（風）

爽やかな印象のこの顔にはほとんどメイクを施していません。風のような軽やかなこのメイクにはごくわずかな化粧品だけを使い、10分ほどで快活で清々しい顔に仕上げます。眉がきれいに整えられていると、美しさが際立つため、何もついていないマスカラブラシや眉ブラシで眉をとかしておきましょう。メイクを始める前に、ファンデーションベースをむらなくていねいに塗っておきます（p.152〜153参照）。

メイク道具

- アイシャドウブラシ（中）
- アイシャドウブラシ（小）
- チークブラシ
- リップブラシ

プロのテクニック

- 適切な眉の形にするには、細い鉛筆やメイクブラシの柄を小鼻の横から真っ直ぐに立ててできるポイントと、次にこの鉛筆を小鼻を中心に目尻の方へ回転させてできるポイントの間に収まるように眉を作る。
- メイク用品で遊んでみる。チークの代わりに口紅を少量塗ったり、アイブロウパウダーの代わりにアイシャドウを使ったりしてもよい。

目

ベース：アイシャドウブラシ（中）を使い、ローズのミネラルチークをまぶたにのせ、まぶたの上とアイホールラインの方にぼかす。アイシャドウブラシ（小）で下まつげのラインに沿って同じ色を入れる。

自分の肌トーンに合わせる

ミネラルチーク：ホワイト系の肌にはソフトなピンクやピーチ、ベージュ系の肌にはローズやオリーブブラウンが最適。ダーク系の肌には小豆色、赤茶色、栗色が似合う。

Air（風） | 149

眉
眉毛の隙間があれば、眉毛の色よりも少し明るめの色のアイブロウペンシルかパウダーで描き足す。ペンシルを使えば繊細なラインが描ける。小さめのアングルブラシにブロウパウダーを含ませて使うと、見た目がより柔らかになる。

頬

チーク：アイシャドウとして使用したのと同じミネラルチークの上でチークブラシをクルクルと回し、余分な粉をたたいて落とす。最初は薄く、上品な輝きが出るまでチークを重ねる。頬の中央から弧を描くように優しくブラシを動かし、こめかみの方へぼかす。髪の生え際には粉がつかないようにする。

唇

グロス：リップバームを少量つけると、唇が潤って柔らかく見える。リップブラシを使い、淡いローズピンクのグロスを少量塗ると、唇のふくよかさとみずみずしさが際立つ。

オーガニックメイクアップ Fire（火）

この躍動感あふれる肉感的なメイクでは、燃えるような唇が目を引きます。リップには、定番の赤レンガ色ではなく天然のベリー系果実を思わせる赤色を使って少し冒険してみましょう。メイクの仕上げには、ていねいにチークをのせます。保湿クリームの前に肌色を明るくする美容液を塗り込んでおくと、肌の光沢がいっそう増します。夜向きのメイクにする場合には、色味を少し濃いめにするとよいでしょう。メイクを始める前にファンデーションベースを塗っておきます（p.152〜153参照）。

メイク道具

- 眉ブラシ
- アングルブラシ（小）
- アイシャドウブラシ（中）
- アイシャドウブラシ（小）
- ファンデーションブラシ
- リップブラシ

眉

1. 整える：眉ブラシや柔らかい歯ブラシで眉をとかす。眉ブラシに眉用ゲルやヘアスプレーをつけてから眉毛をとかすと、整った形をキープできる。

2. 埋める：眉毛の色よりわずかに明るめのアイシャドウをアングルブラシ（小）に含ませ、眉毛の隙間を埋める。

プロのテクニック

- クリームチークを使う場合には、リキッドファンデーションや色つきの保湿クリームの上に重ねるときれいにのる。必要ならば、その上からパウダーをはたく。「クリームはクリームの上に、パウダーはパウダーの上に」と覚えておくとよい。

自分の肌トーンに合わせる

リップカラー：ベージュやダーク系の肌には、プラムやマルベリーなどの深みのある赤紫色が似合う。ホワイト系の肌には、もっと明るめのベリー系カラーが映える。

目

ベース：アイシャドウブラシ（中）につけたトープ色（オリーブ系のグレー）のクリームアイシャドウをまぶた全体に塗り、目尻の方へぼかす。アイシャドウブラシ（小）で下まつげの際にも塗る。まつげをカールし、黒かダークブラウンのマスカラを塗る。

Fire（火） 151

頬

チーク：笑顔を作り、頬が一番盛り上がる位置を確認する。その中心にラズベリー色のクリームチークをほんの少し塗り、ファンデーションブラシや指で外側にぼかす。

唇

カラー：リップブラシまたは指を使い、深みのあるベリー色のリップカラーで唇に色をつける。ティッシュで軽く押さえる。

10分間のパーフェクトファンデーションベース

肌の状態がよくなくては、ファンデーションをむらなく完璧に塗ることはできません。お手入れをきちんとしていない肌にはメイクがうまくのらず、夕方には崩れてしまいます。そもそも、毎日の洗浄・化粧水・保湿、週2回の角質除去、可能な限りのパックを実践していれば、肌は健康的に輝くようになり、ファンデーションを厚塗りする必要などないのです。

リキッド

直接肌につけるファンデーションは、できるだけ有害物質の少ないオーガニックなものを選びましょう。最初にファンデーションをていねいに肌になじませます。コンシーラー、フェイスパウダー、シェーディングパウダー、ハイライトを使用する場合には、ファンデーションの後に使います（右頁参照）。

陰影のつけ方

リキッドファンデーション：自分の肌色に合ったファンデーションは、顔と顎のラインの脇に塗ると、数秒で肌になじんで目立たなくなる。首の色よりわずかに暗い色を選びたくなるが、それは間違い。顔色が白すぎると感じる時は、首と顔にブロンザーを使用する。

コンシーラー：肌色の黒ずんだ部分を明るく見せる成分が含まれているものを選ぶ。

シェーディングパウダー：光沢のない寒色系のものを選ぶ。ホワイト系の肌にはトープ（オリーブ系のグレー）、ベージュ系の肌にはグレーブラウン、ダーク系の肌にはチョコレートブラウンが合う。

メイク道具

リキッドベースまたはパウダーベースのファンデーションは、2～3本のブラシがあれば完璧に仕上げられる。

ファンデーションブラシ

パウダーブラシ

アングルブラシ

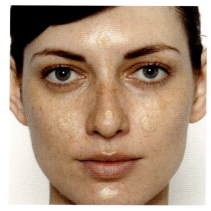

1 少量のファンデーションを額、鼻、顎、両頬に一点ずつのせ、ファンデーションブラシで肌全体に広げる。指やスポンジを使ってもよい。

2 さらにていねいに塗り広げる。ファンデーションが厚すぎる場合には、清潔なティッシュで拭き取る。髪の生え際までていねいに広げ、塗り残しがないことを確認する。

4 シミを隠すには、目元とは別の少し固めのコンシーラーを使う。指や綿棒、小さめのブラシなどで塗り、薬指で優しくたたいてなじませる。

5 Tゾーン（額、鼻、顎）など、必要なところにフェイスパウダーを軽くはたく。多すぎるとシワや小ジワが目立つため、控えめにすること。

10分間のパーフェクトファンデーションベース | 153

ハイライト

頬骨、目頭、眉骨、上唇の山の部分を強調させたい時には、サテンのような光沢のあるハイライトパウダーを使う。ハイライトはシワや小ジワを目立たせるので注意して使う。

ミネラルパウダー

有害成分を含まないミネラルパウダーは、肌から分泌される皮脂を吸着するため、肌の呼吸を妨げない。敏感肌に特に適し、ニキビ性肌にも刺激を与えない。ミネラルパウダーをつける前には肌を十分に保湿しておかなくてはならないため、最初に塗布したローションが肌に浸透するまで数分待つ。コンシーラーやハイライトを使う場合には、次の手順に従うこと。

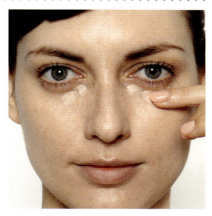

3 目の下の目頭から4分の3の辺りまで、質感の軽いコンシーラーを少量つける。薬指で軽くパッティングしてなじませる。コンシーラーを足してもよいが、多すぎるとむくんだり乾燥したりしているように見える。

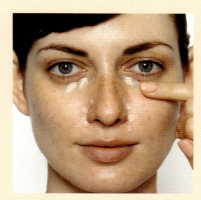

1 リキッドの手順3と4と同様に、シミと目の下のクマを隠す。ミネラルパウダーのコンシーラーを使う場合には、蓋にパウダーを少量出し、ブラシをクルクルと回しながら含ませる。余分な粉をたたいて落とし、気になる部分全体に優しくはたく。

2 ミネラルファンデーションは崩れにくいため、最初は少量だけ容器の蓋に出す。毛量の多い大きめのパウダーブラシを回転させながら含ませ、余分な粉をたたいて落とす。最初に頬骨の上にファンデーションをのせる。

6 アングルブラシで頬骨の下にシェーディングパウダーをのせてよくなじませる。目尻の真下よりも外側に塗ると、泥汚れのように見えるので注意する。必要に応じてハイライトをのせて仕上げる（上記参照）。

3 顔全体に大きな円を描くようにブラシを動かす。最初に片側の頬全体につけてから額の方へ上げ、次に反対側の頬から鼻と顎の方へ下げる。ブラシでしっかりとつけることで、カバー力もアップする。

4 ミネラルファンデーションは光沢が出やすいため、脂性肌やテカりやすく見える肌には、フィニッシングパウダーを使いマットな仕上がりにするとよい。プレストタイプかルースタイプのパウダーをパウダーブラシに含ませ、余分な粉をたたいて落としたら、必要なところにのせる。

オーガニックメイクアップ　Metal（金属）

金属のもつ反射と変化に富む性質をモチーフにしたこのメイクは、アレンジしやすく、簡単に現代風の外見を作ることができます。ポイントはナチュラルで爽やかに見える肌と、強調した目です。しっかりと肌を保湿しますが、あまり水分を与えすぎると、テカりすぎることもあります。メタリックな色合いのアイシャドウは目以外の場所についてしまうと、拭き取る時にメイクが崩れてしまうため、ファンデーションの前に塗っておきます（p.152〜153参照）。

メイク道具

- アイシャドウブラシ（中）
- アイシャドウブレンディングブラシ
- アイシャドウブラシ（小）
- アイライナーブラシ
- チークブラシ
- リップブラシ

プロのテクニック

- アイライナーとマスカラは、下に置いた鏡を見るように目線を下げるとつけやすい。はみ出したところは、アイメイク用のリムーバーを染み込ませた綿棒を使う。
- 左右の目の間隔が狭い場合には、黒のアイライナーを避け、その代わりにクリームタイプのアイライナーを使って目を大きく見せる。

目

1. カラー：アイシャドウブラシ（中）を使い、メタリックなコパー色（赤銅色）のシャドウをまぶた全体から眉骨の下まで塗る。次に濃いコパー色を目尻の辺りにのせる。ブレンディングブラシでアイシャドウをなじませる。

2. まつげの際：アイシャドウブラシ（小）を使い、コパー色のアイシャドウを下まつげのラインに沿って塗り、目頭にものせる。小さめのブラシがない場合には綿棒を使う。

3. 強調：黒のペンシルで下まつげの内側にラインを引く。アイライナーブラシを黒のジェルライナーにつけ、余分なジェルを手の甲に塗って落とす。上まつげの根元に沿って塗る。

4. まつげ：ビューラーを使ってまつげをカールし、黒のマスカラを塗る。マスカラブラシをまつげの根本から上にまつげのカールに合わせて移動しながらマスカラを塗る。指にまつげが当たるようにまばたきして余分なマスカラを落としてから二度塗りする。

Metal（金属） | 155

頬

チーク：チークブラシに温かみのあるゴールド系ブロンズのアイシャドウを含ませ、余分な粉をたたいて落とす。最初は軽めにつけ、少しずつ重ねていく。笑った時に頬の一番盛り上がる位置にのせてから、こめかみの方にぼかす。

唇

グロス：リップブラシで、ローズゴールド、コパーあるいはブロンズのグロスを唇に塗る。また、リップバームと混ぜ合わせたリップスティックを使っても、同じようなグロス効果がある。

自分の肌トーンに合わせる

アイシャドウ：光沢の強いメタリック色はシワや小ジワが目立ちやすいため、加齢肌には、光沢感をごく抑えた化粧品の方が適している。ホワイト系の肌には、ローズや淡いゴールド、ダーク系の肌には濃いめのゴールド、コパー、ピューター（青みがかった暗灰色）を使うと美しさが際立つ。

オーガニックメイクアップ Wood（木）

森林の散策中に着想を得たこのメイクは、知的な魅力を引き出します。自然は私たちにさまざまな色を提示していますが、その色彩はどれも繊細です。このメイクは落ち着いた中間色を使い、目の輪郭を柔らかく描いているのが特徴です。メイクを始める前に、リキッドファンデーションまたはミネラルファンデーションを塗布してから目の下のクマやシミを隠し、軽くパウダーをはたいておきます（p.152～153 参照）。

メイク道具

- アイシャドウブラシ（中）
- アイシャドウブレンディングブラシ
- スマッジブラシ
- チークブラシ
- リップブラシ

プロのテクニック

- もっと印象を強めたい場合には、アングルブラシを使って、シェーディングパウダーで頬骨の下に影をつける。また、年配の女性は顎のラインにシェーディングパウダーをのせ、皮膚のたるみを目立たなくすることもできる。
- チークをつけすぎた場合には、コットンでそっと拭き取るか、チークの上にファンデーションを薄く重ねる。
- 口紅の下に引いたリップライナーの線がくっきり見える場合には、きれいに拭き取ったリップブラシでリップライナーの線をたたいてぼかす。

目

1. 陰影：アイシャドウブラシ（中）を使い、薄めのハイライトを眉骨に入れ、目頭にも軽くのせる。こうすると目が持ち上がって大きく見える。

2. ベース：アイシャドウブラシ（中）を使い、ミディアムベージュ色のアイシャドウをまぶた全体にのせる。アイシャドウが肌につかないように、目の下にティッシュをあてる。

3. 立体感：チャコールグレーまたはブラウンのアイシャドウを眉骨と目尻に軽くのせる。アイシャドウブレンディングブラシでぼかす。

4. 強調：グレーブラウンのペンシルで、上まつげに沿ってラインを引く。下まつげの方は、目尻から4分の3のところまで、点でつなぐ。スマッジブラシでアイラインをぼかす。まつげをカールし、マスカラを塗る。

頬

チーク：チークブラシにソフトピンクまたはコーラル（サンゴ色）系のチークを含ませ、余分な粉をたたいて落とす。最初は薄めにつけ、少しずつ重ねていく。笑った時に頬の一番盛り上がる位置にのせてから、こめかみの方にぼかす。

唇

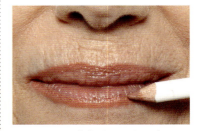

カラー：オリーブブラウンやピーチ色のリップライナーで唇の輪郭を描く。上唇の山から口角に向かって唇の輪郭をなぞる。その上から、リップブラシで同色の口紅を塗る。

自分の肌トーンに合わせる

アイシャドウ：ホワイト系やベージュ系の肌には、チャコールグレーやブラウン、ダーク系の肌には濃いコーヒー色のアイシャドウが合う。

チーク：ホワイト系の肌にはソフトピンクやコーラル、ダーク系の肌には温かみのあるブロンズが適する。

リップカラー：ホワイト系の肌に使うリップライナーはオリーブブラウンやピーチ、ベージュ〜ダーク系の肌には濃いめの栗茶色が似合う。

ボディ

肌の回復と活性化に有効なトリートメントのために、
高級なエステサロンに通う必要はありません。
簡単なテクニックを身につけ、好みのクリームやオイル、
ナチュラルエキスを思う存分に使って自分自身でお手入れをすれば、
肌に栄養を行きわたらせるだけでなく、高い満足感も得られます。

至福の全身スペシャルケア

たまには自分自身を思い切り甘やかしてあげましょう。おやすみ前のひとときに、贅沢なトリートメントを定期的に取り入れるようにすると、気持ちが豊かになるだけでなく、肌と髪の見た目や手触りも改善します。バスルームで静かにリラックスしながら全身をケアする時間は、極上の喜びをもたらします。どんなトリートメントを組み合わせるかはあなたの気分次第。さあ、今夜はヘッドマッサージ、フェイシャルパック、それともバスタブの中での全身トリートメント（p.164～165参照）のどれから始めましょうか。

スペシャルケアの必需品

トリートメントの開始前に、手の届くところに次のものを揃えておく。

道具

- モスリンまたはフランネルのクロス
- コットン
- ヘアバンド（必要に応じて）
- ティッシュ
- ファンデーションブラシ（必要に応じて）

ボディケア・ヘアケア用品

- コンディショニングヘアオイル（アルガンオイル、ココナッツオイルなど）
- フェイシャルオイル（フランキンセンス精油、ネロリ精油など含有）
- クレンザー（洗浄剤）
- スキントナー（化粧水）
- 角質除去用のフェイシャルスクラブ
- パック剤
- アイクリームやアイジェル
- ボディモイスチュアライザー（保湿クリーム）
- ハンドクリーム

ヘッドマッサージ

古くからのことわざに「健全な精神に勝る良薬はない」というものがあります。頭、首、肩は全身のエネルギーをつかさどる大切な部分です。ストレスや怒りによって増大する緊張感は、定期的に頭部をマッサージすることで緩和することができます。ヘッドマッサージはリラックス効果に優れるだけでなく、頭皮の健康と髪の成長を促進する効果もあります。

ジュエリーを外し、バスローブを羽織るかタオルを身体に巻いて、両足が床につく高さの椅子にゆったりと腰かけます。背筋を伸ばして目を閉じ、鼻から3回ゆっくりと深呼吸しましょう。

1 手のひらにオイルを垂らし、両手で擦り合わせてオイルを温める。オイルで髪のすべりをよくするために、最初に頭のてっぺんから両耳側に、次に額側と頭の後ろ側に撫で下ろす。

2 髪全体にオイルが行きわたったら、さらに均一に広がるように、シャンプーと同じ要領で指を動かし、頭全体を優しくマッサージする。

至福の全身スペシャルケア | 161

3 根元の方の髪をひと握り分つかみ、手を根元に近づけたまま左右に引っ張る。こうすると、髪の根元が活性化する。

4 手のひらの付け根あるいは指先でこめかみを両側から挟み、ゆっくりと円を描くように回す。目を閉じ、深呼吸する。

5 首の後ろの筋肉を強く押しながら転がすようにしてほぐす。首の一番高い位置から徐々に下に移動する。これを3回繰り返す。

6 頭の後ろにある後頭骨部（下記参照）の位置を確かめる。左手親指を後頭骨の左側に、右手親指を後頭骨の右側に置き、筋肉をほぐすように揉み込む。

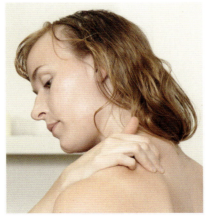

7 右手を左肩の首の付け根近くに置き、まず肩のラインに沿って、次にひじの方にも右手でつまみながら移動する。反対側も同じように繰り返す。

8 頭と顔全体を指先で軽くさする。5分間リラックスしたら、水をコップ1杯飲んで水分を補給する。

後頭骨部とは？

後頭骨は頭蓋骨の後ろ側の大部分を形成する骨である。大きな開口部があり、脊髄はここで脳とつながっている。この後頭骨の辺りでは、しばしば痛みや「緊張型頭痛」を生じることがある。この部分を優しくマッサージして筋肉を動きやすくしておくと、頭痛などの痛みの緩和に役立つ。

次は…

スペシャルケアを終える場合には、いつも使っているシャンプーでオイルを洗い流す。続ける場合には温めたタオルで髪を巻き、フェイシャルスパ（p.162〜163）あるいはバスタブでのフルボディトリートメント（p.164〜165）の手順に進む。髪につけたオイルはそのまま残しておくと、栄養補給・トリートメント効果が持続する。

フェイシャルスパ

　心を落ち着かせるBGMを流し、冷たい水をコップ1杯飲んだら、フェイシャルスパを始めましょう。リラックスと若返り効果の高いこのフェイシャルケアでは、自分のお気に入りのナチュラルケア用品を使いますが、使用上の注意をよく確認し、必要なケア用品や道具をすべて揃えておきます。髪をタオルで巻き上げていない場合には、髪が顔につかないようにヘアバンドなどで押さえます。

1 準備

最初に手を洗い、手についた化粧品をすぐにぬぐえるように、膝の上にタオルを置いておく。鏡を前に、両足が床につく椅子にゆったりと腰かける。手のひらにフェイシャルオイルを3滴垂らし、両手を擦り合わせてから、鼻の上で合わせる。目を閉じ、3回深呼吸してリラックスする。

2 洗顔

指先に洗顔料をつけ、小さな円を描くように肌をマッサージする。顎の下から始めて徐々に目の周りの方へ移動し、特に顎の先、額、鼻の周りを特に念入りに行う。洗顔料はぬるま湯で洗い流してから、モスリンまたはフランネルのクロスで拭き取る。最初に顎、最後に額の順番で落とす。

3 スキントナー（化粧水）

コットン2枚に冷却効果のあるスキントナーを染み込ませる。両手に1枚ずつコットンを持ち、顎全体、顎の先、頬、額の順番にスキントナーで拭き取る。肌の上のスキントナーが蒸発するか浸透するまで、数分間そのまま待つ。

4 角質除去

角質除去作用のあるフェイシャルスクラブを指先につけ、小さな円を描くように肌を優しくマッサージする。顎から始めて額で終わる順番で、特に顎の先、額、鼻の周りを特に念入りに行う。デリケートな目の周りは避ける。スクラブはぬるま湯とモスリンまたはフランネルのクロスを使って落とす。手順3を繰り返し、スキントナーを染み込ませた2枚のコットンで、顎から額に向けて下から上に、スクラブをていねいにぬぐい取る。

5 フェイシャルパック

指先あるいは清潔なファンデーションブラシを使い、顔にパック剤を塗る。顎から塗り始め、徐々に額の方に広げる。目の周りは空けておく。放置時間はケア用品の使い方に従うこと（約10分）。この時間を使ってアイケアを行う（手順6参照）。

至福の全身スペシャルケア | 163

6 アイクリーム／アイジェルの塗布

目の周りにアイクリームまたはアイジェルを薬指で軽くたたくように塗布する。ただし、目の際にはつかないようにする。次に冷水に浸したコットン2枚を目の上に置き、そのまま5分間リラックス。コットンを外し、今度はぬるま湯に浸して同じように目にのせ、さらに2分間リラックスする。

7 すすぎ

ぬるま湯でパック剤をていねいに洗い流す。デリケートな目の周りを避け、モスリンまたはフランネルのクロスでさっと拭き取る。その後、清潔なタオルで軽くたたいて水分を取る。マッサージオイルを塗る前に、しっかりと水分を拭き取っておくことが大切。モスリンまたはフランネルのクロスでパック剤を残らずすすぎ流したことを確認してから、再度マッサージ用のオイルを塗布する。

8 マッサージ

①指先にフェイシャルオイルをつける。両手を合わせてオイルを温めたら、顎から始めて目の周り、額の順にオイルで顔を撫で上げる。これを3回繰り返す。

②薬指を使い、目頭の位置から目の周りにメガネのような円を描き、耳の方へ引っ張る。これを3回繰り返す。

③両方の眉毛を、眉頭の方から順に優しくつまむ。額を手のひらで強めに圧迫し、眉から髪の生え際の方へシワを伸ばす。

④指先を使い、顎から始めて目の周り、額の順にオイルで顔を撫で上げる。これを3回繰り返す。余分なオイルをティッシュで拭き取る。

9 水分補給

少量のフェイスクリームを顎から額の方に塗り込む。水分補給のために水あるいは冷たいハーブティーを大きめのコップ1杯飲み、気分をリラックスさせる。

次は…
バスタブにお湯を溜めたら、バスタブでのフルボディトリートメント（p.164〜165）の手順に移る。

フルボディトリートメント

　頭のてっぺんからつま先まで、全身を贅沢にトリートメントしましょう。この全身ケアは、バスタブがなくてもシャワーで同じようにできます。お気に入りのドリンクを飲み、バスルームにキャンドルを灯してリラックスできる雰囲気を作ることも大切。バスタブにお湯を注ぎ、バスボムなどのお好きな入浴剤を入れます。使用するものは手の届くところに用意しておきましょう。ボディトリートメントの前にヘッドマッサージ（p.160〜161参照）やフェイシャルスパ（p.162〜163参照）を済ませている時は、手順2からスタートし、直接バスタブに入ります。

1 準備

最初に洗顔する。次に、髪にコンディショニングヘアオイル（アルガンオイル、ココナッツオイルなど）を塗り込み、5分間頭皮をマッサージ。終わったら温かいタオルで髪を巻いておく。

2 入浴

バスタブに浸かり、10分間リラックス。フェイシャルスパをしていない場合には、顔にパック剤を塗布しておく。10分経ったら、フランネルやモスリンクロスでパック剤を拭い取る。

3 角質除去

①指先に角質除去剤を少量つけ、かかとに揉み込む。角質除去剤を塗りながら、肌を心臓の方に引き上げるようにマッサージする。

②足を持ち上げ、太ももなどのセルライトがつきやすい部分に指先が届くようにして、足全体をくまなく強めに圧迫する。

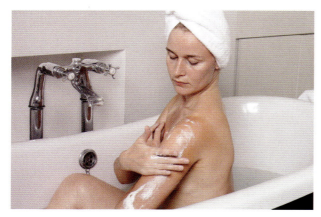

③ひじと腕の裏側の角質を取り除き、徐々に肩の方に移動する。

④モスリンクロスを手に巻きつけ、背中の上の方で大きな円を描くようにして角質を擦り落とす。

4 すすぎ

バスタブの中で角質除去剤を洗い流し、粒状のスクラブが身体に残っていないことを確かめる。ゆっくりとバスタブから上がり、温かいタオルで身体を拭く。

5 シャンプー

ヘアオイルは通常使用しているシャンプーで洗い流せるが、ヘアパックの落とし方は製品の使用説明書に従う。ただし、ヘアオイルやヘアパックは時間が長いほど効果が高まるため、ここで洗い流さずにさらに数時間置いておいてもよい。

6 全身の保湿

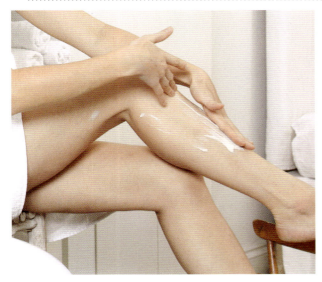

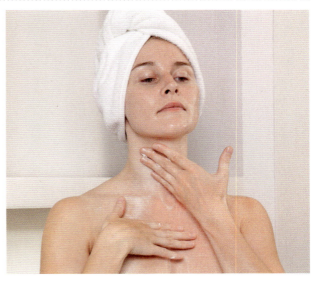

①肌に水分を補給して柔らかくするために、下から上に向かってローションを全身に塗り込む。バスローブをはおり、特に皮膚の硬いところに入念にフットクリームを塗る。

②胸、首、顔に保湿クリームを塗る。首から額にかけては、下から上に肌を撫で上げ、次に軽くたたいて保湿剤を浸透させる。この時、少し強めに圧迫しながら、指を柔らかく動かす。

7 手の保湿

手にハンドクリームを塗り、爪と甘皮にも擦り込む。1時間ほどリラックスしながら、水をたっぷりと飲む。

マッサージの効果

マッサージをたくさんするほど、より気分がよくなることは実証されている。マッサージにはヒーリング、ストレス解消、リラックスなどの効果の他に、傷の回復を早める働きもある。さらには、血行促進によってより多くの酸素と栄養素を体内に取り込み、体内器官と組織を活性化するだけでなく、リンパの流れの促進、免疫力の強化、筋肉収縮やけいれんの改善、筋肉の疲労や損傷の緩和、関節の柔軟性や可動域の拡大、傷あとの改善などの効果も期待できる。

フルボディトリートメントの後、
1時間以上リラックスして過ごす。
たっぷりと水を飲んで水分を補給し、
毒素の排出を促す。

ボディケアのレシピ

全身を活性化させるボディケア用品にはたくさんの種類があります。
自然素材を使ったスクラブを手作りして、
肌にさっぱり感と潤いを与えましょう。
ここで紹介するバスやシャワー用のケア用品は、
肌の洗浄だけではなく、心と身体のどちらにもリラックスと活力をもたらします。

ハチミツとオレンジのソープ

すべての肌質のためのケア

癒し効果のあるハチミツと爽やかなオレンジの精油を組み合わせて、保湿力の高いソープを手作りしましょう。作業は必ず換気のよい場所で、常に保護用のビニール手袋を着用して行います。特に苛性ソーダを扱う時には忘れずに。ソープは、pH値が10以下であれば、安全に使用できます。オーガニックのパームオイルが入手できない場合には、ココナッツオイルやオリーブオイルでも代用可能です。

材料（約800g）

- 固形パームオイル…175g
- 固形ココナッツオイル…470g
- オリーブオイル…150mL
- ハチミツ…小さじ1杯

ソープ液の材料

- 苛性ソーダ…115g
- オレンジ精油…20滴
- ベンゾインのティンクチャー…5滴
- 水…200mL

作り方

1. 2種類の固形オイルを一緒に湯煎で温める（p.133参照）。オイルが溶けたら、湯煎から下ろす。オリーブオイルとハチミツを加え、よく混ぜ合わせる。
2. 下記の「ソープ液の作り方」の手順に従って、ソープ液を作り始める。
3. 大きめの金属トレイに入れたソープの上に食品用ラップをかけ、その上からタオルで覆う。
4. 化学反応が始まると、ソープの「ゲル化」が起こり、色が次第に透明になり、中央部は濃くなる。化学反応が継続するとソープの端までゲル化が進行する。
5. ゲル化がソープの端まで達してから2～3時間後に、トレイのラップを取り外す。軟らかいうちにソープを取り出して、スティック状に切り分ける。トレイにのせ、熟成・乾燥して硬くなるまでそのまま4週間ほど置いておく。出来上がったソープは使用前にpH値が10以下であることを確認する。もし10以上であればさらに熟成させ、毎週、数値を確認する。ソープが熟成するにつれてpH値は下がる。

使い方

泡立てたソープで手や身体を洗い、すすぎ流す。冷暗所で保存し、使用期限は6カ月。

ソープ液の作り方

ソープは、酸（植物油脂）とアルカリ（苛性ソーダ）を混ぜ合わせることにより、生成されます。アルカリを水で薄めて、酸に加えると反応が起こります。この反応が発生している間、苛性ソーダ液は中和されます。熟成後のソープの中には、苛性ソーダの成分は残っていません。

1 苛性ソーダ、水、精油、ティンクチャーを混ぜ合わせる。これを溶かしたオイルベースに注ぎ入れ、ひたすらかき混ぜる。

2 スティック型のブレンダーを使って撹拌すると、混合液が次第に硬くなり、パンケーキの生地ぐらいの軟らかさになると混合液中では部分的に化学反応が起こり、発熱する。

3 混合液をスプーンでかき混ぜて「筋」がつく程度の硬さになったら、油を引いた金属トレイにゆっくりと流し入れる。

固形ソープで作る簡単ソープ

すべての肌質のためのケア

市販の固形ソープを利用すると、溶かして型に流し入れるだけで、簡単かつ安全にソープを手作りできます。ベースに精油を添加する場合には、このレシピを参考にして安全な希釈濃度になるように注意します。

材料（約100g）
- 無香料の固形ソープ…100g
- 精油…20～30滴（好みで）
- ドライハーブ…ひとつまみ（好みで）

作り方
1. 固形ソープをキューブ状にカットする。湯煎で溶かし、ソープ液を作る（p.167参照）。
2. 精油とドライハーブを使用する場合はここで加え、よく混ぜ合わせる。
3. 油を引いたソープ型に、溶かしたソープ液を流し入れる。
4. 冷めるまで1～2時間置き、型から取り出す。

使い方
泡立てたソープで手や身体を洗い、すすぎ流す。冷暗所で保存し、使用期限は6カ月。

レモンとコリアンダーのボディバー

すべての肌質のためのケア

残った固形ソープを再利用して、栄養豊富なボディバーを手作りしましょう。このレシピでは、保湿効果の高いシアバターとグリセリンに、爽やかな香りのレモンとコリアンダーの精油を加えることで、活力あふれる生き生きとした素肌を目指します。

材料（約85g）
- シアバター…大さじ1杯
- ミネラルウォーター…大さじ3杯
- 固形ソープ（擦り下ろす）…大さじ1杯
- グリセリン…小さじ1杯
- ハチミツ…小さじ1杯
- レモン精油…10滴
- コリアンダー精油…10滴

作り方
1. シアバターを湯煎で溶かす（p.133参照）。
2. 鍋にミネラルウォーターを入れて沸騰させる。擦り下ろした固形ソープを加え、ソープが溶けるまで加熱する。グリセリン、ハチミツ、精油を加えてよくかき混ぜる。
3. 溶かしたシアバターを鍋に加える。油を引いた型に流し入れ、冷めるまで1～2時間置く。

使い方
シャワーやバスタブの中でボディバーを泡立て、全身を洗う。シェービングバームとしても使用できる。冷暗所で保存し、使用期限は6カ月。

ウォーミングボディバター

すべての肌質のためのケア

加温効果があり、濃厚でクリーミーなこのボディバターには、栄養豊富なココアバターと肌を柔らかくするビーズワックスが配合されています。さらにジンジャー、ブラックペッパー、ローズマリーが血行を促進して身体を温め、痛みを軽減します。筋肉の疲れを癒すのに最適なクリームです。

材料（約100g）
- コンフリーの浸出油…大さじ1杯
- ココアバター…小さじ1杯
- ビーズワックス…小さじ1杯
- ミネラルウォーター…60mL
- グリセリン…小さじ1杯
- 乳化ワックス…大さじ1杯
- ジンジャー精油…2滴
- ブラックペッパー精油…2滴
- ラベンダー精油…2滴
- ローズマリー精油…1滴

作り方
1. 浸出油、ココアバター、ビーズワックスを合わせて湯煎で温める（p.109参照）。ビーズワックスが溶けたら湯煎から下ろす。
2. 鍋にミネラルウォーターを入れ、80℃になるまで加熱する。グリセリンと乳化ワックスを加え、乳化ワックスが完全に溶けるまでかき混ぜる。
3. 1.と2.をどちらも温かいうちに混ぜ合わせ、泡立て器またはスティック型のブレンダーでなめらかになるまで撹拌する。
4. 精油を加え、クリームの温度が下がってからも、適宜かき混ぜ続ける。殺菌したガラス容器に注ぎ入れ、蓋を閉める。

使い方
身体にクリームを塗り、特に血液の流れが悪いところを入念に、下から撫で上げるように擦り込む。運動後に使用する場合には、たっぷり動かした筋肉や関節にも擦り込む。乾燥した涼しい場所または冷蔵庫で保存する。使用期限は6週間。

リッチなシアボディバター

乾燥肌のケア

必須脂肪酸と抗酸化物質を豊富に含むシアバターには、ダメージを受けた肌の修復効果があります。この栄養補給に優れたボディバターには、肌色を整えるローズヒップシードオイルと肌の弾力を高めるヘンプシードオイルも配合されています。

材料（約100g）
- ローズヒップシードオイル…小さじ1杯
- ヘンプシードオイル…小さじ2杯
- シアバター…大さじ1杯
- ビーズワックス…小さじ1杯
- ミネラルウォーター…60mL
- グリセリン…小さじ1杯
- 乳化ワックス…大さじ1杯
- ジャスミン精油…6滴
- レモン精油…3滴
- サンダルウッド精油…3滴

作り方
1. オイル類、シアバター、ビーズワックスを合わせて湯煎で温める（p.109参照）。ビーズワックスが溶けたら湯煎から下ろす。
2. 鍋にミネラルウォーターを入れ、80℃になるまで加熱する。グリセリンと乳化ワックスを加え、ワックスが完全に溶けるまでかき混ぜる。
3. 1.と2.をどちらも温かいうちに混ぜ合わせ、泡立て器またはスティック型のブレンダーでなめらかになるまで撹拌する。
4. 精油を加え、クリームの温度が下がってからも、適宜かき混ぜ続ける。殺菌したガラス容器に注ぎ入れ、蓋を閉める。

使い方
クリームを全身に下から撫で上げるように塗る。特に乾燥した部分に念入りに擦り込む。乾燥した涼しい場所または冷蔵庫で保存する。使用期限は6週間。

マルチボディバーム

多目的ケア

すべての肌質のためのケア

このバームには、肌を保湿するホホバオイル、柔軟性と保湿・栄養補給作用に優れたシアバター、乾燥した肌の潤いを守り、シルクのような肌触りをもたらすココアバターが配合されています。リップバームとして唇に塗るのはもちろん、ぱさついた髪、ひび割れたかかと、指の関節やひじ、爪の甘皮にも効果があるため、「万能バーム」としてスポーツジム用のバッグの中に入れておきましょう。精油は好みのものをどうぞ。

材料（約100g）
- ホホバオイル…大さじ3杯
- シアバター…大さじ2杯
- ココアバター…大さじ1杯
- ビーズワックス…小さじ2杯
- 精油…10滴（ペパーミント、ラベンダー、ミルラ、ネロリ、オレンジなど好みで）

作り方
1. ホホバオイル、バター類、ビーズワックスを合わせて湯煎で溶かし（p.133参照）、ビーズワックスが溶けたら湯煎から下ろす。
2. 精油をブレンドしたい場合には、あら熱がとれた後に好みのものを加える。
3. 殺菌したガラス容器に注ぎ入れ、冷めて固まったら蓋を閉める。

使い方

特に乾燥している部分を念入りに、バームで全身をマッサージする。バームは伸びがよいため、少量でも広範囲に広がる。リップバームとして使用する他にも、眉毛を整える、ひび割れたかかとや乾燥したひじ、枝毛の手入れにも使える。乾燥した涼しい場所に保存する。使用期限は6週間。

ココアバターのボディクリーム

すべての肌質のためのケア

甘い香りが漂うこのクリームはココアバターとココナッツオイルに、バニラとオレンジをブレンドすることで、栄養と美しい香りを肌にもたらします。ココアバターは体温で溶けると肌に浸透し、肌触りをシルクのようになめらかにします。濃厚でクリーミーなこのボディクリームには、肌を柔らかくするココナッツオイルとビタミンEが豊富なサンフラワーオイルも含まれています。

材料（約100g）
- ココアバター…大さじ1杯
- ココナッツオイル…小さじ1杯
- サンフラワーオイル…小さじ1杯
- ミネラルウォーター…60mL
- 乳化ワックス…大さじ1杯
- グリセリン…小さじ1杯
- バニラエキス…5滴
- ベンゾインのティンクチャー…2滴
- マンダリン精油…2滴
- スイートオレンジ精油…5滴

作り方
1. ココアバターとオイル類を合わせて湯煎で温める（p.109参照）。ココアバターが溶けたら湯煎から下ろす。
2. 鍋にミネラルウォーターを入れ、80℃になるまで加熱する。乳化ワックスとグリセリンを加え、ワックスが完全に溶けるまでかき混ぜる。
3. 1.と2.をどちらも温かいうちに混ぜ合わせ、泡立て器またはスティック型のブレンダーでなめらかになるまで撹拌する。
4. バニラエキス、ベンゾインのティンクチャー、精油を加え、さらによく混ぜ合わせる。
5. 殺菌したガラス容器に注ぎ入れ、冷めたら蓋を閉める。

使い方

クリームを全身に下から撫で上げるように塗る。特に乾燥した部分に念入りに擦り込む。乾燥した涼しい場所に保存する。使用期限は6週間。

トーニング作用のあるボディクリーム

すべての肌質のためのケア

肌の深層まで保湿するこのクリームは、肌の柔軟性や、質感、肌触りを回復します。また、リンパ液の流れをよくし、セルライトの原因となる水分や毒素や老廃物などが体内に蓄積するのを軽減します。このレシピで使用する精油は甘くてフルーティーな香りだけではなく、オレンジはリンパ液の循環促進、マンダリンはストレッチマーク（肉割れ線や妊娠線）の予防、サイプレスは収れん効果をもたらします。

材料（約100g）

- ココアバター…大さじ1杯
- ココナッツオイル…小さじ1杯
- ローズヒップシードオイル…小さじ1杯
- アボカドオイル…小さじ1杯
- 乳化ワックス…大さじ1杯
- ミネラルウォーター…60mL
- グリセリン…小さじ1杯
- ウィッチヘーゼルウォーター…小さじ1杯
- マンダリン精油…5滴
- オレンジ精油…4滴
- フランキンセンス精油…4滴
- クラリーセージ精油…2滴
- サイプレス精油…2滴

作り方

1. ココアバター、オイル類、乳化ワックスを合わせて湯煎で温める（p.109参照）。乳化ワックスが溶けたら湯煎から下ろす。
2. 鍋にミネラルウォーターを入れ、80℃になるまで加熱する。グリセリンとウィッチヘーゼルウォーターを加え、よくかき混ぜる。完全に溶けない場合にはもう一度加熱する。
3. 1.と2.をどちらも温かいうちに混ぜ合わせ、泡立て器またはスティック型のブレンダーでなめらかになるまで撹拌する。
4. 精油を加え、なめらかなクリーム状になるまで混ぜ合わせる。殺菌したガラス容器に注ぎ入れ、冷めたら蓋を閉める。

使い方

クリームを全身に下から撫で上げるように塗る。特に乾燥した部分に念入りに擦り込む。ドライボディブラッシングにも使用できる（p.174〜175参照）。乾燥した涼しい場所に保存する。使用期限は6週間。

セルライトの改善

セルライトで悩む女性は少なくない。セルライトは、脂肪細胞の周囲にある結合組織に水分あるいは毒素や老廃物が蓄積することによって作られる。セルライト形成を加速させる要因には、血行不良、ホルモンの失調、バランスの悪い食事、コーヒー、紅茶、タバコ、運動不足、便秘など多くのものがある。食生活の改善や定期的な運動はもとより、このトーニング作用のある保湿クリームもセルライトができた皮膚を改善する効果がある。

ペパーミントとシーソルトのリフレッシュボディスクラブ

すべての肌質のためのケア

この爽やかなボディスクラブには強力な角質除去作用があり、古い皮膚細胞を除去して肌をシルクのようになめらかに仕上げ、血行を促進します。リンパ循環を活性化するグレープフルーツの精油は利尿・デトックス作用を促すため、むくみやセルライトの改善に役立ちます。スクラブの研磨作用を弱めたい場合には、シーソルトの代わりに食卓塩を使います。また、フレッシュミントがなければドライミントでも代用できます。

材料

アーモンドオイル
このボディスクラブに栄養を与える。

ペパーミント精油
血行促進作用をもたらす。

フレッシュミント
すがすがしい香りのフレッシュミントには穏やかな角質除去作用がある。

グレープフルーツ精油
デトックス効果がある。

シーソルト
クレンジング作用に優れ、しっかりとしたスクラブ効果がある。

材料（約100mL）
- シーソルト…大さじ4杯
- フレッシュミント…小さじ1杯
- アーモンドオイル…大さじ4杯
- ペパーミント精油…5滴
- グレープフルーツ精油…2滴

作り方
1. ボウルにシーソルト、ミント、アーモンドオイルを入れる。
2. 精油を加えて混ぜ合わせる。出来上がったスクラブを密閉容器に移す。

使い方
血液の循環がよくないところに擦り込み、マッサージする。シャワーで洗い流してもよいが、シーソルトは水溶性のため、バスタブの中でスクラブをすすぎ流せば、そのままミネラルバスとして気分もリラックスさせることができる。シェービング直後の肌には使用しないこと。乾燥した涼しい場所に保存する。使用期限は6カ月。

10分間のドライボディブラッシング

週1回のボディブラッシングで、古い角質細胞をはがし取り、肌を活性化させましょう。全身のリンパ液の活動を促進し、肌がもつ自然な排泄プロセスと血行の活性化を同時にはかるには、ブラッシングの方向と力加減にコツが要ります。ブラシはつねに下から上に動かし、1ストロークごとに同じ場所を手でもう一度さすります。

ブラッシングの道具

毛足のしっかりとしたブラシを使う。柄の長いタイプは全身くまなくブラシが届くが、ハンドル部にバンドのついた柄のないタイプも力加減を調節しやすいので、好みで選ぶとよい。

ボディブラッシングのメリット

身体を刺激して活性化するドライブラッシングは、朝シャワーを浴びる前に行うのが最も効果的。定期的にブラッシングすると、酸素を豊富に含む血液が肌に送られて効率的に水分を補給し、健康的な肌状態を維持できる。また毒素を排出する作用もあるため、見た目の悪いしこりや腫れの改善に役立つ。

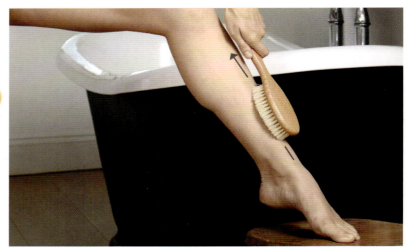

1 ブラシを左手に持ち、左足前面を下から上に、途中で手を止めずに長く擦り上げる。ブラシはしっかりと肌に当てるが、肌にダメージを与えるほど力を入れないようにする。1ストロークごとに右手で肌をさする。これを3回繰り返す。

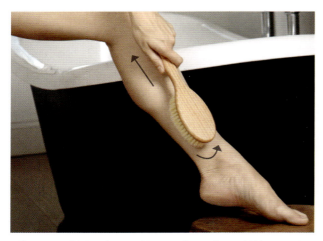

2 同じ足の内側を、小さく円を描くようにブラシを動かし、足首から足の付け根まで擦る。1ストロークごとに右手で肌をさする。これを3回繰り返したら、同じ足の外側も同様に小さく円を描くようにブラシで擦り上げる。

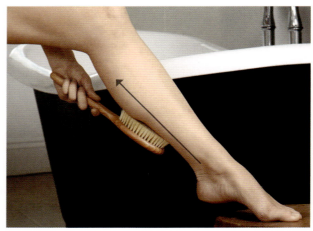

3 次に同じ足の後ろ側を、かかとから太腿の上まで一気に擦り上げる。これを2回繰り返し、3回目でヒップと背中の方にもブラシを移動させる。この一連のブラッシングは血行を促進し、リンパ液を皮脂腺の方へ流して分泌しやすくする効果がある。

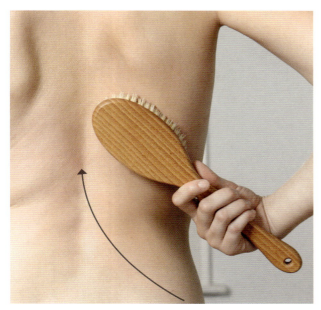

4 ヒップ全体と背中を、身体の中心に向かって弧を描くようにブラシを大きく動かす。1ストロークごとにブラシを置き、ブラッシングしたところをもう一度同じように手でさする。これを3回繰り返す。

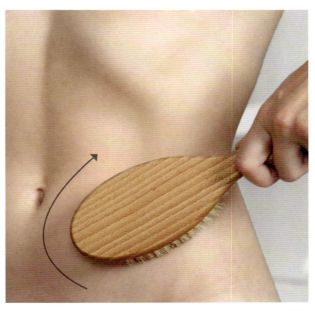

5 ブラシを胴体の脇から前面に回し、腹部全体を長めのストロークで円を描くように擦る。1ストロークごとにブラシを置き、ブラッシングしたところをもう一度同じように手でさする。これを3回繰り返す。

6 ブラシを右手に持ちかえ、左腕の外側を手首から肩の方に向けて長めのストロークでブラッシングし、左胸の外側も擦る。1ストロークごとにブラシを置き、ブラッシングしたところをもう一度同じように手でさする。これを3回繰り返す。

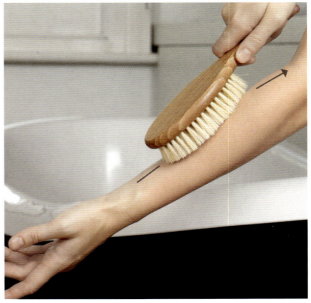

7 最後に、左腕の内側を手首から脇の下に向けて長めのストロークでブラッシングする。1ストロークごとにブラシを置き、腕を手でさする。これを3回繰り返す。以上の手順を身体の右側にも繰り返す。ブラッシングの後には、肌の手ざわりが柔らかくなめらかになる。

デトックスボディオイル

すべての肌質のためのケア

セルライトなどのリンパ系トラブルには、このデトックスオイルを使ってリンパ液の排出を促すマッサージをすると効果的です。肌状態を改善して体内に毒素を溜めないようにするジュニパーと、利尿作用により老廃物や毒素の除去に有効なマンダリンの2つの精油をブレンドすることで、リンパ系機能が十分に維持されるように改善します。

材料*（約45mL）
- グレープシードオイル…大さじ3杯
- ジュニパー精油…3滴
- グレープフルーツ精油…2滴
- サイプレス精油…2滴
- レモン精油…1滴
- マンダリン精油…1滴

作り方
1. ボウルにすべての材料を入れ、よく混ぜ合わせる。
2. 殺菌したガラス瓶に注ぎ入れ、ぴったり閉まる蓋、あるいはスポイトを取りつける。

使い方
上に向かって円を描くように肌をマッサージする。気になる部分に特に念入りに擦り込む。ドライボディブラッシング（p.174〜175参照）の前または後に使用するのが最も効果的。冷暗所で保存し、使用期限は3カ月。

ローズヒップのボディオイル

普通肌／乾燥肌のケア

このボディオイルには、栄養補給に優れ、細胞のターンオーバーを改善する効果があることで知られる植物オイルと精油がどちらも配合されているため、創傷、やけど、ストレッチマーク（肉割れ線、妊娠線）の治癒促進に有効です。ローズヒップシードオイルに豊富に含まれる多価不飽和脂肪酸、リノール酸、リノレン酸は、肌細胞の再生と修復を助け、肌の日焼け、シワ、傷あとの改善に効果を発揮します。

材料*（約45mL）
- ローズヒップシードオイル…大さじ2杯
- アーモンドオイル…大さじ1杯
- フランキンセンス精油…3滴
- ローズ精油…3滴
- ゼラニウム精油…2滴
- ミルラ精油…1滴

作り方
1. ボウルにすべての材料を入れ、よく混ぜ合わせる。
2. 殺菌したガラス瓶に注ぎ入れ、ぴったり閉まる蓋、あるいはスポイトを取りつける。

使い方
肌の乾燥した部分や傷あと、ストレッチマークなどがある部分を特に念入りにマッサージする。冷暗所で保存し、使用期限は3カ月。

＊監修者注　日本の安全基準に従い、精油の量を英国版から変更。

ストレスケアマッサージオイル

すべての肌質のためのケア

多くの病気を引き起こす原因となるストレスは、生理学的・心理学的効果のある精油を使ったアロマセラピーで癒すことができます。このストレスを解消するマッサージオイルには、気分を高揚させる香りをもつネロリとオレンジ、気持ちを落ち着かせるサンダルウッド、不安や神経の高ぶりを緩和するフランキンセンスなどのさまざまな精油が配合されています。

材料* (約45mL)
- アーモンドオイル…大さじ1杯
- サンフラワーオイル…大さじ1杯
- アボカドオイル…大さじ1杯
- ネロリ精油…3滴
- フランキンセンス精油…2滴
- ベルガモット精油…2滴
- オレンジ精油…2滴
- サンダルウッド精油…1滴

作り方
1. ボウルにすべての材料を入れ、よく混ぜ合わせる。
2. 殺菌したガラス瓶に注ぎ入れ、ぴったり閉まる蓋、あるいはスポイトを取りつける。

使い方
肌に塗り、マッサージをする。就寝前に使うと安眠効果も得られる。衣服は、オイルが肌に吸収されていることを確認してから着用すること。冷暗所で保存し、使用期限は3カ月。

シトラスのマッサージオイル

すべての肌質のためのケア

気分を高揚し、調子を整えるこのマッサージオイルは、肌だけでなく五感もリフレッシュします。活力とパワーに満ちた一日のスタートを切るには、朝のマッサージがおすすめ。ビタミンEを多く含有するホホバオイルは安定性が高く、抗酸化作用に優れています。肌の状態を整えるアーモンドオイルは、軽い質感でありながらきわめて高い保湿作用があります。シトラスの精油の香りで朝の元気をもらい、さあ出かけましょう。

材料* (約45mL)
- アーモンドオイル…大さじ2杯
- ホホバオイル…大さじ1杯
- レモン精油…2滴
- グレープフルーツ精油…2滴
- マンダリン精油…5滴

作り方
1. ボウルにすべての材料を入れ、よく混ぜ合わせる。
2. 殺菌したガラス瓶に注ぎ入れ、ぴったり閉まる蓋、あるいはスポイトを取りつける。

使い方
肌に塗り、マッサージをする。衣服は、オイルが肌に吸収されていることを確認してから着用すること。冷暗所で保存し、使用期限は3カ月。

*監修者注　日本の安全基準に従い、精油の量を英国版から変更。

アルニカとコンフリーのスポーツマッサージオイル

クイックレシピ

すべての肌質のためのケア

運動の前または後にこのマッサージオイルを使用すると、血行を促進し、身体の自己回復・保護機能を高めることができます。このオイルには、有効な救急レメディーであるコンフリーと、あざに優れた治癒力があるアルニカが配合されています。またアルニカには血液の循環をよくする働きがあるため、筋肉疲労の痛みやリウマチ・神経痛も緩和します。

材料*（約30mL）
- アルニカの浸出油…大さじ1杯
- コンフリーの浸出油…大さじ1杯
- ローズマリー精油…2滴
- ブラックペッパー精油…1滴
- ラベンダー精油…1滴
- スイートマジョラム精油…1滴
- レモングラス精油…1滴

作り方
1. ボウルにアルニカとコンフリーの浸出油を入れる。
2. 1.のオイルベースに精油をすべて加える。
3. 殺菌したガラス瓶に注ぎ入れ、ぴったり閉まる蓋を取りつける。

使い方
運動の前または後に筋肉に擦り込む。筋肉用の固形バームを作るには、このレシピで使用した浸出油と精油に、ビーズワックスあるいはカルナバワックスを混ぜ込むとよい（p.133参照）。冷暗所で保存し、使用期限は3カ月。

マザーマッサージオイル

すべての肌質のためのケア

妊娠中と出産後の女性のための栄養マッサージオイルです。ビタミンEが豊富で水分補給作用に優れたウィートジャムオイル、栄養豊富なアーモンドオイル、抗酸化物質を多く含有するローズヒップシードオイルが肌の調子を整え、妊娠線を予防します。このレシピの精油には心を穏やかにするアロマセラピー効果と整肌作用があり、心地よい香りも漂わせます。

材料*（約45mL）
- ウィートジャムオイル…大さじ1杯
- ローズヒップシードオイル…大さじ1杯
- アーモンドオイル…大さじ1杯
- ネロリ精油…2滴
- フランキンセンス精油…1滴
- ベルガモット精油…1滴
- マンダリン精油…1滴

作り方
1. ボウルに3種類のオイルを入れる。
2. 1.のオイルベースに精油をすべて加える。
3. 殺菌したガラス瓶に注ぎ入れ、ぴったり閉まる蓋、あるいはスポイトを取りつける。

使い方
肌にオイルを塗り、優しくマッサージする。シャワーや入浴の後に使用すると、肌が十分に保湿される。冷暗所で保存し、使用期限は3カ月。

*監修者注　日本の安全基準に従い、精油の量を英国版から変更。

レモンバーム、ネロリ、シーソルトの
リラックスハーバルバス

すべての肌質のためのケア

リラックス効果の高いレモンバームに魅惑的なネロリを組み合わせたこの入浴液は、心と身体の両方を癒します。シーソルトにはミネラルが豊富に含まれ、肌を癒す効果もあります。このレシピで使用している精油は、不安を解消し、爽やかで元気が出る香りを漂わせるだけでなく、細胞の成長促進、細胞再生の活性化、傷あとのある皮膚の軟化などの効果もあります。

材料

レモンバーム
穏やかな鎮静作用のあるレモンバームは気分を高める効果もある。

ベルガモット精油
心を癒し、明るくする作用に優れる。

ネロリ精油
不安を解消し、気持ちをリラックスさせるこの精油は安眠を助けるのに効果的。

シーソルト
シーソルトを配合することで、ミネラル補給、殺菌、ディープクレンジング効果をもたらすことができる。

材料（1回分）
- ドライレモンバーム…大さじ1杯
- ネロリ精油…5滴
- ベルガモット精油…5滴
- シーソルト…大さじ1杯

作り方
1. ティーポットまたはガラス製のボウルにドライレモンバームを入れ、熱湯500mLを注いで浸剤を作る。10分間浸したら、浸剤を濾す。
2. 精油とシーソルトの液汁を混ぜ合わせてペースト状にする。
3. 浸剤に2.のペーストを加え、溶けるまでかき混ぜる。

使い方
出来上がった入浴液はすぐにバスタブに加え、入浴する。

ローズとカモミールのハーバルバス

クイックレシピ

すべての肌質のためのケア

慌ただしい一日の終わりには、若返り効果に優れたハーブと香りのよい精油を使った贅沢なハーバルバスで心も身体もリラックスしましょう。ローズにはさまざまな症状を治癒する力がありますが、その中でも特に重要なのが気分の鎮静と高揚、そして元気回復です。またローズの香りはローマンカモミールとの相性がよく、甘さの中にもハーブ特有の香りを漂わせ、感情を穏やかに落ち着かせる効果があります。

材料（1回分）
- ドライローズ…大さじ1杯
- ドライカモミール…大さじ1杯
- ローズ精油…5滴
- ローマンカモミール精油…5滴
- シーソルト…大さじ1杯

作り方
1. ティーポットまたはガラス製のボウルにドライローズとドライカモミールを入れ、熱湯500mLを注いで浸剤を作る。10分間浸したら、浸剤を濾す。
2. 精油とシーソルトを混ぜ合わせてペースト状にする。
3. 浸剤に2.のペーストを加え、溶けるまでかき混ぜる。

使い方
出来上がった入浴液はすぐにバスタブに加え、入浴する。

ローズマリーとアルニカのデトックスハーバルバス

クイックレシピ

すべての肌質のためのケア

血行を促進して疲れた筋肉を癒したい時には、この入浴液を使いましょう。このレシピでは、痛みの緩和に有効なアルニカとシーソルト、消化を助け、腸内のガスを軽減して膨満感を予防するフェンネルシード、肌の毒素や余分な体液の浄化作用があるブラダーラックなどを配合しています。

材料（1回分）
- ドライブラダーラック（海藻）…大さじ1杯
- ローズマリーの小枝…1本
- フェンネルシード…大さじ1杯
- ドライアルニカフラワー…大さじ1杯
- ジュニパー精油…2滴
- ローズマリー精油…2滴
- グレープフルーツ精油…2滴
- ブラックペッパー精油…1滴
- シーソルト…大さじ1杯

作り方
1. ティーポットまたはガラス製のボウルにハーブ類、シード、ドライフラワーを入れ、熱湯500mLを注いで浸剤を作る。10分間浸したら、浸剤を濾す。
2. 精油とシーソルトを混ぜ合わせてペースト状にする。
3. 浸剤に2.のペーストを加え、溶けるまでかき混ぜる。

使い方
出来上がった入浴液はすぐにバスタブに加え、入浴する。ハーバルバスの前にドライボディブラッシング（p.174～175参照）を行い、角質を除去し、血行を促進しておくとよい。

ラベンダーとアロエベラの
クーリングハーバルバス

すべての肌質のためのケア

アロエベラジュースとラベンダーを配合したこの入浴液には、肌の冷却・鎮静作用があります。優れたリラックス作用で知られるラベンダーを就寝前のバスタイムに利用すれば、安らかな眠りに導いてくれるでしょう。また、ラベンダーには肌を癒す作用もあるため、アロエベラジュースと組み合わせたこの浸剤は肌のほてりや赤みの改善にも効果があります。

材料（1回分）
- ドライラベンダー…大さじ1杯
- ラベンダー精油…10滴
- アロエベラジュース…大さじ1杯

作り方
1. ティーポットまたはガラス製のボウルにドライフラワーを入れ、熱湯500mLを注ぎ、浸剤を作る。10分間浸したら、浸剤を濾す。
2. 出来上がった浸剤に精油とアロエベラジュースを加え、かき混ぜる。

使い方
出来上がった入浴液はすぐにバスタブに加え、入浴する。

ラベンダーとオーツ麦のバスソルト

すべての肌質のためのケア

バスタイムを愛する人たちに最適なバスソルトです。このパウダーの唯一の香り成分であるドライラベンダーからは、シンプルながらも最高に心地よい香りが漂います。ミネラル豊富なシーソルトは入浴中の肌を贅沢に包み込みます。このバスソルトが肌の軟化と角質除去に作用するのは、重曹がひそかに含まれているからです。

材料（約450g）
- ドライラベンダー…100g
- ジャンボオーツ…200g
- 重曹…50g
- シーソルト…100g

作り方
1. すべての材料を電動ミキサーに入れて粉砕し、細かいパウダー状にする。
2. 殺菌した密閉容器に保存する。使用期限は3カ月。

使い方
片手1盛り分のバスソルトを温かいお湯を溜めたバスタブに加え、入浴する。バスタブに直接溶かしたくない場合には、片手1盛り分のバスソルトをモスリンバッグや履き古したストッキングの中に入れ、沈まないように浮き具などに結びつける。

ラグジュアリータイムのバスメルト

すべての肌質のためのケア

栄養豊富なココアバターとシアバターを配合したこのバスメルトは肌に活力を与えます。媚薬として名高いエキゾティックな香りのイランイラン精油と、鎮静作用がある香りのクラリーセージ精油とローズ精油などを組み合わせたこの小さな宝石のような入浴剤は、贅沢なバスタイムに最適。香りのよい温かい飲み物をコップ1杯飲み、体内にも水分を補給しましょう。

材料（10個分）
- ココアバター…25g
- シアバター…25g
- アーモンドオイル…小さじ1
- ウィートジャムオイル…小さじ1
- ホホバオイル…小さじ1
- イランイラン精油…4滴
- クラリーセージ精油…2滴
- ローズ精油…2滴
- ゼラニウム精油…1滴
- バニラエキス…1滴
- ドライローズ…小さじ1

作り方
1. 2種類のバターを湯煎で温める（p.133参照）。バターが溶けたら、湯煎から下ろす。
2. 溶かしたバターにオイル類を加える。
3. 次に精油、バニラエキス、ドライローズを加え、よくかき混ぜる。
4. ソープ型あるいは製氷皿に流し入れ、冷めたら冷蔵庫に入れる。1～2時間置いて固まったら、冷蔵庫から取り出して型から抜く。

使い方
バスメルト1個を温かいお湯を溜めたバスタブに入れる。リラックスし、肌が柔らかく潤うのを楽しむ。冷暗所で保存し、使用期限は3カ月。

ナリシングバスメルト

乾燥肌のケア

簡単に手早く作れるこの栄養豊富なバスメルトには、保湿効果の高いココアバターとアーモンドオイル、芳香豊かなネロリ精油を配合しています。ビターオレンジの木に咲く花を水蒸気蒸留して精製されるネロリ精油は、就寝前のバスタイムでの使用に適しています。

材料（10個分）
- ココアバター…50g
- アーモンドオイル…大さじ1
- ネロリ精油…10滴

作り方
1. ココアバターを湯煎で温める（p.133参照）。バターが溶けて黄金色の液体に変わったら、湯煎から下ろす。
2. 溶かしたバターにオイルを加える。精油を加え、よくかき混ぜる。
3. ソープ型あるいは製氷皿に流し入れ、冷めたら冷蔵庫に入れる。1時間置いて固まったら、冷蔵庫から取り出して型から抜く。

使い方
バスメルト1個を温かいお湯を溜めたバスタブに入れる。リラックスし、肌が柔らかく潤うのを楽しむ。冷暗所で保存し、使用期限は3カ月。

カモミールのナイトタイムバスボム

すべての肌質のためのケア

温かいお湯に溶け出し、肌を柔らかく保湿する贅沢なココアバターと、安らかな眠りをもたらすローマンカモミールとラベンダーの精油が配合されたこのバスボムは、心と身体を穏やかに癒してくれます。このレシピは材料のアレンジがしやすく、ドライフラワーをローズやラベンダーに、あるいは精油をローズマリーやジャスミンに変更することができます。

材料（20個分）
- 重曹…400g
- クエン酸…200g
- ドライカモミール…小さじ1杯
- ココアバター…小さじ1杯
- ローマンカモミール精油…10滴
- ラベンダー精油…5滴

作り方
1. ボウルに重曹、クエン酸、ドライカモミールを入れる。保護用のビニール手袋を着用し、手で混ぜ合わせる。
2. ココアバターを湯煎で温める（p.133参照）。ココアバターが溶けたら、湯煎から下ろす。溶かしたバターと精油を1.に加え、よく混ぜ合わせる。
3. 下記の「バスボムの作り方」の手順に従う。
4. バスボムが固まったら型から抜き出す。

使い方
バスボム1個を温かいお湯を溜めたバスタブに入れ、シュワシュワとした泡立ちと香りを楽しむ。使用期限は3カ月。

バスボムの作り方

バスボムは、クエン酸と重曹と水を混ぜ合わせ、型に入れて乾燥させるだけで簡単に作れる入浴剤です。温かいお湯に入れた時に溶け出す様子を想像して、バスボブに好みのハーブや香り成分を入れてみましょう。型にはオイルスプレーなどで薄く油を塗っておきます。

1 ボウルの粉末に溶かしたバターと精油を混ぜ合わせたものに、スプレーボトルを使って水を吹きかけ、全体を1つにまとめる。

2 手触りが湿った砂のようになり、互いにくっつき合うまで、水を少しずつ吹きかける。水分が足りずにぽろぽろ崩れるようなら、発泡しない程度に水を追加する。

3 型に強く押し込んで固める。小さなボール状のバスボムにする場合には、球状の製氷皿2枚それぞれに適量を詰め込んで半球を作り、冷蔵庫で1時間以上固める。次に、一方の製氷皿に水を振りかけ、もう一方の製氷皿を逆さにしてぴったりと重ね合わせて半球同士をくっつけるとボールの形になる。

マンダリンのバスボム

すべての肌質のためのケア

甘いシトラスの香りが弾けるバスボムで、安らぎのバスタイムを楽しみましょう。刺激の少ないマンダリン精油は子供たちの入浴に最適です。ここにドライローズ、ドライカレンデュラ、ドライボリジ、ドライカモミール、ドライオレンジピール、あるいはラメ（コスメ用光沢剤）を混ぜ込んで、見た目もきれいなバスボムに仕上げましょう。コスメ用のラメにはさまざまな大きさのものやレインボーカラーのものなどが揃っています。クラフト用途のものは適さないのでご注意を。

材料（20個分）
- 重曹…400g
- クエン酸…200g
- ドライハーブ…小さじ1杯
- コスメ用ラメ（好みで）…適量
- マンダリン精油…15滴

作り方
1. すべての材料をボウルに入れる。保護用にビニール手袋を着用し、手で混ぜ合わせる。精油を加え、よく混ぜる。
2. 小さじ1杯分の水をスプレーボトルに入れる。ボウルの中の材料がある程度しっとりするまで、スプレーの水を吹きかける。その後はp.186の手順を参考に。
3. 冷蔵庫からバスボムを取り出し、型から抜く。

使い方
バスボム1個を温かいお湯を溜めたバスタブに入れ、シュワシュワとした泡立ちと香りを楽しむ。使用期限は3カ月。

角質ケアのバスフロート

乾燥肌のケア

クイックレシピ

オーツ麦は乾燥した肌や炎症を起こした肌の栄養補給と保湿に最適であるばかりでなく、作用が穏やかなため敏感肌にも使用できます。ラベンダーとローズの精油は心地よい香りと鎮静・リラックス作用をもたらしますが、敏感肌に使用する場合には加えない方がよいでしょう。手軽に作れて効果の高いこのバスフロートは、バスタブがない場合でも、シャワー中の角質ケアとして利用できます。

材料（1回分）
- ジャンボオーツ…大さじ1杯
- オートブラン…大さじ1杯
- ドライラベンダー…小さじ1杯
- ドライローズ…小さじ1杯
- ローズ精油…2滴
- ラベンダー精油…2滴

作り方
1. テーブルにモスリンクロスを広げる。クロスの中央に、ジャンボオーツ、その上にオートブランをのせる。
2. さらに、ドライラベンダーとドライローズを重ね、精油を垂らす。
3. クロスの四隅を1つにまとめ、リボンや紐で結ぶ。

使い方
作ったらすぐに使用する。お湯を溜めたバスタブに浮かべたり、バスフロートの上にお湯がかかるように蛇口に結びつけたりする。また、シャワーを浴びながらバスフロートで身体を擦り、角質を除去することもできる。使用後には毎回、クロスの中身は処分し、クロスを洗う。

パルマローザとレモンのデオドラントスプレー

すべての肌質のためのケア

発汗は、体温と体内の塩分濃度の調節を助ける身体の自然な機能です。汗に本来においはなく、においの原因となっているのは皮膚表面の細菌です。つまり、体臭予防にはこの細菌の繁殖を抑えることが大切なのです。脇の下をリフレッシュするこのデオドラントスプレーには、抗菌・消臭作用のある精油と優れた冷却作用をもつアロエベラを配合しています。

材料（約100mL）
- ウィッチヘーゼルのハーバルウォーター…90mL
- グリセリン…小さじ1杯
- アロエベラジュース…小さじ1杯
- パルマローザ精油…5滴
- レモン精油…5滴
- コリアンダー精油…3滴
- グレープフルーツ精油…3滴
- ペパーミント精油…3滴

作り方
1. ボウルにウィッチヘーゼル、グリセリン、アロエベラジュースを入れ、混ぜ合わせる。
2. 精油を加え、よく混ぜ合わせる。殺菌したガラス瓶に注ぎ入れ、スプレー式のキャップを取りつける。

使い方
必要に応じて、清潔な脇の下に吹きつける。シェービング直後の皮膚には使用しない。使用前によく振ること。冷暗所で保存し、使用期限は3カ月。

ローズのボディパウダー

多目的ケア

すべての肌質のためのケア

この華麗な香りを放つボディパウダーは、肌にシルクのようななめらかな感触と、ローズ、ゼラニウム、パチュリーの精油の繊細な香りを残します。ボディパウダーを使う目的は、肌をよい香りにして、余分な水分を吸収すること。入浴後、特に手首や膝の裏側、脇の下、足などの部分に念入りにパウダーをはたき、肌をなめらかに仕上げます。

材料（約100g）
- コーンフラワー…100g
- ローズのティンクチャー…小さじ1杯
- ローズ精油…10滴
- ゼラニウム精油…10滴
- パチュリー精油…10滴

作り方
1. コーンフラワーを裏漉し器でふるい、ボウルに入れる。
2. ティンクチャーと精油をボール状のコットンに滴下する。
3. コットンを密閉容器の中に入れる。
4. 容器の上部に振り混ぜられる程度の隙間が空くように、コーンフラワーを入れる。
5. 容器の蓋を閉め、勢いよく容器を振り、香りを拡散させる。

使い方
シャワーや入浴後、水分をよく拭き取った肌にパフを使ってパウダーをはたき、肌をなめらかにする。パウダーは余分な水分を吸収する効果が高いため、脇の下や足など、日中ベタつきやすいところに塗布する。乾燥した涼しい場所で保存する。使用期限は6カ月。

◀ パルマローザとレモンのデオドラントスプレー

シトラスボディミスト

すべての肌質のためのケア

シトラス系の精油とオレンジのフローラルウォーターをブレンドしたこのボディミストは気分をリフレッシュして明るくし、肌を活性化します。この軽やかな香りを放つボディフレグランスは、身体の脈打つところ（手首、足首、首など）、あるいは活性化やリフレッシュしたい部分にコットンに染み込ませて使います。手で直接肌にたたいたり、スプレーで吹きつけたりしてもよいでしょう。一日の始めと終わりに使うと気持ちがよい精油をブレンドしています。

多目的ケア

材料

マンダリン精油
甘い香りとリフレッシュ効果のあるマンダリンは、心に落ち着きと安らぎをもたらす。

パルマローザ精油
心地よいローズに似た香りが漂うパルマローザは、神経系への強壮・鎮静効果がある。

オレンジのフローラルウォーター
オレンジの花を水蒸気蒸留する時に得られる副産物。素晴らしい香りを漂わせる。

ベルガモット精油
甘くフルーティーな香りを放つベルガモットは、気分の高揚と鎮静の両面に作用する。

ライム精油
爽やかではっきりとした香りのライムは気分を明るく、リフレッシュする。

レモン精油
甘く爽やかな香りは、完熟したレモンを連想させる。

材料（約60mL）
- ウォッカ…大さじ2杯
- ライム精油…10滴
- レモン精油…5滴
- ベルガモット精油…5滴
- マンダリン精油…5滴
- パルマローザ精油…4滴
- ミネラルウォーター…大さじ1杯
- オレンジのフローラルウォーター…大さじ1杯

作り方
1. ボウルにウォッカと精油を入れ、混ぜ合わせる。ミネラルウォーターとオレンジのフローラルウォーターを加え、よくかき混ぜる。
2. 殺菌したガラス瓶に注ぎ入れ、スプレー式のキャップあるいは蓋を取りつける。

使い方
肌がほてっている時や肌を活性化したい時に、スプレーで吹きつけたり、コットンまたは手で塗布したりして使用する。目の周りは避ける。男性はシェービング後のローションとしても使用できる。使用前によく振ること。乾燥した涼しい場所に保存する。使用期限は6カ月。

ボディミスト

すべての肌質のためのケア

軽めの香水としても使えるこのボディミストには、保水作用のあるローズのフローラルウォーターと肌を癒すアロエベラが配合されているため、香りだけでなく整肌作用ももたらします。エキゾティックで魅惑的なバニラとイランイラン、心地よい香りのサンダルウッドとローズもブレンドされています。このボディミストで使用している精油には、感情と感性に働きかけるセラピー効果があります。

材料（約100mL）
- ローズのフローラルウォーター…75mL
- ローズのティンクチャー…大さじ1杯
- アロエベラジュース…小さじ1杯
- バニラエキス…10滴
- イランイラン精油…10滴
- サンダルウッド精油…6滴
- ローズアブソリュート精油…4滴
- クラリーセージ精油…2滴
- スイートオレンジ精油…2滴

作り方
1. ボウルにローズのフローラルウォーターとティンクチャー、アロエベラジュース、バニラエキスを入れ、混ぜ合わせる。
2. すべての精油を加え、混ぜ合わせる。
3. 殺菌したスプレー式のガラス瓶に注ぎ入れる。

使い方
香りで気分を高めたい時に使用する。市販の香水ほど香りが持続しないため、必要に応じて繰り返し吹きかける。使用前によく振ること。衣服やインテリア布地、ベッドリネンへの使用は避ける。乾燥した涼しい場所に保存する。使用期限は6カ月。

ローズのソリッドパフューム（練り香水）

すべての肌質のためのケア

アルコール不使用で持ち運びに大変便利なソリッドパフュームは、肌をほのかに香らせます。香水は時間によって香りが変化しますが、このレシピでは、セラピー効果があり、トップノート、ミドルノート、ベースノートにそれぞれふさわしい精油をブレンドし、シンプルなバームベースに混ぜ合わせています。出来上がったパフューム用に、素敵な容器や缶を探してみましょう。美しいピルケースに入れると、パフュームの特別感がいっそう高まります。

材料（約20g）
- ビーズワックス…10g
- サンフラワーオイル…小さじ2杯
- ローズ精油…12滴
- ゼラニウム精油…8滴
- パチュリー精油…6滴
- ベルガモット精油…4滴
- シダーウッド精油…3滴

作り方
1. ビーズワックスとサンフラワーオイルを合わせて湯煎で温める（p.133参照）。ワックスが溶けたら、湯煎から下ろす。
2. 精油を加え、混ぜ合わせる。
3. 殺菌した容器に注ぎ入れる。冷めてから肌に塗布すること。

使い方
香りで気分を高めたい時に、脈打つところに擦り込む。乾燥した涼しい場所に保存する。使用期限は6カ月。

ネロリのソリッドパフューム（練り香水）

すべての肌質のためのケア

シトラスとスパイスをブレンドしたこのソリッドパフュームで、素敵な香りに包まれた一日を過ごしましょう。パフュームをつけた直後には、爽やかなネロリとベルガモット、続いて甘さを感じるオレンジ、最後にスパイシーなフランキンセンスが香り立ちます。甘い香りをもつ2種類のティンクチャーは、肌にしっかりと留まって香りの持続性を高めるための役割を果たします。

材料

- プロポリスのティンクチャー：栄養成分豊富なこのティンクチャーは香りを保留させる働きがある。
- ビーズワックス：ワックスベースに硬さを与える。
- ネロリ精油：フローラルなトップノートをもつ、軽やかで爽やかな香り。
- オレンジ精油：甘いシトラス系の爽やかな香り。
- ベルガモット精油：フルーティーなトップノートをもつ甘めのシトラス系の香り。
- フランキンセンス精油：スパイシーで爽やかなベースノートの香り。
- サンフラワーオイル：無香料のこのオイルは、粘度を調節するために使われる。
- ベンゾインのティンクチャー：香りの保留剤として機能する。

材料（約30g）
- ビーズワックス…10g
- サンフラワーオイル…小さじ2杯
- プロポリスのティンクチャー…小さじ1杯
- ベンゾインのティンクチャー…小さじ1杯
- ネロリ精油…8滴
- ベルガモット精油…4滴
- オレンジ精油…4滴
- フランキンセンス精油…2滴

作り方
1. ビーズワックスとオイルを合わせて湯煎で温める（p.133参照）。ワックスが溶けたら、湯煎から下ろす。
2. ティンクチャーと精油を加え、よく混ぜ合わせる。
3. 殺菌したガラス容器または缶に注ぎ入れる。冷めたら肌に塗布し、蓋を閉める。

使い方
香りで気分を高めたい時に、脈打つところに擦り込む。乾燥した涼しい場所に保存する。使用期限は6カ月。

優しいカレンデュラバーム

すべての肌質のためのケア

カレンデュラ浸出油とラベンダー、ジャーマンカモミールの精油を組み合わせたこのバームは肌の鎮静・修復に効果を発揮します。敏感肌にも適するカモミールの精油には鎮痛・抗炎症作用があり、湿疹や乾燥、かゆみのある肌状態を治癒します。鎮静作用のあるカレンデュラには肌組織の修復を早める作用があることから、創傷の治癒促進薬として利用されています。

材料（約30g）
- ココアバター…小さじ1杯
- ビーズワックス…小さじ1杯
- カレンデュラの浸出油…大さじ1杯
- ラベンダー精油…5滴
- ジャーマンカモミール精油…2滴
- カレンデュラのティンクチャー…小さじ1

作り方
1. ココアバター、ビーズワックス、カレンデュラの浸出油を合わせて湯煎で温める（p.133参照）。ビーズワックスが溶けたら、湯煎から下ろす。
2. 精油とティンクチャーを加え、よく混ぜ合わせる。
3. 殺菌したガラス容器に注ぎ入れる。冷めてから肌に塗布する。

使い方
日差しなどの厳しい環境にさらされた肌や炎症を起こした肌に優しく塗り、マッサージする。乾燥した涼しい場所に保存する。使用期限は6カ月。

炎症を起こした肌の鎮静

肌は外界の刺激から一番に身体を守る器官であるため、ほとんどの人が何らかの肌トラブルに悩まされた経験をもつ。炎症反応はヒリヒリ感や発赤などの軽度なものから水疱などの重度なものまで多岐にわたり、その原因には化粧品や食品のアレルギーまたは過敏症などが考えられる。また、皮膚や身体に蓄積した化学物質や毒素、あるいは感情の変化や不安感が引き金となることもある。原因は1つではなく、複数の刺激要因が絡み合っていることの方が多い。このような肌の炎症には、鎮静効果のあるバーム（上記参照）や薬用クリームで治癒を試みるが、炎症が持続したり悪化したりする場合には、医師に相談する。

ミントのレスキューバーム

乾燥肌のケア

この鎮痛作用のあるバームには、治癒効果のある精油と栄養豊富で軟化作用のある植物性オイルが配合されているため、軽度の炎症、頭痛、風邪などに効果を発揮します。軽い質感の栄養豊富なココナッツオイルに、痛みとかゆみの鎮静作用のあるペパーミント精油、冷却・殺菌と細胞の再生促進作用があるラベンダー精油を組み合わせています。

多目的ケア

材料

- **ココナッツオイル** 保湿効果が高く、肌を柔らかくする。
- **オリーブオイル** バームのテクスチャーをなめらかにする作用があるため、乾燥肌にも使いやすい質感に仕上がる。
- **キャスターオイル** 肌に保護層を作ることで肌からの水分喪失を抑え、肌の保水力を高める。
- **ビーズワックス** バームの質感を調整するために加えるビーズワックスはきわめて優れた保護作用ももつ。
- **レモン精油** 気分を高揚し、肌の回復力を高める。
- **クローブ精油** 鎮痛・抗炎症のどちらの作用もある。
- **ユーカリ精油** ユーカリ精油には抗炎症作用がある。
- **ラベンダー精油** 冷却・鎮静作用のあるラベンダー精油は、やけどなど皮膚への治癒力が高い。
- **ペパーミント精油** 炎症を起こした肌の鎮静作用がある。

材料*（約50g）
- ココナッツオイル…大さじ1杯
- オリーブオイル…大さじ1杯
- キャスターオイル…大さじ1杯
- ビーズワックス…小さじ1杯
- ペパーミント精油…4滴
- ラベンダー精油…3滴
- ユーカリ精油…2滴
- クローブ精油…1滴
- レモン精油…1滴

作り方
1. 3種のオイルとビーズワックスを合わせて湯煎で温める（p.133参照）。ビーズワックスが溶けたら、湯煎から下ろす。
2. 精油を加え、よく混ぜ合わせる。
3. 殺菌したガラス容器に注ぎ入れる。冷めてから肌に塗布すること。

使い方
調子が悪い部分に優しく塗り、マッサージする。また、頭痛にはこめかみや額、風邪には胸と首、あるいは虫に刺された部分に塗るとよい。乾燥した涼しい場所に保存する。使用期限は6カ月。

*監修者注　日本の安全基準に従い、精油の量を英国版から変更。

ヘア

髪の美しさは身体の内側から作られます。
どのような髪質でも、栄養に富んだ食事と
心安らぐ自然素材のトリートメントを生活に取り入れれば、
美しく輝く丈夫な髪を育てられるのです。

自分の髪質を知る

自分の髪質を調べてみると、予想とは違っていたということが少なくありません。髪質は、ノーマルヘア／オイリーヘア／ドライヘアの3種類に大きく分けられますが、それぞれの中にも多様なバリエーションが存在します。例えば、手ざわりはなめらか／普通／ごわつくに分類され、それと同時に真っ直ぐなストレートヘアからきつい縮れ毛まで十人十色の髪のクセも絡み合います。しかし、大まかに自分の髪質を特定しておくと、ヘアケアが行いやすくなります。

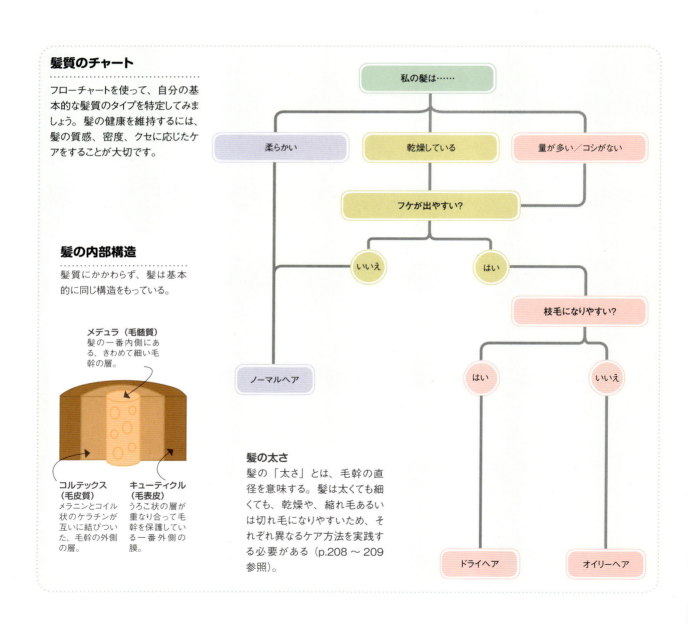

髪質のチャート

フローチャートを使って、自分の基本的な髪質のタイプを特定してみましょう。髪の健康を維持するには、髪の質感、密度、クセに応じたケアをすることが大切です。

髪の内部構造

髪質にかかわらず、髪は基本的に同じ構造をもっている。

メデュラ（毛髄質）
髪の一番内側にある、きわめて細い毛幹の層。

コルテックス（毛皮質）
メラニンとコイル状のケラチンが互いに結びついた、毛幹の外側の層。

キューティクル（毛表皮）
うろこ状の層が重なり合って毛幹を保護している一番外側の膜。

髪の太さ

髪の「太さ」とは、毛幹の直径を意味する。髪は太くても細くても、乾燥や、縮れ毛あるいは切れ毛になりやすいため、それぞれ異なるケア方法を実践する必要がある（p.208～209参照）。

質感

　サラサラした髪は毛髪の円周が小さく、キューティクルが閉じています。それに対して、ごわつく髪では、髪の円周がさらに大きく、キューティクルも開いています。キューティクルが開くと、髪の多孔性が進む原因にもなります。髪の質感は、髪がどのように見えるかを決定します。例えば、ごわつきのひどい髪をなめらかに見せることはそう簡単ではありません。頻繁に髪を洗う、あるいは熱を加えたり、逆毛を立てたりすると、キューティクルが広がるため、髪の手ざわりが粗くなり、髪がもつれやすくなります。

密度

　髪の密度とは、頭皮全体に生えている髪の本数に関係します。一般には、頭全体で 10 〜 15 万本といわれていますが、この本数は生まれながらの自然な髪色によっても変わってきます（平均的な髪の本数は下記参照）。なめらかな髪の持ち主は、ごわついた髪の持ち主よりも、髪の本数が多い傾向にあります。

・ブロンド：13 万本
・赤系：8 万本
・茶系・黒：10 万本

クセ

　私たちの多くは質感で髪を分類しますが、直毛かクセ毛かも大事な要素でしょう。ストレート、あるいはウエーブやカールなどの髪のクセによって、ヘアスタイルが決まってきます。

ヘアケアの基本

美しい髪と健康な頭皮は身体の内側から作られます。髪と頭皮を見れば、その髪の持ち主のストレスの程度、食生活、ホルモンバランス、血液循環の様子が手に取るようにわかるのです。健康で強く、輝く髪を手に入れるために、活動と休息のバランスを取ることを心掛けましょう。身体のすべての器官に栄養を届ける食生活と、汚染物質や化学物質などの外部要因にできるだけさらされないようにすること、優しく穏やかなヘアケアを実践することなどが大切です。

ライフスタイルを浄化する

ライフスタイルは、髪の健康状態に影響を与えます。現代人の多くはセントラルヒーティングやエアコンの効いた密閉性の高いビル内で、電話やテレビ、コンピューターなどの電子機器に囲まれて過ごしていますが、このような生活を送っていると、髪はぱさつき、元気がなくなります。健康的な食生活（右頁参照）は、このような避けられない要因による悪影響を改善し、髪を整えやすくします。

- ストレスや不安感は生活習慣を乱し、喫煙や過度の飲酒になりがちである。それは髪に悪影響を与え、髪を不健康にし薄くする原因となる。そして、健康的な食生活はストレスを軽減することができる。
- 喫煙は髪の健康を損なうため、やめること。タバコは身体から栄養や水分を奪い、煙により髪のツヤも失わせる。禁煙は健康をもたらすだけでなく、髪の見た目やにおいを改善し、髪の変色も防ぐ。
- アルコールは身体から水分と必要な栄養素を奪うため飲酒は控えめに。
- 頭皮を含め全身の血行を促進するために、活発に運動すること。健全な血液循環は、強く健康な髪を育てる。

> 髪が肩まで伸びるまでには
> 3年以上かかり、
> その間に洗髪や乾燥、スタイリングが
> 何百回も繰り返されている。

環境的な要因

髪は体内環境と外界環境の両方に反応し、1日単位あるいは1週間単位で変化します。髪はいつも同じ外観を示すわけではなく、また毎週同じケアが必要なわけでもありません。

髪の状態は、季節によって変わり、特に冬と夏では大きく変化します。冬には頭皮が引き締まり、毛髪の成長が鈍化します。また、暖房は髪を乾燥させ、光沢と活性を失わせる原因の1つになります。

夏には太陽によって、髪はダメージを受けて活性を失い、ぱさつきや色あせを起こします。プールや海でのスイミングも、水中の塩素や塩分が髪にダメージを与えます。これらの影響から髪を保護するには、スイミングキャップで髪を覆い、強烈な日差しの下では髪にバームやオイルを塗ることが大切です。

軟水あるいは硬水も髪の状態、シャンプーの洗浄力、コンディショナーのすすぎやすさに影響を与えます。

ヘアケア方法を見直す

いつも使用しているヘアケア製品は、髪の通常のコンディションに大きな負担をかけています。例えば、髪が肩まで伸びるまでには3年以上の歳月を要します。その間に洗髪、ヘアドライヤーによる乾燥、カラーリング、パーマやストレートパーマ、ブラッシングが何百回と行われます。そして、さまざまなヘアスタイル、たとえば後ろで1つに結ぶ、団子に結い上げる、逆毛を立てるなどの負担を日常的に強いています。その結果が、髪のコンディションに現れるのです。

- シャンプーとコンディショナーの使用の頻度を減らす。頻繁にシャンプーすると、髪と頭皮から分泌される自然の皮脂が奪われる。一方、コンディショナーは髪と頭皮に潤い成分を与えるが、これらの成分が蓄積される原因にもなる。
- スタイリング用品の使用は極力減らす。これらは髪を乾燥させ、化学成分を蓄積させる原因になる。
- 縮れ毛や枝毛の原因となるため、ブラシやクシで髪を強くとかさない。特に髪が濡れている時には避けること。

- カーラー、ヘアアイロンやヘアドライヤーなどの熱を加える器具は、徐々に髪を弱らせ、乾燥させるため、控えめにする。
- 化学合成されたヘアカラーや脱色剤を使用しないこと。これらに含まれるさまざまな毒性化学物質は髪を傷めたり弱らせたりするだけではなく、皮膚アレルギーを引き起こすこともある。これらの化学物質が髪を染色できるのは、髪のキューティクルを深く傷つけ、染料をコルテックスの内部に浸透させているからである。
- 髪の健康を維持するためには、定期的に髪をカットする。髪は6～8週間で約2.5cm成長する。

食生活を改善する

効果的で健康的なヘアケアの第一歩は、質のよい食生活にある。次に紹介する食材がヘアケアに適している。

- 果物や野菜を積極的に多く摂る。
- アボカド、種子、オーツ麦などの食物繊維を多く含有する食材を選ぶ。
- 脂肪分の多い魚などに含まれる良質なタンパク質を摂取する。
- 脂肪分をバランスよく摂取する。牛乳やヘンプシードオイルなどの食材に含まれるヘルシーな必須脂肪酸を選ぶようにする。
- 水をたくさん飲む。1日にコップ8杯以上を目安に。
- 輝く髪を育てる食材の食べ方を学ぶ（p.226～227参照）。

サーモン

マルベリー

オレンジ

髪を強くするためのヘアケア

髪はミネラルと、タンパク質の一種であるケラチンからできています。1本1本の毛髪は約2～5年間生え続け、過去と現在の健康状態や生活習慣を映し出します。傷んだ髪の修復は一晩ではできませんが、このヘアケア習慣を実践すれば、次第に髪が強くつややかに生まれ変わっていきます。

週2回*のお手入れ

1 シャンプー

髪質は時間をかければ変えられる。洗浄力に優れたシャンプーと水分補給力に優れたシャンプーを交互に使用すると、髪の清潔さ、輝き、柔らかさが持続するようになる。

使い方

濡らした髪にシャンプーを塗布し、2～3分間マッサージしたら洗い流す。必要に応じてもう一度シャンプーする。

2 コンディショナー

コンディショナーは髪のバランスを取り戻し、キューティクルを閉じてなめらかにする。自分の髪質に合ったものを選ぶ。優れたコンディショナーは、髪に栄養と柔軟性を与え、余分な成分を残さない。

使い方

髪全体にたっぷりと塗布し、特に毛先に重点的に塗り込む。2分間そのまま置いたら、しっかりとすすぎ流す。

3 リンス

ハーバルリンスは、特にノーマルヘア～オイリーヘアには役立つ。手作りしたハーブの浸剤のリンス（p.220参照）や薄めたリンゴ酢は、髪にツヤを与え、髪と頭皮の自然なpHバランスを整える。

使い方

手作りのリンスを髪全体に注ぎ、お湯でしっかりとすすぎ流す。

髪の修復

髪がダメージを受ける原因には日差し、ヘアドライヤー、カーラー、ヘアアイロン、あるいは日常的に行っているブラッシングなどがあるが、傷んだ髪を修復するための製品や薬品、タンパク質、オイル、コンディショナーなども数えきれないほど存在する。自分の髪に日焼けによるダメージや枝毛を見つけたり、もつれやすさや切れやすさを感じたりしたら、髪の健康を取り戻すためのケアを始める絶好のチャンス。髪の変化には時間がかかり、また自分に合ったケア方法を見つけるには試行錯誤が必要なため、まずはここで紹介した方法を試し、髪の反応をチェックしてみるとよい。

*監修者注　英国の気候条件下でのアドバイスであり、高温多湿の日本において必ずしも当てはまるとはいえない。洗髪の頻度は、気候や自身の髪質に合わせること。

週1回のお手入れ

ヘアパック

濃厚で栄養豊富なコンディショナーをヘアパックとして使用すると、カラーリング、あるいは海水浴や日差しなどで傷んだ髪の修復に効果がある。このようなパックにはケラチンを修復するためにアルガンやホホバなどの栄養豊富なオイルが含まれ、タンパク質がブレンドされていることも少なくない。

使い方

洗浄後の髪に塗布し、通常は5～10分間そのまま置く。その後、お湯でしっかりと洗い流す。

スカルプマッサージ

フルーツやナッツ、種子などのオイルを使ったマッサージで頭皮を活性化する。ココナッツ、ホホバ、オリーブなどのオイルも、毛穴を詰まらせず、栄養的にもきわめて優れているため、マッサージオイルに適している。

使い方

指先にオイルを2～3滴つけ、頭皮と髪の根元をマッサージする（p.160～161参照）。次に、髪をていねいにブラッシングする。髪質がオイリーヘア～ノーマルヘアの場合はここですすぎ流すが、ドライヘアの場合には一晩オイルを浸透させる。

おすすめの植物

植物の中には髪の強化や修復に素晴らしい効果を発揮するものがいくつかある。これらの成分を利用したシャンプーやコンディショナーを選ぶようにする。

ホホバオイル：頭皮から分泌される皮脂に最も近い成分をもつ植物であるホホバは、頭皮に栄養を与え、髪の状態を整える。ホホバは良質のヘアケア製品の多くにブレンドされている。

ココナッツオイル：このオイルに含有される脂肪酸は乾燥した髪やダメージを受けた髪に優れた効果を発揮する。また、抗真菌作用があるため、乾いた頭皮にマッサージをするとフケの解消に役立つ。

ローズマリー：黒髪にツヤを与えることで名高いこのドライハーブを使ってリンスを作る。また、精油をベースオイルで薄めたもので頭皮をマッサージすると、髪の健康な成長を促進する効果がある。

ハチミツ：植物由来のハチミツには保湿効果（髪に水分を閉じ込めて、髪の乾燥や脆弱化を予防する効果）があるため、昔からシャンプーやコンディショナーの成分として利用されている。

ヘアケアの習慣

- 洗髪は毎日行わないようにすること。2～3日に一度、あるいは髪質によってはそれより少ない方が、本来の皮脂分泌の調整には望ましい。
- シャンプーで洗った後には毎回コンディショナーも使うこと。シャンプーに含まれる洗浄剤によって乾燥あるいは活性を失った髪のバランスを整えるのに役立つ。
- 髪は優しく乾かすこと。ヘアドライヤーを温風モードに設定すると髪を傷めるため、冷風モードに設定するか、控えめにする。
- 6週間に一度を目安に髪をカットするようにすると、枝毛が予防できる。
- 亜鉛、鉄、シリカを含有するミネラルサプリメントを摂取する。これらは強く健康な髪に欠かせない成分である。

おすすめレシピ

- リンゴ酢のリンス（p.213）
- ネトルのリンス（p.213）
- ローズマリーのコンディショナー（p.214）

ドライヘア

髪が乾燥していると、毛幹は必要な水分を保持したり吸収したりすることができません。また頭皮から分泌される皮脂の量が不足し、髪に栄養が行き届かなくなります。その結果、髪は光沢が失われて活気がなく、縮れたように見え、切れ毛や枝毛になりやすくなります。ドライヘアになる要因は遺伝的なものや、年齢やヘアケア習慣、自然環境などです。

ドライヘアの特徴

ドライヘアは、髪の乾燥に関連した次のようなトラブルも起こしやすい。

- 頭皮の乾燥
- 湿疹
- フケ
- 切れ毛
- 枝毛

クイックレメディ

ココナッツオイル、アーモンドオイル、あるいはオリーブオイルなどに精油2〜3滴を加えて混ぜ合わせる。このトリートメントオイルを頭皮全体に塗るか、枝毛予防と栄養補給のために毛先にだけ擦り込む。このオイルは、細くて傷みやすく切れ毛になりやすい髪に特に効果的。また、コシが弱い髪には、このトリートメントオイルにカレンデュラ、カモミール、あるいはコンフリーなどのハーブの浸剤をブレンドして、さらに効果を高めることもできる。

おすすめのケア方法

　細く、乾燥した髪の毛先は傷みやすく切れやすいため、定期的にカットする必要があります。髪の健康をサポートするには、食生活にタンパク質とヘルシーな脂肪をたっぷりと取り入れることも大切です。私たちの多くは遺伝的な要因によってドライヘアであることが多いのですが、自然素材の力で髪を生き生きとさせる方法もたくさん揃っています。

- 卵黄1個とハチミツ小さじ1杯を混ぜ合わせてヘアパック剤を作る。髪に塗布したら、2時間ほどそのまま置いてから洗い流す。または、高脂肪分のヨーグルト75gにオリーブオイルをスプーン山盛り1杯と好みの精油6滴（右記「治癒力のある自然素材」参照）を混ぜ合わせてもよい。15～20分間ほどそのまま置き、お湯で洗い流す。
- 週に1回、ホットオイルでトリートメントする。ホホバやココナッツなどの栄養価の高いオイル60mLを温め、髪と頭皮を十分にマッサージする。髪をタオルで巻き、20分間ほどそのまま置く。その後、髪にマイルドなシャンプーをたっぷりと使ってオイルを洗い流す。湿疹がある場合には、耳の後ろの部分だけに擦り込むこと。
- 濡れた髪は自然乾燥させること。ヘアドライヤーを使用しなければならない時には、冷風モードに設定して髪との距離を十分に保つ。乾燥後には、髪のツヤと保護のために、毛先にココナッツオイルか天然のヘアバームを塗る。
- 自然素材のロールブラシを毛先の方へ回転させながら、優しく髪をブラッシングする。こうするとキューティクルが閉じ、髪にツヤが出る。
- シャンプー後にはリンスを使用する。海藻やホーステール（スギナ）から作った浸剤は髪を強くする働きがある。またヘアミストとしても利用できる。
- 頭皮をマッサージする（p.160～161参照）と、皮脂の分泌が促進され、リラックス効果もある。

避けた方がよいこと

　髪の乾燥レベルは年齢や遺伝的要因によってある程度決定されるとはいえ、頻繁な洗髪、刺激の強いシャンプーやスタイリング剤の使用、厳しい気象条件も髪をさらに乾燥させる原因となっています。

- シャンプーの回数を減らすこと。頭皮の状態は人それぞれだが、髪が極度に乾燥している場合には、洗髪は2～3日に一度で十分なはずである。髪や頭皮の皮脂を根こそぎ取り去るような刺激の強いシャンプーを使用しないようにする。
- ホットカーラーやヘアアイロンなどの熱を加える道具の使用は最小限に抑え、特にアルコールベースのスタイリング剤との併用を避ける。髪の乾燥とダメージを加速させるこれらの道具や製品の使用は特別な場合だけに留め、普段は、お手入れが簡単なヘアスタイルをするとよい。
- 気象条件の厳しい時期に長時間外出する場合には、帽子などで髪を覆うようにする。
- 刺激の強い化学薬品を使ったヘアカラーやパーマ、縮毛矯正などは髪に長期的なダメージを与えるために避けたほうがよい。

治癒力のある自然素材

以下の自然素材は、ドライヘアの修復と保湿に優れた効果があります。市販製品の中からこれらの成分が含まれるものを選び、手作りのトリートメントに活用しましょう。

ハーブ：カレンデュラ、カモミール、マーシュマロウ、コンフリー。
精油：フランキンセンス、パルマローザ、サンダルウッド、ゼラニウム、カモミール、ローズ、パチュリー、ベチバー。
保湿オイル：イブニングプリムローズ、ボリジ、アボカド、サンフラワー、ホホバ、アーモンド。
有効なサプリメント：ビタミンC、ビオチン、ヨウ素、セレニウム、オメガ3系脂肪酸。

イブニングプリムローズ　　ゼラニウム

フケのケア

フケは、常在菌の過剰生成により、頭皮が薄く剥がれることによって生じる。フケのケアには、ペパーミント、タイム、ローズマリー、ラベンダー、ネトルなどのドライハーブで作った浸出油（p.26参照）が効果的。あるいは、アーモンドオイルにシダーウッド、パチュリー、セージ、ティートリー、タイム、またはローズマリーなどのいずれかの精油を混ぜ合わせたものを使用してもよい。この手作りの浸出油や薄めた精油を頭皮に塗布し、髪をタオルでターバン風に巻いて、できるだけ長時間（可能ならば一晩）そのまま置く。その後、マイルドなシャンプーあるいは薄めたシャンプーで洗い流す。ドライヘアでフケもある場合には、その原因が食生活あるいはアレルギー反応のどちらかにあると思われる。

オイリーヘア

髪を乾燥から守るには少量の脂分が必要ですが、多すぎると髪のコシや光沢がなくなります。髪そのものは脂分を分泌しませんが、頭皮にある皮脂腺から皮脂が過剰に生成されると、髪も脂っぽくなります。これはホルモンの変化、身体の状態が原因のこともあります。またフケも発生しやすくなっています。オイリーヘアは、自然素材を使ったシンプルな方法で改善することが可能です。

オイリーヘアの特徴

オイリーヘアは、脂っぽさに関連した次のようなトラブルも起こしやすい。

- 光沢のなさ
- コシのなさ
- フケ
- 脂漏性皮膚炎
- 頭皮のニキビ

クイックレメディ

オイリーヘアに有効なハーブ（右頁「治癒力のある自然素材」参照）を使って浸剤（濃いめのお茶）を作り、これをシャンプーやコンディショナーに混ぜる。あるいは、リンゴ酢にハーブを浸出させた液大さじ2〜3杯を仕上げのリンスに加える。精油を使用する場合には、ベースオイルにほんの少量だけ加える。精油を薄めずに直接頭皮に塗布することは避ける。

* * *

おすすめのケア方法

　ブロンドヘアや細い髪など、髪が頭皮に密集して生えている場合には、皮脂腺の数もそれだけ多く、必然的に髪が脂っぽくなりがちです。髪の脂っぽさを解消するための、自然素材を使ったシンプルな方法はたくさんあります。

- 水をたくさん飲み、十分な運動をして血行を促進すると、結果的に髪の状態も改善される。
- シャンプーしない日に、髪の根元にドライパウダーをはたいてみる。2〜3分間そのまま置いてから、優しくブラッシングすると、頭皮の余分な脂分が除去できる（p.211「ドライシャンプーのレシピ」参照）。
- 頭皮のpH値を正常化する。重曹小さじ1杯をシャンプーに混ぜて使用する。あるいは、リンゴ酢250mL、水250mL、ローズマリーかティートリーの精油10滴を混合した液で、シャンプー後の髪をすすぐ方法もある。
- 冷水で髪をすすぐと、皮脂腺の過剰な活動を抑制する効果がある。
- アロエベラのリンスで髪をすすぐと、頭皮のかさつきやかゆみに効果がある。アロエベラジュース250mLを水500mLで薄めて鎮静作用のあるリンスを作り、必要に応じて使用する。好みでベルガモット、シダーウッド、サイプレス、ゼラニウム、グレープフルーツ、ジュニパー、レモン、ライム、ティートリー、ラベンダー、プチグレインなどの精油20滴を滴下する。
- 髪を適度にカールする。巻いた髪には、余分な脂分が付着しにくく、髪の脂っぽさが目立ちにくいことがいくつかのデータからも検証されている。

避けた方がよいこと

　髪が脂っぽい場合には、ヘアケア習慣を見直す必要があります。頻繁に洗髪すると髪の脂っぽさはかえって悪化しますが、これは頭皮の酸とアルカリのバランスが崩れるからなのです。洗髪は2日に一度を限度としましょう*。

- ブラッシングの頻度を減らし、ブラシの毛先が頭皮に当たらないようにする。ブラッシングは頭皮の皮脂を髪の方へ移動する役割もあり、これはドライヘアには有効だが、オイリーヘアにはあまり好ましくない。
- 濃厚なコンディショナーの使用を避ける。コンディショナーが必要だと感じた時は、毛先にだけ適用するようにする。その他、ヘアスプレー、ジェル、ムースなどのスタイリング剤も髪を脂っぽくするため、使用しないようにする。ヘアケア製品をいくつも使用しなくても、ビールを使って髪をセットする方法もある。毛量に応じて、約500mL程度の温めたビールを仕上げのリンスに加えて使用し、その後はいつも通りに髪を乾かしてセットすればよい。
- ヘアドライヤーの温度を下げる。ヘアドライヤーは冷風モードに設定し、皮脂の分泌を促進しないようにする。
- 熱や湿気は皮脂の分泌を活発化させるため、暑い季節には髪を涼しく乾燥した状態に保つようにする。高温多湿の時期は、屋外での運動はできるだけ避ける。

*監修者注　英国の気候条件下でのアドバイスであり、高温多湿の日本において必ずしも当てはまるとはいえない。洗髪の頻度は、気候や自身の髪質に合わせること。

治癒力のある自然素材

以下の自然素材は、オイリーヘアのケアと正常化に優れた効果があります。市販製品の中からこれらの成分が含まれるものを選び、手作りのトリートメントに活用しましょう。

ハーブ：エルダーフラワー、レモンバーム、ミント、ローズマリー、セージ、ヤロウ、月桂樹。
精油：ベルガモット、シダーウッド、サイプレス、ゼラニウム、グレープフルーツ、ジュニパー、レモン、ライム、ティートリー、ラベンダー、プチグレイン。
保湿オイル：ヘーゼルナッツ、サフラワー（ベニバナ）、大豆。
有効なサプリメント：ビタミンA・C、オメガ3系脂肪酸、亜鉛。

ベルガモット
レモンバーム
エルダーフラワー

心穏やかに過ごす

ストレスは、アンドロゲンと呼ばれる男性ホルモンの分泌を増やし、これが引き金となって皮脂の分泌も活発化する。ストレスを軽減するには、リラックスできる時間を確保することが大切。例えば、瞑想、穏やかなマッサージやヨガ、または熱中できる活動に挑戦してみよう。

太い髪

私たちが髪の太さについて語る時、通常は個々の毛髪の直径のことを意味しています。ふさふさとした豊かな髪が恵まれたものであることに、反論する人はほとんどいないでしょう。しかし、他の髪質と同じように、このタイプにも長所もあれば短所もあります。例えば太い髪は、ヘアスタイルをまとめることが難しい場合がありますが、粘り強く練習を重ねれば、他のどの髪質よりもそのヘアスタイルが崩れにくい利点もあります。太い髪は、アジアとラテン民族に多く見られ、手ざわりが粗く、特に湿度が高い時には縮れやすい傾向があります。

太い髪の特徴

太い髪は、次のようなトラブルも起こしやすい。

- 縮れ毛
- 柔軟性がない
- 表面のダメージ
- ごわつき
- 脂漏性皮膚炎

おすすめのケア方法

太い髪はスポンジのように、水分を吸収する。細い髪に比べて最大40％も多くの水分を吸収し、これが髪の縮れやすさの原因になっている。太い髪をベストな状態に維持するには、次のことを心掛けるとよい。

- マイルドなシャンプーを使用し、頭皮や髪に必要な脂分まで奪わないように注意する。
- 縮れやすい髪をまとめやすくするために、髪を保湿する。手にココナッツオイルをほんの少量擦り込み、頭皮から少し離れたところで髪をひとつかみして毛先まで撫で下ろす。
- ヘアスタイルを工夫する。長く太い髪は束ねたり、ねじったりしないと手に負えない。片耳の後ろで三つ編み風に編み込んだり（ヘリンボーン編み込み）、後ろで髪をねじってクラシカルにアップ（クラシカルフレンチツイスト）したりしてアレンジを楽しんでみる。
- シャンプーやコンディショナーの使用後は念入りにすすぎ流す。これらの液剤が髪に残っていると、頭皮のかさつきやかゆみを引き起こすことがある。すすぎは、熱めのお湯ではなくぬるめのお湯を使うこと。熱めのお湯は髪の水分を奪い、髪の乾燥や縮れを悪化させることがある。

避けた方がよいこと

太い髪は細い髪に比べると汚れや脂っぽさがあまり目立ちませんが、それでもベストな状態を維持するには入念なケアが必要です。

- 慌てずにお手入れする。髪が特に太い場合、ヘアスタイルをうまくまとめるには時間をかける以外の方法はない。特にロングヘアでは、髪を乾燥するだけでもたっぷり1時間はかかるため、シャンプー後にすぐ出かけることはできない。髪をパートごとに分け乾燥やスタイリングをすることで、ベストな状態に仕上げることができる。
- 濡れた髪をブラッシングしないこと。歯の間隔の広いクシを使って絡まった毛をほぐす。可能な場合には自然乾燥させる。
- ヘアドライヤーの温度が高すぎると、髪が必要以上に広がることがある。髪をベストな状態に仕上げるためには、ドライヤーの温度を下げるとよい。
- ヘアカラーなどは髪をより太くする効果があるので、その代わりにヘアマニキュアなどを選ぶとよい。

クイックレメディ

週に1回、オリーブオイル、ホホバオイル、シアバター、アロエベラなどのコンディショニング作用のある自然成分を配合したヘアパックで髪の状態を整える。濡れた髪にパックを塗布し、20分間浸透させたら、マイルドなシャンプーで洗い流す。

＊＊＊

治癒力のある自然素材

市販製品の中からこれらの成分が含まれるものを選び、手作りのヘアケア用品に活用しましょう。

ハーブ：ローズ、ローズマリー、タイム、ネトル、アロエベラ。
精油：シダーウッド、ローズマリー、オレンジ、ラベンダー、ゼラニウム。
保湿オイル：ココナッツ、アーモンド、ホホバ、ヘーゼルナッツ。
有効なサプリメント：鉄、ビオチンを含むビタミンB複合体、ビタミンC・E。

アロエベラ　ローズマリー

細い髪

髪の「細さ」は毛幹の直径を基準にしています。そのため、頭皮に生えている毛髪の本数とは関係ありませんが、実際には、細い髪の持ち主は頭皮に生えている髪の本数が他の髪質に比べて多い傾向にあります。生まれつきある程度の巻きグセがある場合を除き、細い髪はスタイリングが難しいことがほとんどです。髪が平面的で動きがなく、スタイリング剤の多くがその重みで垂れ下がり、かえって収拾がつかなくなることもあります。しかし、細部にも目を配ってお手入れすれば、ごく細い髪でも光沢感がアップするようになります。

細い髪の特徴

細い髪は、次のようなトラブルも起こしやすい。

- 乾燥
- ふわつき
- 切れ毛
- 縮れ毛
- 枝毛
- 汚れやすい

治癒力のある自然素材

市販製品の中からこれらの成分が含まれるものを選び、手作りのヘアケア用品に活用しましょう。

ハーブ：カレンデュラ、オーツ麦、海藻。
精油：ゼラニウム、ラベンダー、カモミール、レモングラス。
保湿オイル：イブニングプリムローズ、ボリジ、アボカド、サンフラワー、ホホバ、アーモンド。
有効なサプリメント：ビタミンC、ビオチン、ヨウ素、セレニウム、オメガ3系脂肪酸。

サンフラワー
カモミール

おすすめのケア方法

髪が細いからといって、悪いことばかりではありません。適切なケアを施してよい状態を保てば、赤ちゃんのように柔らかくなめらかで、ずっと触っていたくなる髪に変わります。

- シャンプー前にホホバやアーモンドオイルで髪をトリートメントする。オイルをゆっくりと温めて髪と頭皮全体をマッサージする。頭をタオルで巻き、そのまま20分間置いたらマイルドなシャンプーで洗い流す。
- ヘルシーな食生活を心掛ける。健康な髪の秘訣は、タンパク質を十分に摂取すること。緑色野菜、新鮮なフルーツ、全粒穀物をたっぷりと食べるようにする。
- 1日に水をコップ8杯以上飲み、体内に常に水分を補給しておく。
- 天候の変化に注意し、日差しや風、雪などの自然環境によるダメージから髪を保護する。
- 6～8週間ごとに髪をカットする。十分なケアをしていても、細い髪は枝毛になりやすい。

避けた方がよいこと

ヘアケアの習慣を見直すと、細い髪の健康状態が目に見えて改善されます。

- 濃厚なジェルやスプレーは、髪のボリュームとツヤをさらに失わせるだけであることが多いため、使用しないようにする。
- ブラッシングの頻度を控え、優しく行うこと。たびたび強く髪をとかしていると、切れ毛や枝毛になりやすい。髪が濡れている時にはブラッシングをしない。
- ストレートやカール用のヘアアイロン、あるいはヘアドライヤーなど、熱を加える器具の使用は最小限に留めること。使用する場合には、温度を低めに設定し、髪を熱から守るケア用品を併用すること。
- ロングヘアはさらに髪が傷みやすくなるため避けること。ショートカットならば、髪を最良の状態で維持できる。直線的に切り揃えたブラントカットやワンレングスなどのヘアスタイルの方が、髪をボリュームアップして見せることができる。それでも髪を長く伸ばしたい場合には、髪にほんの少しレイヤーを入れて、髪全体を上に持ち上げるようにするとよい。
- 濃厚なコンディショナーは使用しない。コンディショナーを使用する場合には、髪の根元ではなく毛先につける。こうすると、コンディショナーの重みで髪が垂れ下がるのを防ぐことができる。
- ピン、クリップ、ゴムバンドなどのヘアアクセサリーは髪をさらに傷めることがあるため、なるべく使用しないこと。

クイックレメディ

シャンプーしない日は、浸剤を使って細い髪の活力をアップする。鍋に水600mLを入れて沸騰させ、ここにドライカモミールとレモングラスをそれぞれ大さじ2杯加える。中火で10分間煮立たせたら火を止め、冷めるまでそのまま置き、濾しながらスプレー式ボトルに注ぎ入れる。

＊＊＊

ヘアケアのレシピ

髪を活性化させるには、髪から天然の皮脂を奪わず、
髪の表面をコートすることが大切です。
ここで紹介する保湿効果の高いコンディショナーやトリートメントは、
オーガニックのオイルやワックスの力を活用しています。
また、リンスには精油が加えられているため、
香りがよいだけでなく、頭皮と髪のコンディションを改善する働きもあります。

ドライシャンプー

明るい色の髪のケア

ドライシャンプーは、髪の根元の脂っぽさの緩和や髪のボリュームアップに効果があります。またスタイリング剤としても優れ、部分カールや繊細なヘアセットを崩しません。余分な皮脂はアロールートとコーンフラワーが吸収します。このレシピでは、髪をドライでツヤ消しのままコーティングします。ここで使用しているパウダーは色が明るいため、カラーリングした髪の根元を明るく見せるのに有効です。精油も加えているので、髪に心地よい香りが漂います。

材料 (約30g)
- コーンフラワー…大さじ1杯
- アロールート(クズウコンの根)…大さじ1杯
- 精油(グレープフルーツ、ペパーミント、ユーカリなど好みで)…10滴

作り方
1. ボウルにコーンフラワーとアロールートを入れ、混ぜ合わせる。
2. 好みで精油を10滴加え、よく混ぜ合わせる。
3. 殺菌した密閉容器に移す。

使い方

使用前によく振り混ぜる。乾いた髪に使用する。使い古したメイクアップブラシを使い、髪の根元や脂っぽい部分にパウダーをはたく。髪をクシでとかし、いつも通りにスタイリングする。乾燥した涼しい場所に保存する。使用期限は3カ月。

ココアパウダー入りのドライシャンプー

暗い色の髪のケア

脂分を吸収する作用のあるココアパウダー、でんぷん質のアロールートとコーンフラワーを配合したこのドライシャンプーは、髪を元気にします。上記のレシピで使用する粉の色は白っぽいため、このレシピでは暗い髪色に合わせるためにココアパウダーを添加していますが、ココアパウダーを髪に適用することに抵抗がある場合には、アロールートとコーンフラワーを混ぜたものを就寝前に使うだけでも、脂分の吸収に役立ちます。

材料 (約30g)
- ココアパウダー…小さじ4杯
- コーンフラワー…小さじ1杯
- アロールート…小さじ1杯
- 精油(好みで。上記参照)…10滴

作り方
1. ボウルにココアパウダー、コーンフラワー、アロールートを入れ、混ぜ合わせる。
2. 好みで精油を10滴加え、よく混ぜ合わせる。
3. 殺菌した密閉容器に移す。

使い方

使用前によく振り混ぜる。乾いた髪に使用する。使い古したメイクアップブラシを使い、髪の根元や脂っぽい部分にパウダーをはたく。髪をクシでとかし、いつも通りにスタイリングする。乾燥した涼しい場所に保存する。使用期限は3カ月。

クレンジング作用のあるヘアペースト

すべての髪質のためのケア

化学物質を含まず、安価な材料でできるこのヘアペーストで髪を洗浄すると、髪が爽快かつ柔らかに仕上がります。初めて使用する時には、未体験の「シャンプー感覚」に頭皮が慣れるまで時間がかかるかもしれません。この違和感は一時的なものですので、使い続けていきましょう。髪質に合わせた精油を加えることもできるため、香りを楽しみながら自分のベストな髪を目指しましょう。

材料（約60g）
- 重曹…大さじ2杯
- 水…大さじ2杯
- 髪質に合った精油（下記参照）…2滴

作り方
1. ボウルに重曹と水を混ぜ合わせてペースト状にする。ペーストが硬すぎる場合には水を、水っぽい場合には重曹を追加する。
2. 髪質に合った精油を加え、よく混ぜ合わせる。
3. 殺菌したボトルに注ぎ入れる。

使い方
使用前によく振る。使用量は髪の長さによって異なるが、乾いた髪あるいは濡れた髪全体を覆える分量のペーストを髪に塗布する。ペーストが頭皮と髪の毛先に働きかけるまで2～4分間ほどそのまま置き、お湯ですすぎ流す。髪を乾かし、いつも通りにスタイリングする。週に3～4回、リンゴ酢のリンス（右頁参照）と組み合わせて使用する。冷暗所に保存し、使用期限は1週間。

ノーマルヘアには…

イランイラン精油
2滴

ドライヘアには…

ローズアブソリュート精油
2滴

オイリーヘアには…

ローズマリー精油
1滴
＋
シダーウッド精油
1滴

リンゴ酢のリンス

すべての髪質のためのケア

このリンスは髪を洗浄してバランスを整え、キューティクルをなめらかに仕上げます。毛幹の周りを覆って保護しているキューティクルが健康でよい状態でなければ、髪をなめらかに見せることはできません。リンゴ酢は髪に蓄積した残留物を除去して髪の光沢を増し、pHバランスを整えます。また、精油を加えることで心地よい香りも漂います。

材料（約150mL）
- リンゴ酢…大さじ2杯
- 水…大さじ8杯
- ローズマリー精油…8滴
- レモン精油…6滴
- グレープフルーツ精油…4滴

作り方
1. ボウルにリンゴ酢（ドライヘアの場合は少なめに、オイリーヘアの場合は多めに加える）と水を入れ、混ぜ合わせる。
2. 精油を加え、よく混ぜ合わせる。
3. 殺菌したボトルに注ぎ入れる。

使い方
使用前によく振る。シャワー中やバスタブの中で濡れた髪に使用する。目に入らないように注意しながら、髪に塗布し、1〜2分間そのまま置く。その後、リンゴ酢のにおいが薄まるまで水で洗い流す。髪を乾かし、いつも通りにスタイリングする。週に3〜4回、クレンジング作用のあるヘアペーストの後に使用する（左頁参照）。涼しい場所に保存する。使用期限は3カ月。

ネトルのリンス

乾燥した頭皮のケア

頭皮の乾燥とかゆみに悩まされることが誰でも一度や二度はあるのではないでしょうか。そんな状態を解消するこのリンスには、頭皮の健康に優れた効果のあるイングリッシュガーデンの定番ハーブが数種類含まれています。ネトルは全身の洗浄、解毒、強化に特に効果の高い強壮剤です。このネトルとセージを組み合わせているため、乾燥してかさついたり、かゆみ、あるいはアレルギーに悩む頭皮にきわめて高い効果が得られます。

材料（約200mL）
- ミネラルウォーター…200mL
- ドライネトル…大さじ1杯
- ドライセージ…大さじ1杯
- ドライローズマリー…大さじ1杯
- ペパーミント精油…4滴

作り方
1. 鍋にミネラルウォーターを入れて沸騰させ、浸剤を作る。ティーポットまたはガラス製のボウルにドライハーブを入れ、熱湯を注ぐ。10分間浸したら、ドライハーブを濾す。
2. あら熱がとれたら、精油を加え、よく混ぜ合わせる。殺菌したボトルに注ぎ入れ、完全に冷めたら蓋を閉める。

使い方
使用前によく振る。シャワー中やバスタブの中で、シャンプー前の濡れた髪にカップ1杯分を注ぐ。髪に揉み込むか、クシでとかし、その後いつもと同じようにシャンプーする。髪を乾かし、いつも通りにスタイリングする。乾燥した涼しい場所に保存する。使用期限は6週間。

ローズマリーのコンディショナー

ドライヘアのケア

清涼感あふれるローズマリーは髪と頭皮の健康に優れた効果があり、抜け毛とフケの治癒にも有効です。このハーブに、髪の健康に並外れた効果を発揮する3種類のオイル（枝毛の修復力をもつ貴重なシアバター、髪のコンディショニングと保湿に役立つアルガンオイル、髪と頭皮の軟化と鎮静に働くココナッツオイル）を組み合わせました。

材料（約45mL）
- シアバター…大さじ1杯
- ココナッツオイル…大さじ1杯
- アルガンオイル…大さじ1杯
- ローズマリー精油…10滴

作り方
1. シアバターとオイル類を合わせて湯煎で温める（p.133参照）。溶けたら、湯煎から下ろし、冷めるまで30～40分間そのまま置く。
2. 泡立て器またはスティック型のブレンダーで油ベースの混合液を撹拌し、濃厚なクリーム状になるまでかき混ぜ続ける。
3. 精油を加え、混ぜ合わせる。殺菌した容器にスプーンで移し入れ、冷めたら蓋を閉める。

使い方
このコンディショナーはきわめて濃厚なため、少量で効果を発揮する。髪の長さにもよるが、1回にさくらんぼ1粒大程度の量で十分足りる。頭皮と毛先に特に注意しながら、髪に揉み込む。ヘアパックとして使用するには、温かいタオルで髪を巻き、30～60分間あるいは一晩そのまま置く。コンディショナーを落とす時には、水に濡らす前に髪全体にシャンプーを擦り込んでからすすぎ流す。残っているオイルを完全に取り除くために、もう一度シャンプーする。乾燥した涼しい場所に保存する。使用期限は6週間。

アルガンオイル
アルガンツリーの種子を圧搾して得られるオイルは、栄養豊富でコンディショニング効果に優れ、髪に吸収されやすい。

ココナッツのコンディショナー

オイリーヘアのケア

ココナッツのコンディショナーは、髪を柔らかく軽い感触に仕上げます。ココナッツはヘアケア用品によく使われていて、ココナッツオイルは髪の軟化と頭皮の鎮静、ココナッツミルクは髪のコンディショニングと栄養補給に働きます。卵黄は髪の状態を改善するために昔から用いられており、髪の強化と保湿にも効果があります。

材料（多めの1回分）

- 卵黄…1個
- 固形ココナッツオイル…小さじ1杯
- ココナッツミルク…大さじ3杯

作り方

1. ボウルに卵黄とココナッツオイルを入れ、泡立て器またはスティック型のブレンダーで泡が立つまで撹拌する。
2. ココナッツミルクを加え、なめらかになるまで混ぜ合わせる。
3. 取り出しやすいように絞り出し容器に注ぎ入れる。

使い方

髪に塗布し、頭皮に揉み込む。2～5分間そのまま置き、冷水ですすぎ流す。髪を乾かし、いつも通りにスタイリングする。乾燥した涼しい場所に保存する。使用期限は6週間。

頭皮のマッサージ

下記のシンプルな手順に従ってコンディショナーで髪と頭皮をマッサージすると、頭皮を活性化させ、健康で強い髪を育てるのに役立つ。

① シャンプーをする時の要領で5本の指を動かし、頭全体を優しくマッサージする。
② 根元の方の髪をひと握り分つかみ、手を根元から離れないようにしたまま左右に引っ張る。
③ 手のひらの付け根でこめかみを両側から挟み、ゆっくりと円を描くように回す。
④ 後頭骨部（頭の後ろの首の一番高い部分の骨）の位置を確かめる。左手親指を後頭骨の左側に、右手親指を後頭骨の右側に置き、筋肉をほぐすように揉み込む。

卵黄
栄養豊富な卵の黄身にはタンパク質、ビタミン、ミネラルが含まれる。ニキビあるいは肌の乾燥やかさつきの治癒にも優れた効果がある。

髪のもつれをほぐすカモミールのヘアミスト

すべての髪質のためのケア

カモミールとココナッツミルクを配合したこのヘアミストは、髪の状態を整えて髪をなめらかにします。長年、薬用として使われてきたカモミールの浸剤は、ブロンドヘアを輝かせ、暗い髪色を明るくする他にも、炎症を起こした頭皮を鎮める効果にも優れています。ココナッツミルクは髪のコンディショニングと栄養補給効果があり、もつれた髪をほぐす作用もあります。

材料

カモミールフラワー
炎症を起こした頭皮を落ち着かせる作用がある。

ココナッツミルク
この栄養豊富なミルクには、髪のコンディションを整える成分が含まれている。

ローマンカモミール精油
心地よい香りを放つカモミールの精油は、頭皮を鎮静化させる。

材料（約200mL）
- ミネラルウォーター…200mL
- カモミールフラワー…大さじ1杯
- ローマンカモミール精油…2滴
- ココナッツミルク…大さじ2杯

作り方
1. カモミールフラワーの浸剤を作るために、ミネラルウォーターを沸騰させる。ティーポットまたはガラス製のボウルにカモミールフラワーを入れ、熱湯を注ぐ。10分間浸したら、ハーブを濾す。
2. ココナッツミルクに精油を加えてよく混ぜ合わせる。
3. 浸剤が冷めたら、ココナッツミルクの混合液を加えて混ぜる。
4. 殺菌したガラス容器に注ぎ入れ、スプレー式のキャップを取りつける。

使い方
使用前によく振り混ぜる。洗浄後の濡れた髪に吹きつけてクシでとかし、温水ですすぎ流す。あるいは、すすぎ流さずに髪につけておいてもよい。乾燥した涼しい場所に保存する。使用期限は6週間。

ヘナ毛染め用リンス

すべての髪質のためのケア

ヘナは数千年もの歴史をもつ天然の毛染め剤です。髪の水分を奪うことがあるため、髪の乾燥が気になる場合には、ヘナのペーストにベースオイルと温めたミルクをそれぞれ大さじ1杯ずつ加えます。毛染め剤を作る時には、パッケージに記載された説明に従い、使用後にはホットオイルのトリートメント（右頁参照）やバナナのヘアパック（p.222参照）を塗布します。初めて使用する場合には、事前に自分の髪を少し切り取って染めてみるとよいでしょう。

クイックレシピ

材料（多めの1回分）

- ショートヘアあるいはそれより短い髪用のヘナ…25g
- ミディアムヘア用のヘナ…50g
- ロングヘア用のヘナ…75g
- 水…適量

作り方

1. 髪の長さに応じて必要量のヘナの粉末をはかり取り、ボウルに入れる。ヘナの使用説明書に従い、必要な量の水を鍋に入れて加熱する。
2. ヘナの粉末に熱湯を注ぎ、ゴム手袋を着けた手でよく混ぜ合わせ、ペースト状にする。

使い方

ゴム手袋を着けた手で、このリンスを髪に塗り、頭皮と髪をマッサージする。30～40分間そのまま置く。しっかりと染色したい時には、髪をタオルで巻き、1～4時間あるいは一晩そのまま置く。ヘナはわずかに髪を硬くするが、使用上の安全性については長い歴史がある。作ったらすぐに使用する。

ヘナによる毛染め

ヘナは数千年も前から、髪や指の爪、手のひら、足の裏を染めるために女性たちに愛用されてきました。ヘナは、淡緑色の葉が茂る愛らしい姿の低木のこと。この葉を乾燥して粉砕すると黄緑色の粉末になり、これをペースト状にしたものを使って髪を染める。ヘナを濃色の髪に使用すると、赤褐色に染まる。アレルギー反応が起きることはほとんどないが、極度の敏感肌には炎症が起きることがある。使用前には必ずパッチテストをすること。耳の裏側の皮膚の敏感なところにペーストをごく少量つけ、24～48時間の間に皮膚に炎症が起きるかどうかを確かめ、その後洗い流す。

ホットオイルのトリートメント

すべての髪質のためのケア

この簡単に作れるホットオイルのトリートメントは、髪に健康的な美しい光沢を与え、髪をシルクのように仕上げます。髪に栄養を補給するココナッツオイル、頭皮と髪に薄い膜を形成し、シルクのようななめらかさと柔らかさを与えるホホバオイル、髪を保湿して柔らかくなめらかに仕上げるオリーブオイルが配合されたこのトリートメントは、月に1回使用するとよいでしょう。このレシピではミディアムヘアにたっぷり使える分量が出来上がります。

材料（多めの1回分）
- 固形ココナッツオイル…小さじ1杯
- オリーブオイル…小さじ1杯
- ホホバオイル…小さじ1杯

作り方
1. 3種類のオイルを合わせて、穏やかに湯煎で溶かす（p.133参照）。固形ココナッツオイルが溶けたら湯煎から下ろす。
2. この油ベースの混合液は、頭皮がやけどしない程度にまで加温する必要がある。すぐに使用するが、熱くなりすぎてしまった場合には、少し温度が下がるまで待ってから使用する。

使い方
洗浄後の濡れた髪に塗布する。温めたオイルの中に指先を入れ、指についたオイルで頭皮と髪をマッサージし、髪の根元から毛先に向かってオイルを塗る。温めたタオルで髪を巻き、20分間そのまま置く。その後、オイルをつけた髪を水で濡らす前にシャンプーを行きわたらせ、しっかりと洗う。髪を乾かし、いつも通りにスタイリングする。ツヤのある健康的な髪を目指すには、月1回実践する。

固形ココナッツオイル
栄養豊富なココナッツオイルは温めると溶けて液体になり、髪と頭皮にぜいたくな心地よさをもたらす。

少し加熱した状態
室温ですぐに溶け始める。

さらに加熱した状態
液状になれば、髪にすみやかに行きわたるようになる。

10分間のヘアトリートメント

たった10分間で、髪の状態を改善することができます。髪のコンディショニング、マッサージ、洗浄を組み合わせたこの方法を実践すれば、髪が活性化され、豊かさと輝きが生まれます。ハーブには髪色を活性化させる作用があるため、洗浄後にはハーブで作ったリンスを使うようにしましょう。始める前に、自分の髪色に適したレシピを選び、それぞれ必要な準備をしておきます。

トリートメントの道具
天然素材で作られたヘアブラシを選ぶ。ただし、豚毛は避ける。ショートヘアの場合には、クシを使用してもよい。

手作りのリンス

明るい髪色用：ティーポットにカレンデュラフラワー大さじ1杯、カモミールフラワー大さじ1杯、レモン1個分の果汁を入れる。沸騰したお湯を注ぎ、10分間そのまま浸しておく。出来上がった浸剤を濾しながら水差しに移す。

カレンデュラ

暗い髪色用：ティーポットにドライネトル大さじ1杯、ドライローズマリー大さじ1杯、ドライセージ大さじ1杯を入れる。沸騰したお湯を注ぎ、浸剤の色が濃くなるまで30分間ほどそのまま浸しておく。出来上がった浸剤を濾しながら水差しに移す。

ローズマリー

1 いつも通りに髪を洗う。濡れた髪にたっぷりとコンディショナーを塗布し、毛先に向かって塗り込む。

2 ブラシまたはクシを使い、コンディショナーが髪全体に均一に行きわたるように、薄く伸ばす。

3 シャンプーする時の要領で、指先を円を描くようにゆっくりと動かし、3分間頭皮をマッサージする。頭皮全体でマッサージしていないところがないことを確認する。

10分間のヘアトリートメント

4 さらに2分間、指先の腹で擦るようにして頭皮を活性化させる。頭皮全体をくまなく刺激したことを確認する。

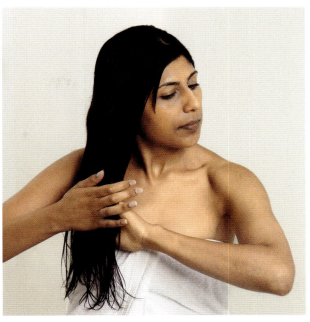

5 両手の手のひらと指で髪を挟み、軽く押しつけながら、髪の根元から先端に向かってゆっくりと撫で下ろす。

6 温めたタオルで髪を巻き、はみ出た髪の毛もすべてタオルの中に入れる。楽な姿勢で腰かけて5分間リラックスし、その後、清潔な水でコンディショナーをすすぎ流す。

7 用意しておいた手作りのハーバルリンスを髪全体に注ぐ。その後、清潔なお湯でしっかりとすすぎ流し、いつも通りに髪を乾かし、スタイリングする。

バナナのヘアパック

すべての髪質のためのケア

熟しすぎたバナナを使って、保湿力に優れ、頭皮と髪に驚くほどの効果を発揮するヘアパックを作りましょう。バナナには髪を強く健康にすることで知られるカリウムとビタミンA・C・Eが豊富に含まれていることから、果物の中でも特に手作りのトリートメントに適しています。手早く簡単に作ることができるこのヘアパックは、髪の調子を整え、手ざわりを柔らかくします。

材料（多めの1回分）
- 中サイズの完熟バナナ…1本
- 完熟アボカド…1個
- ココナッツミルク…大さじ3杯

作り方
1. バナナとアボカドをボウルに入れ、フォークでつぶす。
2. ココナッツミルクを加え、ペースト状になるまでよく混ぜ合わせる。髪の乾燥やダメージが特にひどい場合には、アボカドを加えず、ココナッツミルクを大さじ2杯、そしてアーモンドオイル、ココナッツオイル、オリーブオイルのいずれか1種類を大さじ1杯加える。

使い方
乾いた髪にマッサージして擦り込み15分間そのまま置く。効果を最大限高めるには、タオル（温めたものが望ましい）で髪を巻き、15分間そのまま置く。髪に塗ったパックはお湯ですすぎ流し、その後いつも通りに洗う。新鮮な材料を用いているため、すぐに使用する。

シダーウッドのトリートメント

オイリーヘアのケア

再生力と殺菌・収れん作用のあるシダーウッドの精油は髪の脂っぽさ、フケ、頭皮の炎症の治癒に効果的です。このレシピで使われているココナッツオイルは、髪に栄養を補給し、ボリュームと光沢やツヤを与えます。殺菌力に優れ、鎮静・治癒効果のあるラベンダーが傷ついた細胞組織の形成を促します。

材料（約45g）
- 固形ココナッツオイル…大さじ2杯
- ニームオイル…小さじ3杯
- シダーウッド精油…5滴
- ラベンダー精油…5滴
- ローズマリー精油…5滴

作り方
1. ココナッツオイルとニームオイルを合わせて湯煎で溶かす（p.133参照）。オイルが溶けたら湯煎から下ろす。あら熱がとれたら、精油を加えてよく混ぜ合わせる。
2. 殺菌した容器に注ぎ入れ、冷めたら蓋を閉める。

使い方
髪の長さにもよるが、1回にさくらんぼ1粒大程度の量で十分足りる。髪に揉み込んだら温かいタオルで髪を包み、30〜60分間あるいは一晩そのまま置く。トリートメントを落とす時には、水に濡らす前に髪全体にシャンプーを擦り込んでから、温水ですすぎ流す。残っているオイルを完全に取り除くために、もう一度シャンプーする。髪はそのまま自然乾燥させる。乾燥した冷暗所で保存する。使用期限は3カ月。

ニームとココナッツのスカルプバーム

乾燥してかさついた頭皮のケア

ニームオイルは、アーユルヴェーダ医療では一般的に用いられ、初期のサンスクリット語の書物には病気の治療薬として利用されていた記録が残っています。現在アジアではニームの小枝は歯ブラシ代わりに、葉は薬用として広く使用されています。オイルには殺菌作用があり、防虫剤としても有効です。また頭皮のトラブルの治療、かゆみやフケの予防、アタマジラミの治癒にも効果を発揮します。

材料（約45g）
- ニームオイル…大さじ1杯
- 固形ココナッツオイル…大さじ2杯
- セージ精油…3滴
- ティートリー精油…3滴
- ラベンダー精油…3滴

作り方
1. ニームオイルとココナッツオイルを合わせて穏やかに湯煎で溶かす(p.133参照)。オイルが溶けたら湯煎から下ろす。
2. あら熱がとれたら、精油をすべて加えてよく混ぜ合わせる。
3. 殺菌した容器に注ぎ入れる。1〜2時間置いて冷めたら頭皮に使用する。

使い方
週1回、頭皮に揉み込む。10分間そのまま置き、シャンプーで洗浄後、温水ですすぎ流す。冷暗所で保存する。使用期限は3カ月。

髪にツヤを与える
ローズマリーとココナッツのヘアバーム

すべての髪質のためのケア

髪に汚れを蓄積したり髪本来の水分を奪い去ったりするヘアケア用品を使用していると、髪の輝きやツヤが失われます。髪の輝きと健康をベストな状態に保つ最善の方法は、ヘルシーな食事と定期的な運動を心掛けることです。このシンプルなヘアバームは自然な髪のツヤをより引き立てるだけでなく、髪をダメージから守る役割も果たします。濡れた髪と乾いた髪のどちらにも使用可能です。

材料（約20g）
- 固形ココナッツオイル…大さじ1杯
- ココアバター…小さじ1杯
- ローズマリー精油…5滴

作り方
1. ココナッツオイルとココアバターを合わせて穏やかに湯煎で溶かす(p.133参照)。バターが溶けたら湯煎から下ろす。
2. ローズマリー精油をすべて加えて混ぜ合わせる。殺菌した容器に注ぎ入れ、冷めたら蓋をする。

使い方
シャンプー後の濡れた髪に塗布する。特に毛先を念入りに、ヘアバームを髪の上から毛先に向けて塗る。3〜5分間そのまま置き、温水ですすぎ流す。髪を乾かし、いつも通りにスタイリングする。清潔な状態の乾いた髪に使用する場合には、量をごく控えめにし、頭皮を避けて毛先に向かって塗る。冷暗所で保存し、使用期限は3カ月。

シアバターの縮毛トリートメントヘアバーム

強いくせ毛（縮毛）のケア

髪の縮れやもつれ、まとまりの悪さは、髪の表面にあるキューティクルがめくれ上がっていることが原因です。キューティクルを整えてなめらかにし、髪の縮れを改善するには、髪が乾いている時にブラッシングすることをやめ、キューティクルのダメージを防ぐことが大切です。髪に栄養と水分を補給するシアバターは、髪の根元に働き、髪をまとめやすくします。また毛髪を光沢のある層で覆うことで、髪を保護して枝毛を防止する効果もあります。

材料（約90mL）
- シアバター…小さじ1杯
- アルガンオイル…大さじ1杯
- 乳化ワックス…小さじ1杯
- グリセリン…小さじ1杯
- アロエベラジュース…大さじ4杯
- 髪質や頭皮の状態に合った精油（下記参照）…5滴

作り方
1. シアバター、アルガンオイル、乳化ワックスを合わせて湯煎で溶かし、エマルションを作る（p.109参照）。ワックスが溶けたら湯煎から下ろす。
2. グリセリンとアロエベラジュースを混ぜ合わせ、穏やかに加熱する。
3. 1.と2.をどちらも温かいうちに混ぜ合わせ、泡立て器またはスティック型のブレンダーでなめらかになるまで撹拌する。
4. 精油を加える。殺菌したボトル容器に注ぎ入れ、完全に冷めたらポンプ式のキャップを取りつける。

使い方
使用前によく振り混ぜる。シャンプー後に、ポンプを押して手のひらに少量出し、両手で擦り合わせてから、髪全体に撫でつける。温水ですすぎ流すか、洗い流さないコンディショナーとして使用し、その後、いつも通りに髪を乾かし、スタイリングする。冷暗所で保存し、使用期限は3カ月。

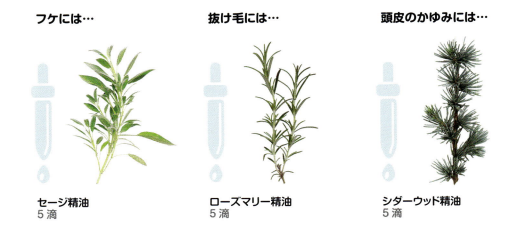

フケには…
セージ精油
5滴

抜け毛には…
ローズマリー精油
5滴

頭皮のかゆみには…
シダーウッド精油
5滴

輝く髪を育てるための食事

食生活とライフスタイルは、髪の健康状態に表れます。髪を輝かせるには、まずは毛穴と頭皮が健康であることが不可欠です。また、毛髪を強く育てるために、タンパク質とミネラルをたくさん摂る必要もあります。食生活を改善してから、髪にその効果が現れるのはおよそ6～8週間後。これは不足していた栄養素が補完され、より健康で光沢のある新しい髪が成長するのに時間がかかるからです。

食生活の質を高める

タンパク質をもっと多く摂る：髪の主成分はケラチンと呼ばれるタンパク質の一種。キューティクルが整った丈夫で輝きのある髪を育てるには、良質のタンパク質をたくさん摂る必要がある。毎回の食事で、精製された炭水化物の量を控え、タンパク質をより多く摂るようにする。魚、卵、ナッツ、種子、有機飼料で育った肉類を少量、マメ類などはいずれもタンパク質の優れた供給源となる。

亜鉛の摂取量を増やす：このミネラルは髪の健康にきわめて重要であり、髪の修復と成長の両方に働きかける。現在の集約的農業により土壌中の亜鉛含有量が通常レベルを大きく下回っているため、現代人の多くは亜鉛が不足している。オーツ麦などの亜鉛を豊富に含有する食材あるいは亜鉛サプリメントを積極的に摂るようにする。

鉄分を摂る：鉄分が不足している人は多い。鉄分不足による貧血で髪が薄くなることがある。ナッツや葉物野菜などの鉄分が豊富な食材または鉄のサプリメントを摂取し、髪の成長とボリュームアップを促す。

シリカを含有する食材を選ぶ：加齢とともに体内のシリカは使い果たされる可能性があり、この結果、髪のツヤやボリュームが失われる。シリカを含有する食材にはオーツ麦、玄米、大麦、緑色野菜、大豆、リンゴなどがある。

オメガ脂肪酸含有量の多いオイルを摂る：頭皮に常に栄養を届けるために、「良質」のオイルを豊富に摂取する。これらは魚、あるいはヘーゼルナッツやヘンプシードなどのナッツや種子類に含まれている。

スーパーフード

ビタミン豊富なスーパーフードを取り入れ、食生活のバランスを整えましょう。ここに紹介した食材には、ケラチンの強化、頭皮の保護、髪の光沢アップに必要な成分がすべて含まれています。

脂肪分の多い魚
サーモン、サバ、イワシは頭皮の健康に効果的なオメガ脂肪酸の優れた供給源であり、ケラチンを作るタンパク質や脂溶性のビタミンA・D・E・Kも豊富に含む。脂肪分の多い魚を週2回以上食べるようにする。

ヘーゼルナッツ
ビタミンBの一種であるビオチンと葉酸を豊富に含むヘーゼルナッツは髪の健康に効果的。また、タンパク質とオメガ脂肪酸も含む。表皮には、頭皮と髪の細胞を保護する抗酸化物質のプロアントシアニジンが大量に含まれる。

ホーステール
ホーステールには、他の栄養素を体内に運搬するのを助ける栄養素であるシリカが豊富に含まれる。シリカは髪のもろさを改善し、輝きと強度を増す働きがある。お茶を淹れるには、ホーステール小さじ山盛り1杯にカップ1杯の熱湯を注ぐ。

輝く髪を育てるための食事 | 227

オーツ麦
定期的にオーツ麦を食事に取り入れ、良質のタンパク質、そしてビタミンB群、亜鉛、シリカ、銅を摂取する。これらの微量栄養素は抜け毛予防にきわめて効果が高い。またオーツ麦には、カリウム、リン、マグネシウム、鉄などの髪の成長に欠かせないミネラルも含まれている。

髪のために避けた方がよいもの

- **加工食品や精製食品**：これらの食品は満腹感はあるものの、フラボノイドやミネラル・ビタミンなどの栄養素が乏しい。実際、体重は過剰に増えるが、体内に必要な主要栄養素が不足していることがある。
- **「質の悪い」オイル**：マーガリンや、キャノーラ油などの調理油に含まれるある種の脂肪酸は、炎症の悪化や老化を引き起こす可能性がある。また、皮脂の過剰分泌や頭皮のかさつきの原因にもなる。これらの代わりにバージンココナッツオイルやコールドプレス法で精製したオリーブオイルなどの上質なオメガ脂肪酸を豊富に含む「質のよい」オイルを摂るように心掛ける。
- **フィチン酸塩（フィチン酸）**：フィチン酸は全粒穀物、マメ科植物、ナッツ、種子などに含まれている。フィチン酸は鉄、亜鉛、マンガン、カルシウムなどのミネラルの吸収を阻害する性質をもっているので、穀類やマメ科植物を摂取するときには加熱調理をし、オーツ麦などを生のまま食べる場合には、アップルジュース、ヨーグルト、バターミルクなどの弱酸性の液体に数時間浸してから食べるようにすることで問題はなくなる*。

卵
卵黄は、ケラチンを作るタンパク質の優れた供給源であるだけでなく、健康な頭皮を育てるオメガ脂肪酸や、水溶性のビタミンBであるビオチンも含む。ビオチンが不足すると、切れ毛や抜け毛になりやすくなる。

スピルリナ
驚くべき栄養素を含有する藍藻の一種、スピルリナは、ケラチンを作るタンパク質の完璧な供給源といわれているが、その理由は18種類のアミノ酸が含まれているからである。また、健康な頭皮を育てる必須脂肪酸や抗酸化物質も多く含む。アップルジュースに小さじ1杯のスピルリナを溶かし、毎日飲むとよい。

ネトル
抜け毛を減らし、髪のコンディションを改善するネトルは毛穴にビタミン（AとC）とミネラル（カリウムと鉄）を届け、強く健康な髪を育てる。新鮮なネトルが入手できる時期にはスープやシチューの具材として使用する。お茶を淹れるには、小さじ山盛り1杯のドライリーフを使う。

*監修者注　フィチン酸は細胞の酸化を防ぎ、がん細胞の発生と増殖を抑える効果がある。また血液凝固を防ぎ血栓予防の効果もある。

ハンド&フット

私たちは、日々さまざまな仕事をこなしている
手と足のお手入れを怠ってしまいがちです。
ここでは手と足を癒し、贅沢にケアするための
テクニックとレシピを紹介します。
丈夫な爪と、かさつきやひび割れのない手足を手に入れましょう。

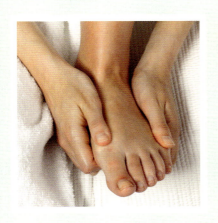  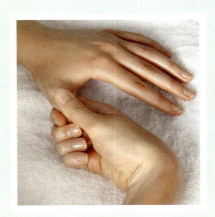

ハンドケアとフットケアの基本

毎日のお手入れでは、顔と髪のケアばかりに意識が集中してしまうことが少なくありません。しかし、身体の他の部分にももっと目を向ける必要があるのです。私たちの手と足はどちらも、身体の中でも最も多くの仕事をこなしています。この手と足に十分なケアを施すことは、健康的なライフスタイルの要であり、生涯を通じてよい結果をもたらすことにつながります。

食生活を改善する

日々の食生活は皮膚と爪の健康に大きな影響を与える。

- 多種多様な種類のヘルシーな必須脂肪酸を摂取し、皮膚と爪に栄養を与える。
- 良質のマルチビタミンやミネラルサプリメントの錠剤を摂取する。これらの栄養素が不足したり微量元素欠乏症になったりすると、爪のトラブルを引き起こすことがある。
- 健康な爪を育てるために、マメ科植物、ナッツ、種子類などの高品質のタンパク質食材と、ビタミンBを多く含有する食品あるいはサプリメントを摂取する。
- 健康な皮膚と爪の成長を促進するには、体内に水分を十分に蓄えておく必要があるため、水をたくさん飲む。

チアシード

ソラマメ

ヘーゼルナッツ

手に癒しを与える

　手は毎日、日差しや風や雨、あるいは寒さにさらされています。また炊事や洗濯、掃除などの家事においては、身体のどの部分よりも刺激の強い化学物質に触れる機会が多くなります。そのため皮膚や爪へのダメージはすぐに蓄積され、酷使した手は実際の年齢よりもあなたを老けて見せることもあるでしょう。

　健康的な手指の爪は、なめらかで色が均一に整い、シミ、筋、へこみ、変色とは無縁です。爪の見た目が悪いと感じたら、日頃のお手入れ不足が原因の場合もありますが、真菌感染症などの治療が必要な状態の兆候かもしれません。

- 習慣的に手を洗い、手洗い後は毎回保湿クリームを塗る。
- 他の皮膚と同じように、爪にも潤いが必要なため、忘れずに保湿すること。保湿クリームで爪と甘皮をマッサージして血行を促進し、酸素と栄養素を豊富に含んだ血液が爪と髪に行きわたるようにする。
- 食器洗い、ガーデニング、洗濯などの仕事では、水や刺激の強い洗剤に長時間手をさらすことになるため、手袋を使うこと。
- 爪の下の皮膚への損傷を避けるため、爪を噛んだり、甘皮をいじったりしないこと。爪の周囲にできたほんの小さな切り傷から細菌や真菌が侵入し、感染症を引き起こすことがある。爪の成長は非常にゆっくりなため、いったん傷ついた爪にはその痕跡が数カ月間も残る。
- 指の爪を切り揃え、爪の裏側も清潔にする。切れ味のよい爪切りや爪用ハサミを使用し、爪の端に爪ヤスリをかけてなめらかにする。
- ささくれを引っ張らないこと。一緒に生きた皮膚組織も剥けてしまうため、ささくれは慎重にハサミで切り取る。
- ほとんどのマニキュアは有毒な溶剤やホルモンに影響を与える化学品で作られ、それを落とすための除光液は爪と甘皮を著しく乾燥させる。健康を第一に考えたら、よく手入れされた自然な美しさをもつ爪に勝るものはないため、マニキュアの使用についてはよく考えること。

自慢の足を手に入れる

　私たちはふだん、痛みでもない限り、足を気にかけることはありません。しかし、フットケアを続ければ、これから先の人生をもっと軽やかな足取りで過ごせるようになります。正しいフットケアの第一歩は、足にぴったりと合った靴選びからです。足に合わない窮屈な靴を履いていると、扁平足、外反母趾、うおのめ、巻き爪などを起こします。これらはどれも痛みを伴うため、歩き方にも影響することがあります。また、トレーニングシューズの中は汗でにおいがこもることから、真菌感染症になりやすくなります。またある調査によると、ヒールの高い靴は姿勢や腰痛を悪化させ、膝の変形性関節症のリスクを高めることが示唆されています。

- 足の洗浄と乾燥をていねいに行うこと。足を洗った後は、足指の間までしっかりと水分を拭き取る。湿った足指の間ほど、水虫が繁殖しやすい環境はない。
- 爪切りを使って、足の爪を定期的に整える。爪の両端を切り込むと、巻き爪になり、痛みを生じることがあるため、爪はまっすぐに切り揃える。
- 一日中立ったままで、足のだるさとむくみを感じているのならば、一日の終わりに時間を作り、足を頭より高い位置に上げ、横になってリラックスするとよい。ゆっくりと足を回したり曲げたりすると、血行が改善される。
- ざらついた皮膚を柔らかくするには、オリーブオイル、ココナッツオイル、シアバター、ココアバターなどの栄養豊富なオイルを毎晩足に塗り、時々自分でフットマッサージを施すとよい（p.236 参照）。かさつきがひどい場合には、保湿後に薄手の靴下を履いてそのまま寝ると、治癒が早まる。
- リラックス効果の高いフットバスは足のさまざまな痛みの治癒と鎮静に効果的。フットバスにシーソルトやエプソムソルト（p.81 参照）、あるいはラベンダー、カモミール、ティートリー、ユーカリなどのリフレッシュ効果のある精油を加えるとよい。
- 感染症は広がる前に早めに治療する。ティートリーやタイムなどの天然の精油は、感染症に効果がある。慢性化した足のトラブルは簡単には治療できないため、医師や足専門の治療医に相談すること。

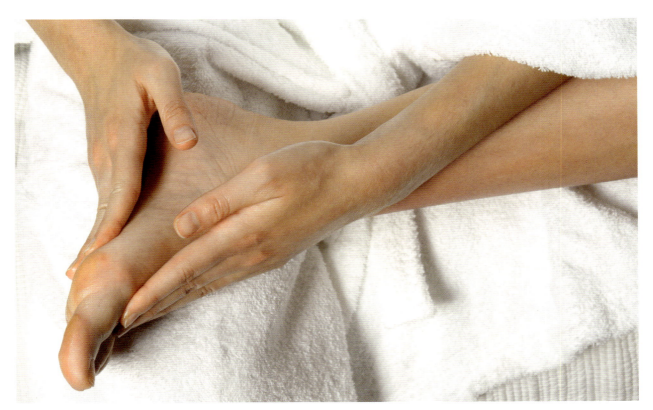

週1回、保湿効果のあるオイルとローションでマッサージし、足をリラックスさせる（p.236 参照）。足に疲れや痛みがある時には、このマッサージが足の状態の改善と活性化に役立つ。

ガーデニングケアハンドスクラブ

庭仕事で汚れて疲労した手のケア

庭仕事をした一日の終わりには、このハンドスクラブで乾燥した手を癒し、栄養を補給してあげましょう。簡単に作れるこのハンドスクラブは、角質除去効果のある米粉と軽石粉が配合され、硬めのテクスチャーでありながら心地よい粘り気もあります。栄養豊富なアーモンドオイルをオリーブオイルと混ぜ合わせると、皮膚の軟化、鎮静、治癒、保護に有効です。ローズマリー精油には血行促進作用があり、疲れた筋肉に優れた効き目をもたらします。

材料

ローズマリー精油
爽やかで加温作用があり、疲れた手に優れた効果を発揮する。

オリーブオイル
皮膚の栄養補給、軟化、鎮静、保護、治癒作用がある。

アーモンドオイル
栄養豊富で、抗炎症作用と状態を整える作用に優れる。

軽石粉
軽石粉には研磨作用があり、古い皮膚細胞を除去して肌を活性化する。

米粉
穏やかな研磨作用があり、古い皮膚細胞を取り除く。

材料（約50g）
- 米粉…大さじ1杯
- 軽石粉…小さじ1杯
- アーモンドオイル…大さじ1杯
- オリーブオイル…大さじ1杯
- ローズマリー精油…10滴

作り方
1. ボウルにすべての材料を入れ、よく混ぜ合わせる。
2. 殺菌したガラス容器にスプーンで移し入れ、蓋を閉める。

使い方
スクラブを手に塗り、汚れのこびりつきと乾燥の気になる部分を特に念入りにマッサージする。お湯で洗い流す。必要に応じて、使用後にハンドクリームを塗る。冷暗所に保存し、使用期限は3カ月。

ソフトオーツハンドスクラブ

加齢肌のケア

私たちの手は休むことなく働いています。毎日の傷や痛みが積み重なって膨大な量となり、身体の他の皮膚と同じように老化していきます。手をよい状態に保つことはつい後回しにしがちですが、このシンプルなスクラブを使えば、くすんだ手の皮膚を活性化して若返らせ、なめらかにすることが可能です。

材料（約45g）
- ジャンボオーツ…大さじ1杯
- アルガンオイル…大さじ1杯
- 砂糖…小さじ1杯
- 米粉…小さじ1杯
- グリセリン…小さじ1杯
- ゼラニウム精油…4滴
- オレンジ精油…4滴

作り方
1. ボウルに、オーツ麦、アルガンオイル、砂糖を入れる。次に米粉、グリセリン、精油を加え、よく混ぜ合わせる。
2. 殺菌したガラス容器にスプーンで移し入れ、蓋を閉める。

使い方
清潔な手にスクラブを塗布し、優しく擦り込む。乾燥と肌荒れの気になるところを特に念入りに塗る。お湯で洗い流し、よく水分を拭き取る。必要に応じて、ハンドクリームを塗る。スクラブの作用をもっと穏やかにしたい場合には、砂糖は加えないこと。乾燥した涼しい場所に保存する。使用期限は3カ月。

アルガンネイルバーム

弱った爪のケア

植物油をたっぷりと配合した手作りのネイルバームで、爪と甘皮の健康を増進し、爪の強化と保湿をはかりましょう。修復力に優れたアルガンオイルと栄養豊富なココアバターは爪の甘皮を集中的に保湿・軟化します。メリッサとレモンの精油は爪に清潔感のある香りを移し、刺激的なミルラの精油が皮膚のひび割れを治癒します。

材料（約20g）
- アルガンオイル…小さじ1杯
- イブニングプリムローズオイル…小さじ1杯
- ココアバター…小さじ1杯
- ビーズワックス…小さじ1/2杯
- メリッサ精油…5滴
- レモン精油…2滴
- マンダリン精油…2滴
- ミルラ精油…1滴

作り方
1. オイル、ココアバター、ビーズワックスを合わせて湯煎で温める（p.133参照）。ワックスが溶けたら、湯煎から下ろす。
2. 精油を加え、よく混ぜ合わせる。
3. 殺菌したガラス容器に注ぎ入れる。冷めたら蓋を閉める。

使い方
爪と甘皮に優しく擦り込む。必要に応じて、二度繰り返す。冷暗所に保存し、使用期限は3カ月。

ヒーリングハンドクリーム

乾燥肌のケア

栄養豊富な植物油と修復力に優れた精油をどちらも配合したこの保護クリームは、働きすぎて疲れた手に栄養を与え、保湿・修復します。また、鎮静・軟化作用のあるオリーブオイルとホホバオイル、ビタミンと脂肪酸が豊富なアルガンオイルが手と爪を強化します。このクリームにブレンドされている精油は、皮膚の修復と炎症の治癒だけでなく、気分を高める香りをもたらします。

材料

- オリーブオイル — 皮膚の鎮静、保護、治癒に効果がある。
- ホホバオイル — 乾燥してひび割れた皮膚に潤いを保つのを助ける。
- アルガンオイル — 不飽和脂肪酸が豊富なアルガンには、ビタミンEも含まれる。
- ココアバター — 保湿・コンディショニングの他に肌をなめらかにする作用もある。
- 乳化ワックス — 乳化ワックスは溶けると、油と水を結合させる役目を果たす。
- レモン精油 — 甘く爽やかな香りをもつレモン精油は虫刺されにも効果的。
- メリッサ精油 — 抗炎症作用があり、皮膚トラブルに効果的。
- マンダリン精油 — 甘い芳香を放ち、皮膚の調子を整える作用に優れている。
- ミルラ精油 — 皮膚のあかぎれやひび割れに効果的。
- ビーズワックス — 高粘度でロウ状の質感をもつビーズワックスは、露出の多い皮膚への使用に適している。

材料（約100g）

- アルガンオイル、オリーブオイル、ホホバオイル…各小さじ1杯
- ココアバター…小さじ1杯
- ビーズワックス…小さじ1杯
- ミネラルウォーター…60mL
- 乳化ワックス…大さじ1杯
- グリセリン…小さじ1杯
- メリッサ精油…8滴
- レモン、マンダリン、ミルラ精油…各4滴

作り方

1. オイル、ココアバター、ビーズワックスを合わせて湯煎で溶かし、エマルションを作る（p.109参照）。ワックスが溶けたら湯煎から下ろす。
2. 鍋にミネラルウォーターを入れ、80℃になるまで加熱する。乳化ワックスとグリセリンを加え、かき混ぜる。
3. 1.と2.をどちらも温かいうちに混ぜ合わせ、泡立て器またはスティック型のブレンダーでなめらかになるまで撹拌する。
4. あら熱がとれたら精油を加え、さらにかき混ぜ続ける。殺菌したガラス容器に注ぎ入れ、冷めたら蓋を閉める。

使い方

乾燥した手に塗布して優しくマッサージし、爪と甘皮に擦り込む。冷暗所に保存し、使用期限は1カ月。

10分間のフットマッサージ

週に1回、フットマッサージで足をリラックスさせ、よい状態を保ちましょう。始める前に、お湯を張り、ペパーミントあるいはラベンダーの精油を2滴加えた容器に足を浸します。5分経ったら、お湯から足を引き上げ、水分を拭き取ります。クッションを腰に当ててサポートし、右膝の上に左足の裏を上にしてのせます。

1 両手の手のひらにオイルまたはローションを擦り込む。左足を両手で挟み、両手の指先が足先を向くようにする。両手を足に沿わせながら前後に動かし、手で擦った部分が温かくなるまで続ける。

2 両手の親指を使い、足の裏をかかとから足先に向けて、強めに圧迫しながら円を描くようにマッサージする。足裏全体をくまなく揉み込む。

3 両手で足裏をつかみ、親指が足の甲から足の裏側に回り込むように優しく擦る。これを3回繰り返す。

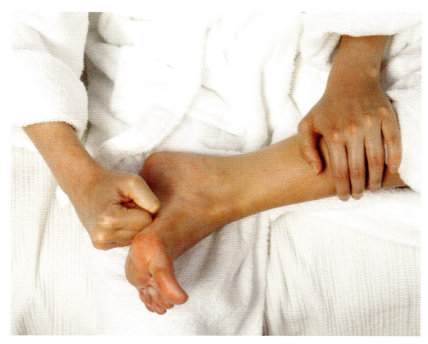

4 足裏をアーチ状に反らす。左足のふくらはぎを片手で押さえ、もう片方の手で拳を作る。足裏のアーチの中に拳を入れ、手の指の関節の出っ張りを利用して、手を前後に回転させながら優しく足裏を揉む。

5 左手でかかとを押さえ、右手で指先をつかむ。1本1本の指を順番に強く圧迫したり左右に回したりした後、優しく曲げる。

6 足首を両側から両手で円を描くようにマッサージし、くるぶしを優しく擦る。一連の手順を右足にも繰り返す。

10分間のハンドマッサージ

週1回のハンドマッサージで、手の疲れを癒し、血行を促進しましょう。始める前に、お湯を張り、好みの精油を2滴加えたボウルに手を浸します。5分経ったら、お湯から手を引き上げ、水分を拭き取ります。座り心地のよい椅子に腰掛け、タオルを巻いた枕を膝の上にのせます。両手にオイルまたはローションを塗り、互いに擦り込みましょう。

1 左手の手のひらを下に向け、枕の上に置く。右手を使い、指の付け根から指先に向けて強めに押し、指先を引っ張る。それをすべての指で行う。関節を強く引っ張りすぎないように注意する。

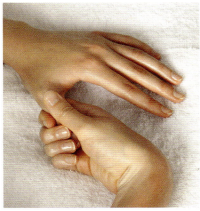

2 右手で親指をつかみ、優しくねじりながら、指先の方へ引っ張る。これを左手のすべての指で繰り返す。この時、関節を強く引っ張りすぎないように注意する。

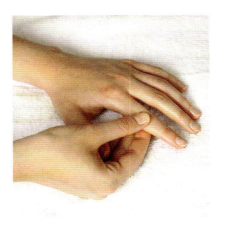

3 右手の親指と人差し指で挟むようにして、左手のすべての関節を円を描くように優しくマッサージする。

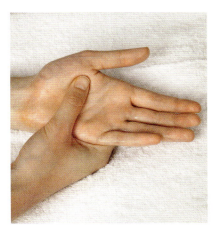

4 左手の手のひらを上に向け、右手の親指以外の4本の指で下から支える。親指の腹を使い、時計回り、次に反時計回りに円を描くように手のひらをマッサージする。特に親指の関節の周囲の筋肉に意識を集中する。

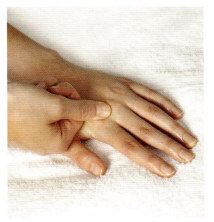

5 手のひらが下向きになるように左手を裏返し、指の付け根の間から手首の方へ、親指で一気に撫で下ろす。骨の上ではなく、骨の間を揉むように意識する。これを3回繰り返す。

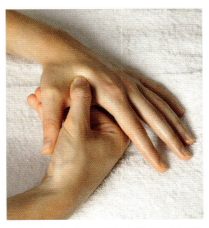

6 親指の腹を使い、親指と人差し指の間を時計回り、次に反時計回りに小さな円を描くようにマッサージする。その後、優しく手を揺する。一連の手順を反対側の手にも繰り返し、その後5分間ゆっくりとリラックスする。

ローズとシアバターのハンドクリーム

乾燥肌のケア

皮膚の修復と軟化に効果的なこの濃厚なバタークリームで、働き疲れた手をケアしましょう。このハンドクリームのベースは、栄養補給効果に優れたアーモンドオイルと高い保湿力をもつシアバター。さらに、気持ちを穏やかにするローズとバランス調整力に優れたゼラニウムをブレンドしています。この香りのよいハンドクリームを、バッグの中にいつも入れておきましょう。

材料 (約100g)

- アーモンドオイル…小さじ1杯
- シアバター…小さじ1杯
- 乳化ワックス…大さじ1杯
- ミネラルウォーター…60mL
- グリセリン…小さじ1杯
- ローズ精油…5滴
- ゼラニウム精油…5滴
- パチュリー精油…3滴

作り方

1. アーモンドオイル、シアバター、乳化ワックスを合わせて湯煎で溶かし、エマルションを作る(p.109参照)。ワックスが溶けたら湯煎から下ろす。
2. 鍋にミネラルウォーターを入れ、80℃になるまで加熱する。グリセリンを加える。
3. 1.と2.をどちらも温かいうちに混ぜ合わせ、泡立て器またはスティック型のブレンダーでなめらかになるまで撹拌する。
4. あら熱がとれたら精油を加え、さらにかき混ぜ続ける。
5. 殺菌したガラス容器に注ぎ入れ、冷めたら蓋を閉める。

使い方

乾燥した手に塗って優しくマッサージし、爪と甘皮に擦り込む。必要に応じて、二度繰り返す。冷暗所に保存し、使用期限は1カ月。

スージングハンドクリーム

乾燥肌のケア

私たちの手が乾燥しやすいのは、洗剤を使った水仕事などでさまざまな物質に直接触れる機会が多いためです。このハンドクリームは、乾燥だけでなく、痛みも伴う状態を癒すために考案されました。カレンデュラの浸出油とカモミールの精油が配合されているため、炎症を起こした皮膚を治癒しながら、失った水分の補給にも役立ちます。

材料 (約100g)

- ホホバオイル…小さじ1杯
- カレンデュラの浸出油…小さじ2杯
- ビーズワックス…小さじ1杯
- 乳化ワックス…大さじ1杯
- ミネラルウォーター…60mL
- ラベンダー精油…6滴
- ローマンカモミール精油…5滴

作り方

1. ホホバオイル、カレンデュラの浸出油、ビーズワックス、乳化ワックスを合わせて湯煎で溶かし、エマルションを作る(p.109参照)。ワックスが溶けたら湯煎から下ろす。
2. 鍋にミネラルウォーターを入れ、80℃になるまで加熱する。温かいうちに1.と混ぜ合わせ、泡立て器またはスティック型のブレンダーでなめらかになるまで撹拌する。
3. あら熱がとれたら精油を加え、さらにかき混ぜ続ける。
4. 殺菌したガラス容器に注ぎ入れ、冷めたら蓋を閉める。

使い方

乾燥した手に塗って優しくマッサージし、爪と甘皮に擦り込む。必要に応じて、二度繰り返す。冷暗所に保存し、使用期限は1カ月。

軽石粉のフットスクラブ

乾燥した足のケア

乾燥したり硬くなったりした足の皮膚を、この洗浄力のあるフットスクラブで柔らかくしましょう。軽石粉と米粉が足の古い角質を除去し、浄化作用のあるカオリンが不純物を引き出すことで、足の発汗に伴うトラブルの緩和に働きます。このスクラブで使用している精油には、フットマッサージによる血行改善効果だけでなく、足の加温・洗浄、さらには足をなめらかにする作用もあります。

クイックレシピ

材料(約45g)
- 軽石粉…小さじ1杯
- 米粉…小さじ1杯
- カオリン…小さじ1杯
- 水…大さじ1〜2杯
- レモングラス精油…5滴
- ジンジャー精油…2滴
- グレープフルーツ精油…2滴

作り方
1. ボウルに軽石粉、米粉、カオリンを入れ、よく混ぜ合わせる。
2. 水を少しずつ加え、ペースト状に練る。精油を加え、さらに混ぜる。
3. 殺菌したガラス容器にスプーンで移し入れ、蓋を閉める。

使い方
足の皮膚にスクラブを塗り、特に皮膚の乾燥した部分とかかとを入念に、円を描くようにマッサージする。足についたスクラブは、洗浄力を高めるために、5分間そのまま置く。清潔なお湯で足をよくすすぎ流し、清潔なタオルでたたくようにして水分を吸い取る。涼しい場所に保存する。使用期限は1カ月。

シーソルトとティートリーのフットスクラブ

乾燥した足のケア

乾燥して硬くなった足の皮膚は、手早く簡単に作れるこのフットスクラブを溶かしたフットバスで治癒しましょう。シーソルトにはリラックス・鎮静作用に加え、微細な汚れを除去する効果もあります。栄養豊富なホホバオイルと洗浄力の高いティートリーを配合したこのスクラブを毎日使うと、足の疲れと皮膚のかさつきが緩和されます。

クイックレシピ

材料(約60g)
- シーソルト…大さじ1杯
- ホホバオイル…大さじ3杯
- ティートリー精油…10滴

作り方
1. ボウルにすべての材料を入れて混ぜ合わせ、塗りやすい軟らかさのペースト状にする。必要に応じて、オイルを追加する。
2. 殺菌したガラス容器にスプーンで移し入れ、蓋を閉める。

使い方
お湯を張った容器に足を5分間浸す。足を引き上げてからスクラブを塗り、特に皮膚の乾燥した部分とかかとを入念に、円を描くようにマッサージする。再びお湯に足を入れ、さらに5分間足を浸す。清潔なお湯で足をよくすすぎ流し、清潔なタオルでたたくようにして水分を吸い取る。傷のある皮膚には使用しないこと。涼しい場所に保存する。使用期限は3カ月。

かかとケアオイントメント

乾燥してひび割れたかかとのケア

このオイルベースの軟膏はかかとの皮膚の保湿とひび割れ予防に優れた効果を発揮します。この軟膏には治癒を促進する修復力の高い精油と、皮膚の軟化・保水作用に効果のあるベースオイル、乾燥状態の改善に有効な保護ワックスが配合されています。この軟膏は洗浄後に塗布しますが、角質除去後の方がさらに効果が高まります。

材料（約50g）
- ビーズワックス…小さじ1杯
- カルナバワックス…小さじ1杯
- キャスターオイル…小さじ1杯
- ヘンプシードオイル…小さじ1杯
- サンフラワーオイル…大さじ1杯
- ホホバオイル…大さじ1杯
- ミルラ精油…5滴
- ラベンダー精油…4滴

作り方
1. ワックスとオイルを合わせて湯煎で温める（p.133参照）。ワックスが溶けたら、湯煎から下ろす。
2. あら熱がとれたら精油を加え、混ぜ合わせる。1時間ほど冷めるのを待ちながら、時々かき混ぜる。
3. 殺菌した容器にすくって移し入れたら、すぐに使用できる。

使い方
最初に軽石で角質を除去し、次に足を念入りに洗って水分を拭き取る。軟膏を塗り、特に乾燥して荒れたところを中心にマッサージする。乾燥した涼しい場所に保存する。使用期限は6週間。

割れたかかとのケア

乾燥して割れたかかとは痛みを伴うこともある。長い間放っておくと、亀裂が深くなり、出血するおそれもある。悪化を予防するにはオリーブオイル、ココナッツオイル、シアバター、ココアバターなどの栄養価の高いオイルを足の荒れた部分に定期的に塗り、皮膚を柔らかくするとよい。割れたかかとを治すには、亀裂の奥深くまで浸透する濃厚な軟膏（上記参照）や薬用クリームで早めに栄養を補給する必要がある。夜、かかとにたっぷりと塗り、薄手の靴下を履いておけば、翌朝にはかかとの柔らかさとなめらかさが改善している。

シーソルトのフットバス

すべての肌質のためのケア

忙しい一日の終わりには、ディープクレンジング・殺菌作用があることで古くから知られているシーソルトのフットバスに浸かりましょう。このフットバスにはデッドシーソルトと皮膚の軟化と鎮静作用のあるオーツ麦、さらに筋肉の痛みに有効なアルニカの浸出油が配合されています。また、ラベンダーの精油が筋肉をリラックスさせ、このフットバスに心地よい香りを漂わせます。

材料

シーソルト
ミネラルを多く含有し、殺菌・洗浄作用に優れる。

アルニカの浸出油
打撲傷やさまざまな痛みの治療薬として優れた効果を発揮する。

ラベンダー精油
ヒーリング効果が高く、筋肉のさまざまな痛みを緩和する。

オーツ麦
乾燥肌や炎症を起こした皮膚を穏やかに治癒するのに特に効果的。

材料（約50g）
- シーソルト…大さじ2杯
- ジャンボオーツ…大さじ1杯
- アルニカの浸出油…小さじ1杯
- ラベンダー精油…10滴

作り方
1. シーソルトとジャンボオーツをミキサーの中に一緒に入れ、細かい粉末状になるまで粉砕する。
2. アルニカの浸出油と精油を加え、一緒に混ぜ合わせる。
3. 殺菌したガラス容器に移し入れる。

使い方
容器の中に大さじ1杯入れて、足を10分間浸す。足を引き上げ、清潔なタオルでたたくようにして水分を吸い取る。その後、フットクリームを塗る。冷暗所に保存し、使用期限は3カ月。

ティートリーのフットクリーム

すべての肌質のためのケア

足にはケアが必要であるにもかかわらず、私たちの多くは足に合わない靴を履き、かさつきがあっても、自然に治るまで数カ月間、足のケアをしないことも少なくありません。この濃厚で爽やかなフットクリームには、贅沢なココアバター、栄養豊富なホホバオイル、殺菌効果のあるティートリーとミルラの精油が含まれています。足に必要な栄養を与え、保湿もしてくれます。

材料（約90g）
- ホホバオイル…小さじ1杯
- ココアバター…小さじ1杯
- ビーズワックス…小さじ1杯
- 乳化ワックス…大さじ1杯
- ミネラルウォーター…60mL
- ティートリー精油…6滴
- レモン精油…5滴
- ミルラ精油…2滴

作り方
1. ホホバオイル、ココアバター、ビーズワックス、乳化ワックスを合わせて湯煎で溶かし、エマルションを作る（p.109参照）。ワックスが溶けたら湯煎から下ろす。
2. 鍋にミネラルウォーターを入れ、80℃になるまで加熱する。温かいうちに1.と混ぜ合わせ、泡立て器またはスティック型のブレンダーでなめらかになるまで撹拌する。
3. あら熱がとれたら精油を加え、冷めるまで時々かき混ぜる。殺菌したガラス容器に注ぎ入れ、蓋を閉める。

使い方
足にクリームを塗り、かかとなどの乾燥した部分を念入りに優しくマッサージする。必要に応じて、二度繰り返す。乾燥した涼しい場所に保存する。使用期限は1カ月。

ティートリーのフットパウダー

足の汗のケア

汗を抑えるのに最適なパウダーです。殺菌作用のある精油と吸収性に優れたコーンフラワーを配合しているため、湿気の吸収とにおいの発生予防に効果的です。ティートリーの精油には水虫の治癒に有効な抗真菌作用、ラベンダーの精油には抗菌作用があり、においのあらゆる原因となるバクテリアに優れた効果を発揮します。

材料（約50g）
- オーガニックコーンフラワー…50g
- プロポリスのティンクチャー…小さじ1杯
- ティートリー精油…10滴
- ラベンダー精油…10滴

作り方
1. 塩などを振りかけて使うための粉末用調味料容器にコーンフラワーを入れ、容器の上部に振り混ぜられる程度の隙間を空けておく。
2. ティンクチャーと精油をボール状のコットンに滴下し、このコットンを1.の容器の中に入れる。
3. 2時間ほどそのまま置き、時々容器を振り混ぜ、香りとプロポリスのティンクチャーを拡散させる。

使い方
使用する前に、よく振り混ぜること。洗浄後の水分を拭き取った足に振りかけてなじませる。乾燥した涼しい場所に保存する。使用期限は6カ月。

バナナのフットトリートメント

乾燥した足のケア

乾燥した足は魅力に欠けるだけでなく、深刻なトラブルを引き起こす可能性もあります。足の皮膚が極度に乾燥している場合には、日常的な圧迫や負担によってひび割れることもあります。水分量が高いバナナを皮膚に塗ると、即座に皮膚の水分量が上がり、足の皮膚を柔らかく、しなやかな状態に保つことができます。

クイックレシピ

材料（多めの1回分）
- 中サイズの完熟バナナ…2本

作り方
ボウルに入れたバナナをフォークでつぶし、塊のない、なめらかな状態にする。

使い方
週に1〜2回、洗浄後の水分を拭き取った足に塗布し、ひび割れたかかとをマッサージする。10分間そのまま置き、お湯ですすぎ流す。清潔なタオルでたたくようにして水分を吸い取る。

自然素材を使ったフットケア

2〜3週間に一度、オーガニック素材を使って足をケアし、足の健康と見た目を改善する。

- 足の皮膚を柔らかくするには、シーソルトのフットバス（p.241参照）などに10分間足を浸ける。
- 足の角質を除去するには、軽石粉のフットスクラブ（p.239参照）などの角質除去剤をくるぶしから下に全体的に塗り、小さな円を描くようにマッサージする。スクラブはコットンで擦りながらお湯ですすぎ流す。温めたタオルでたたくようにして足の水分を吸い取る。
- 足に潤いをもたらすには、ティートリーのフットクリーム（p.242参照）などをたっぷりと使う。特に足指の関節やかかとに念入りに塗り込む。
- 爪は、爪用ハサミや爪切りを使い、巻き爪にならないようにまっすぐに切り揃える。爪ヤスリをかけ、切り口の突起部分をなめらかにする。マニキュアには有害な合成物質が含まれるため、使用しないこと。その代わりに、すべての指と甘皮にアーモンドオイルやイブニングプリムローズオイルを1滴垂らして擦り込むとよい。

♥

バナナ
栄養価の高いバナナにはビタミン、ミネラル、抗酸化物質が含まれる。また、水分も多く含むことから、保湿と栄養補給に優れ、くすんだ肌色を明るくする作用もある。

ビタミン・ミネラル・機能性食品

身体の器官を健全に機能させるのに不可欠なビタミン、ミネラル、機能性食品は髪や爪の強化、コラーゲンの生成、健康な皮膚の維持にも役立ちます。必要な栄養素をすべて良質の食事から摂取することが望ましいのはもちろんですが、現代の農業の方法や食品加工技術によって、食材の栄養レベルにマイナスの影響が生じているのが現状です。これらの栄養レベルは、特定の食材や定期的なサプリメント摂取によって引き上げることが可能です。

ビタミン・機能性食品	皮膚・髪・爪への働き	含有量の多い食材	備考	平均1日摂取量（ADI）サプリメント摂取範囲（SR）
ビタミンA（レチノール）・カロテノイド	ビタミンA：優れた抗酸化作用があり、アンチエイジングに有効。コラーゲンの生成を助ける。カロテノイド：ビタミンAの前駆体であるカロテノイドは抗酸化特性を有し、日光によるダメージから肌を保護するのに役立つ。	ビタミンA：魚の肝油、動物のレバー、脂肪分の多い魚、卵黄、全乳、バター。カロテノイド：緑色・黄色の果物や野菜、葉物野菜、唐辛子、サツマイモ、ブロッコリー。	ビタミンAは野菜由来よりも動物由来のものの方が格段に吸収されやすい。	ビタミンA：ADI：5,000〜9,000IU SR：10,000以上 β-カロテン：ADI：5〜8mg SR：10〜40mg
ビタミンB群	皮膚、髪、目だけでなく、肝臓や神経機能の健康に欠かせない栄養素。	酵母、動物のレバー、腎臓、アーモンド、ウィートジャム（小麦胚芽）、玄米、キノコ、卵黄、赤身肉、サバ。	精製あるいは加工過程で破壊されることがある。	ビタミンB群は種類が多いので、個々に確認する。
ビタミンC（アスコルビン酸）	抗酸化機能に不可欠なビタミンCは骨、歯、歯肉、軟骨、毛細血管、免疫機能、結合組織の健康を促進する。治癒促進とアンチエイジングにも重要な役割を果たし、抗炎症作用もある。	アセロラチェリー、パプリカ、ケール、パセリ、葉物野菜、ブロッコリー、クレソン、イチゴ、パパイヤ、オレンジ、グレープフルーツ、キャベツ、レモン果汁、エルダーベリー、レバー、マンゴー。	熱や光に不安定なビタミン。加熱調理により、ビタミンC含有量の10〜90％が損失する。	ADI：75〜125mg SR：250〜2,000mg
ビタミンD（カルシフェロール）	がん予防に有効なビタミンDはカルシウムの吸収を調節することで、骨、歯、髪、爪の健康な成長を助ける。ホルモンバランスを整え、免疫機能の健康を改善する。	ビタミンD_3：魚の肝油、イワシ（缶詰／生）、サーモン、マグロ、エビ、バター、レバー、卵黄、乳、チーズ。ビタミンD_2：ヒマワリの種子、スピルリナ、キノコ、フラックスシード、スプラウト。	ビタミンDは日光を浴びることによって皮膚で合成される。ビタミンD_3はビタミンD_2よりも吸収されやすい。	ADI：200〜400IU SR：400〜3,000IU
ビタミンE（トコフェロール）	抗酸化機能や健全な免疫機能、心臓、血液循環、脂質バランスに不可欠なビタミン。性ホルモン調整作用があり、皮膚の老化を防止する。	ヒマワリの種子、サンフラワーオイル、サフラワー（ベニバナ）油、アーモンド、ゴマ油、ピーナッツ油、コーン油、ウィートジャム、ピーナッツ、オリーブ油、バター、ホウレンソウ、オートミール、サーモン、玄米。	熱や光により損失する。小麦粉のビタミンE含有量は製粉により最大80％損失する。	ADI：30mg SR：100〜800mg
フラボノイド・フラボノイド配糖体（シトリン、ヘスペリジン、ルチン、ケルセチンなど）	抗炎症作用のあるフラボノイドは抗酸化機能と健全な免疫機能に不可欠。血管の健康と毛細血管の損傷予防に有効。ルチンは肌の発赤を防止する。	リンゴ、ベリー系果実、ブラックカラント、ソバ粉、柑橘類、アンズ、ニンニク、スプラウト、タマネギ、ローズヒップ、チェリー。	食材のフラボノイド含有量は加熱調理と加工処理により減少する。	ADI：N/A（適量なし）SR：500〜3,000mg
必須脂肪酸（オメガオイル）	炎症の抑制とホルモンの調整を助ける。脂質バランス、成長、神経機能、目、皮膚、関節、代謝に効果的。	魚の肝油、脂肪分の多い魚、乳、チーズ、フラックスシードオイル、ヘンプシードオイル、菜種油、クルミ油。	水素添加、光、熱によって含有量が減少する。	1日摂取カロリーの3〜8％

ビタミン・機能性食品	皮膚・髪・爪への働き	含有量の多い食材	備考	平均1日摂取量（ADI）サプリメント摂取範囲（SR）
ヒアルロン酸	創傷の治癒、軟骨と関節の機能調整、組織の修復、皮膚の再生に不可欠な栄養素。	動物の内臓、魚油、果物（チェリー、グアバ）、パセリ。	ビタミンA（レチノール）を多く含む食材はヒアルロン酸の含有量も高いことが多い。	40～200mg／日
メチルスルフォニルメタン（MSM）	MSMにはコラーゲンとケラチンの生成促進、老化サインの出現抑制、デトックス、抗炎作用がある。皮膚の細胞支持層を強化し、湿疹、ニキビ、乾癬に効くこともある。	タマネギ、ニンニク、アブラナ科の野菜、タンパク質を多く含有する食材（ナッツ、種子、乳、卵など）。	メチルスルフォニルメタンは加熱調理と加工過程で損失する。生の食材や露地栽培（雨水）で育った食材中に存在する。	500～6,000mg／日

ミネラル	機能	含有量の多い食材	備考	平均1日摂取量（ADI）サプリメント摂取範囲（SR）
カルシウム	骨と歯と爪の形成のサポート、神経と筋肉機能の調整、ホルモンの活性化などに作用する。	昆布、海藻、チーズ、糖蜜、イナゴマメ、アーモンド、酵母、パセリ、コーン、クレソン、山羊乳、牛乳、豆腐、イチジク、ヒマワリの種子、ヨーグルト、ビーツの葉、葉物野菜、ブラン（小麦ふすま）、ソバ粉、ゴマの種子。	水道水中のカルシウムは硬水軟化剤によって除去される。	ADI：800～1,400mg SR：1,000～2,500mg
銅	鉄の吸収に必要な酵素の合成を助ける。また、コラーゲンと赤血球を作り、皮膚と骨と神経の構造を維持する。	貝類（牡蠣）、ナッツ（ブラジルナッツ、アーモンド、ヘーゼルナッツ、クルミ、ピーカンナッツ、ピーナッツ）、マメ科植物（エンドウマメ）、レバー、ソバ粉、ラム肉、サンフラワーオイル、カニ。	高濃度の亜鉛とカルシウムは、銅の吸収を阻害する。	ADI：1～3mg SR：2～10mg
鉄	赤血球の働き、エネルギー放出、成長、骨形成の調整に不可欠であり、髪と皮膚と爪に優れた働きをもたらす。	昆布、酵母、糖蜜、ブラン、ドライアプリコット、レバー、ヒマワリの種子、キビ、パセリ、アサリ、アーモンド、プルーン、ナッツ（カシューナッツなど）、赤身肉、卵。	ビタミンCは鉄の吸収を高める。	ADI：10～20mg SR：15～50mg
マグネシウム	タンパク質、炭水化物、脂質の三大栄養素の合成を助ける。また、DNAの修復、エネルギー生成、健康な髪や爪の育成にも役立つ。	昆布、海藻、ブラン、ナッツ（アーモンド、カシューナッツ、ブラジルナッツ）、糖蜜、ビール酵母、ソバ粉。	穀物中のマグネシウム含有量は、粉砕や精製過程で最大90%も減少する。	ADI：350mg SR：300～800mg
セレン	抗酸化機能、化学物質の解毒作用、受精能力の改善を助ける。また、DNAの修復、精子の生殖能、甲状腺の健康に効果的に働き、抗発がん性もある。	バター、ウィートジャム、ブラジルナッツ、リンゴ酢、大麦、エビ、オーツ麦、チャード（フダンソウ）、甲殻類、乳、魚、赤身肉、糖蜜、ニンニク、卵、キノコ、アルファルファ。	穀物中のセレン含有量は、粉砕や精製過程で最大40～50%減少する。	ADI：50～200ug SR：200～800ug
シリカ（ケイ素）	皮膚と髪と爪を強く健康に育て、またコラーゲンの生成にも不可欠なミネラル。カルシウム／マグネシウムの比率とホルモンバランスを整える。	リンゴ、西洋ネギ（リーキ）、サヤインゲン、タケノコ、キュウリ、マンゴー、セロリ、アスパラガス、ルバーブ、キャベツ、シリアル、ホーステール（スギナ）、特定のミネラルウォーター。	加齢とともに、体内のシリカ濃度が低下するため、サプリメント摂取の重要性が高まる。	10～30mg／日
亜鉛	亜鉛は酵素活性作用があり、抗酸化物質を豊富に含む。DNAとRNAの合成、受精・生殖機能の健全化、創傷治癒、皮膚・髪・筋肉・呼吸器の健康を助ける作用がある。	牡蠣、ショウガ、赤身肉、乾燥豆、レバー、乳、卵黄、全粒小麦、ライ麦、オーツ麦、ナッツ（ブラジルナッツ、ピーナツ）、鶏肉、イワシ、ソバ粉、脂肪分の多い魚、エビ、白身魚。	穀物中の亜鉛含有量は、粉砕や精製過程で最大80%減少する。野菜中の亜鉛は凍結により、20～50%低下する。	ADI：15mg SR：10～70mg

注：平均1日摂取量（ADI）は、英国公衆衛生局が規定する一般的な健康成人の必須量をもとに設定したものである。サプリメント摂取範囲（SR）は、これらの栄養素を栄養補助食品として摂取した場合に安全とみなされる範囲である。ADIはすべての栄養素に対して設定されていないため、SRのみが記載されているものもある。

スーパーフード

滋養に富み、栄養価の高いスーパーフードは、体内の健康と見た目の美しさを格段に高める効果があります。これらは、毎日の食生活を向上するための手段として、ますます人気が高まっています。スーパーフードの中には味覚的にも優れ、いつもの料理に加えるだけで使えるものもあります。それ以外のものは、サプリメントとして摂取するとよいでしょう。妊娠中あるいは薬を服用中の方は、サプリメントを使用する前に必ずかかりつけの医師にご相談ください。

スーパーフード	主成分	性質	備考	1日摂取量
アセロラチェリー	ビタミンCとフラボノイド（ヘスペリジン、ルチンなど）の含有量が圧倒的に多い。	抗酸化物質であるビタミンCは、コラーゲン生成と皮膚の治癒を促進する。ルチンは毛細血管損傷と痣に効果がある。	天然のビタミンC供給源であるアセロラチェリーは、サプリメントとして利用されることが多い。	新鮮な実が入手できる時期には毎日2〜3粒食べるか、あるいはジャムに加工する。粉末やカプセル状のものを利用してもよい。
アボカド	オメガ脂肪酸、ビタミンA・B群・E・K、食物繊維、カリウム、マグネシウム、ステロリン、レシチンが含まれる。	アボカドは、抗炎症作用、肌への栄養補給、肌の軟化作用をもつヘルシーなオイルを豊富に供給する。	ステロリンはシミの見た目を改善する作用がある。	新鮮なアボカドを毎日食べる。あるいは、低温圧搾製法のアボカドオイル大さじ1杯をサラダドレッシングに入れて使う。
ビーポーレン（ミツバチ花粉）	成分の40%はタンパク質、遊離アミノ酸、ビタミン（ビタミンB群を含む）で構成されている。	ビーポーレンは細胞再生を促進し、肌の若返りを助ける。	ビーポーレンの1個の粒には、200万以上もの花粉粒が含まれている。	小さじ1杯／日を上限として摂取する。
ブルーベリー	抗酸化物質、アントシアニン、フラボノイド（ケルセチン）、レスベラトロールが豊富に含まれる。	抗酸化性、アンチエイジング、再生特性をもつブルーベリーは、全身のあらゆる部分に有効だが、特に血液循環、目、皮膚に優れた効果をもつ。	非オーガニックなものには農薬が残留しているおそれがあるため、抗酸化物質を多く含有するオーガニックなものを選ぶ。	新鮮なブルーベリーが入手できる時期には、毎日ひと握り分食べる。
ボスウェリア（インディアンフランキンセンス）	ボスウェリアには、精油とボスウェリア酸が含まれる。	抗炎症性にきわめて優れ、アンチエイジングと再生作用ももたらす。	アーユルヴェーダ医療では昔からあらゆる炎症性疾患の治療に利用されている。	カプセル（ボスウェリア含有率が37.5〜65%のもの）で300〜1,200mg／日を摂取する。
チアシード	オメガ3系脂肪酸、食物繊維、タンパク質、カルシウム、マンガンが含まれる。	肌の透明感、歯と爪と髪の強化に効果がある。	チアシードは体内で利用可能なオメガ3系脂肪酸の変換率がきわめて高い。	ジュースやシリアルに毎日大さじ1杯分を加える。
クロレラ	藻の一種であるクロレラには、タンパク質、葉緑素、ビタミンA・B_{12}・D、ミネラル（鉄）、核酸が含まれる。	血液の浄化作用に優れ、肌の洗浄や再生作用を助ける。	「クロレラグロスファクター」と呼ばれる成長促進因子が細胞の保護効果を高めていると考えられている。	3〜10g／日を継続的に摂取する。
ゴジベリー（クコの実）	ビタミンA・C、カロテノイド、β-カロテン、鉄、セレン、必須脂肪酸、食物繊維が含まれる。	肌に栄養を与えてふっくらとさせ、コラーゲンの生成を助け、アンチエイジングにも効果がある。	中国では、ゴジベリーの栄養補給効果に着目し、6000年以上もの間、伝統医学で利用されている。	毎日、ドライゴジベリー大さじ4杯を食べる。
グレープシード（ブドウ種子）エキス	グレープシードエキスには、プロアントシアニジン複合体（OPC）が含まれる。	強力な抗酸化物質であり、アンチエイジング、創傷治癒、抗炎症作用をもたらす。	ブドウの果皮のエキスにも強力な抗酸化作用がある。	カプセルで50〜300mg／日を摂取する。

スーパーフード	主成分	性質	備考	1日摂取量
緑茶・白茶	緑茶と白茶は抗酸化物質の宝庫であり、特にカテキン（EGCG）を多く含む。	あらゆる段階にある細胞の健全な成長を助け、アンチエイジング作用をもたらす。ダイエット効果もある。	抗酸化物質を適正に溶出するには80〜90℃のお湯が適するため、沸騰直後のお湯に茶葉を浸さないこと。	毎日2〜3杯飲用する。あるいは、サプリメントとして100〜750mg／日を摂取する。
木の実（ヘーゼルナッツ、コブナッツなど）	必須脂肪酸（リノール酸）、オレイン酸、ビタミンB群・E、鉄、銅、マンガンが多く含まれる。抗酸化酵素のスーパーオキシドディスムターゼ（SOD）の生成をサポートする。	SOD酵素にはアンチエイジング、細胞損傷の修復、抗炎症などの作用があり、シワの原因となるダメージを中和する効果もある。	茶色の外皮で覆われている木の実は多様な栄養素を含み、長期保存が可能。またナッツオイルには必須脂肪酸も豊富に含まれる。	毎日数粒を食べる。あるいは、低温圧搾製法のナッツオイルをサラダに振りかける。
ヘンプ	タンパク質、必須脂肪酸（オメガ3系脂肪酸・オメガ6系脂肪酸〔γ-リノレン酸を含む〕）、ビタミンB・D・E、酵素、カルシウム、鉄、マグネシウム、銅、リン脂質、植物ステロールが含まれる。	髪と爪の健康に有効な消化されやすいタンパク質を供給する。ヘンプに含有される必須脂肪酸は炎症を緩和して肌の健康を増進する。ニキビ、湿疹、肌の乾燥の治癒にも役立つ。	ヘンプオイルは、他のどの植物油よりも、オメガ3系脂肪酸とオメガ6系脂肪酸の比率のバランスに優れている。	種子やパウダーを料理、手作りパン、シリアル、スムージーなどに加える。また、ヘンプオイル大さじ1杯をジュースやサラダドレッシングに混ぜてもよい。
フラックスシード（リンシード、アマニ）	フラックスには、オメガ3系脂肪酸（α-リノレン酸）、食物繊維、リグナン、ミネラル（カルシウム、鉄、亜鉛、マグネシウム、セレン）、ビタミンB群・Eが含まれる。	フラックスは、消化を促進する（膨張性の便秘薬として働く）他、ニキビ、湿疹、肌の乾燥にも有効。必須脂肪酸が炎症を緩和して肌の健康を増進する。	フラックスシードオイル（アマニ油）はオメガ3系脂肪酸がきわめて多く含まれている。	種子大さじ1杯をシリアルに入れたり、手作りパンの生地に混ぜたりする。水に浸してもよい。フラックスシードオイル大さじ1杯をジュースやサラダドレッシングに混ぜてもよい。
マルベリー	マルベリーには、抗酸化物質、アントシアニン、レスベラトロール、ビタミンC、繊維、鉄、マグネシウム、カリウム、亜鉛が含まれる。	アンチエイジングとコラーゲン生成促進作用のあるマルベリーは、血糖値のバランスを調整し、髪の成長と肌の健康にも効果的に働く。	若白髪の予防薬として昔から使用されている。	フレッシュあるいはドライのマルベリーを毎日ひと握り分食べる。
オーツ麦	オーツ麦には、食物繊維、タンパク質、ミネラル（マンガン、銅、ビオチン、マグネシウム、セレン、シリカ、亜鉛）、抗酸化物質、β-グルカンが含まれる。	血糖値を安定させる性質があるため、体重管理に役立つ。シリカなどのミネラルは、髪と爪の強さと健康を保つのに役立つ。	オーツ麦に含まれるフィチン酸塩を分解するために、食べる前に液体に浸したり加熱調理したりする。	毎日、ポリッジ（オーツ麦で作られる英国式の粥）をボウルに1杯食べる。
ローズヒップ	ローズヒップには、ビタミンA・C・K、フラボノイド、カロテノイドが含まれる。	コラーゲンの生成促進と炎症緩和に働くビタミンCの含有量が圧倒的に多い。酒などの炎症を起こした肌状態に効果を発揮する。	ローズヒップのサプリメントは、吸収力を高めるためにさらにビタミンCが配合されていることが多い。	毎日、ローズヒップティーを2〜3杯飲用する。あるいは、ローズヒップの粉末を2〜10g／日摂取する。
脂肪分の多い魚（サーモンなど）	脂肪分の多い魚には、タンパク質、オメガ3系脂肪酸（DHAとEPA）、ビタミンB群・D、ミネラル（セレン、ヨウ素、カリウム）が含まれる。	コラーゲンの生成を促進し、抗炎症薬として働く。また、シワなどの老化サインの出現を軽減するのにも役立つ。	養殖魚に含まれる残留薬物の影響を避けるために、可能な限り天然のサーモンや多様な種類の魚を選ぶようにする。	1人前の分量を少なくとも週に3回食べる。
スピルリナ	スピルリナには、タンパク質、ミネラル（マグネシウム、カルシウム、カリウム、鉄、亜鉛）、ビタミンB群・E、β-カロテン、葉緑素が豊富に含まれている。	藻の一種であるスピルリナは解毒作用の他にも、抗酸化作用やアンチエイジング作用にも優れる。体重管理を助け、皮膚、髪、爪の健康増進に役立つ。	スピルリナは、クロレラなどの他の藻類と組み合わせると相性がよい。	スピルリナの粉末1〜8g／日をスムージー、スープ、ジュースに混ぜる。あるいは、錠剤で摂取する。

目的別索引

〔あ行〕

赤み、発赤
シダーウッド 74
ジャスミン 35
ブルーベリー 55
ラベンダー 183
ローズ 24, 93
「酒さ」参照

荒れ、ひび割れ
アボカド 52
アルニカ 26
キャスターオイル 64, 240
コンフリー 47
シーバックソーン 55
パチュリー 40
バニラ 57
ビーズワックス 31
ヘーゼルナッツオイル 62
ベンゾイン 69
ホホバオイル 234, 240
ミルラ 68, 233, 240

アレルギー性皮膚トラブル
アルコール 82
ウィッチヘーゼル 46
オーツ麦 79
レモンバーム 39
ワックス 66

アンチエイジング 100〜101
アプリコット 65
アボカド 52, 101
アルガンオイル 93
イブニングプリムローズ 37
イランイラン 34
オリーブオイル 53
食事 127
ティー 44, 101
ブラン 79
フランキンセンス
　70, 101, 112, 116
ベンゾイン 69
マカデミア 62
ミルラ 68
レモンバーム 39
ローズ 24, 101

オイリーヘア 206〜207
ココナッツ 216
シダーウッド 74, 212, 222
ティートリー 73
プチグレイン 77
ラベンダー 33

〔か行〕

過剰な色素沈着 111

髪 200〜201
育毛、育毛剤 57, 63
枝毛 27, 57, 202〜203, 225
髪が薄くなる 200, 226
白髪交じりの髪 42
成長 33, 34, 226〜227
縮れ 225
抜け毛 26, 41, 214, 225
ぱさつき 170
太い髪 208
ふわつき 209
細い髪 209
柔らかく広がりやすい 27
「ドライヘア、切れ毛」「オイリーヘア」参照

カミソリ負け 132
アロエベラ 51
サンダルウッド 75

かゆみ、炎症 95
アーモンドオイル 62
アロエベラ 108
オーツ麦 79, 187, 241
カモミール 29, 194, 238
キャンデリラ 66
コンフリー 47
サンダルウッド 75, 133
ゼラニウム 36
乳製品 78
ビネガー 82
ベルガモット 61
ベンゾイン 69
レモンバーム 39
「皮膚炎、湿疹、乾癬」参照

加齢肌 98〜99
アボカド 52
イランイラン 34
ゼラニウム 36
ブルーベリー 55
ベンゾイン 69
ボリジ 47
「アンチエイジング」参照

乾燥肌 90〜91
イランイラン 34
オリーブオイル 128, 195
カレンデュラ 28
キャスターオイル 64, 195
グレープシード 65
ココアバター
　67, 93, 170, 186, 234
コンフリー 47
シアバター
　67, 110, 116, 169, 238
ゼラニウム 36, 238
ビーズワックス 31, 234
ヘンプ 64

傷あと
アルガンオイル 63
サンダルウッド 75
サンフラワーオイル 27
ジャスミン 35
ゼラニウム 36
パチュリー 40
パルマローザ 50
フランキンセンス 70, 107
プロポリス 31
ヘーゼルナッツオイル 62
ベルガモット 61, 181
ローズ 24, 111, 116, 118, 176

くすみ
シーバックソーン 118
タイム 43
パルマローザ 50
プチグレイン 77
フラックス 64
レモンバーム 39

クモ状静脈 99
アルニカ 26
ウィッチヘーゼル 46
カレンデュラ 28
パチュリー 40
ユーカリ 72

毛穴の詰まり 96, 131
ブルーベリー 55
レモングラス 48

毛穴の広がり 94, 97
クレイ 83
サンフラワーオイル 27
セージ 42
ライム 59

混合肌 94
シトラス 61
ヘーゼルナッツ 62

〔さ行〕

脂性肌 96〜97
アルガンオイル 63
アロエベラ 51
イランイラン 34
ウィッチヘーゼル 46
クレイ 83, 131
グレープフルーツ 65
サンダルウッド 75
シダーウッド 74
シトラス 59, 61, 116
スターアニス 80
ゼラニウム 36
ソルト 81
パチュリー 40
パルマローザ 50, 118
ブルーベリー 55
ヘーゼルナッツオイル 62
ユーカリ 72
ラズベリー 54
ラベンダー 32

酒さ 95
食事 246〜247
フラックス 64

静脈瘤
アルニカ 26
ウィッチヘーゼル 46
サイプレス 76
シトラス 58
ユーカリ 72

シワ 98
アロエベラ 51
ココアバター 67
サンフラワーオイル 27
ゼラニウム 36
タイム 90
ティー 44
ニームオイル 63
パチュリー 40
パルマローザ 50
タイム 43
パルマローザ 50
プチグレイン 77
フラックス 64
レモンバーム 39

クモ状静脈 99
フラックス 64
フランキンセンス
　70, 101, 112, 116
ブルーベリー 55
ミルラ 68
「アンチエイジング」「加齢肌」参照

セルライト 171, 172, 176
サイプレス 76
シトラス 53〜59
パチュリー 40
ローズマリー 41

創傷（切り傷、擦り傷）
アルコール 82
アルニカ 26
アロエベラ 51, 129
ウィッチヘーゼル 46
カモミール 29
カレンデュラ 28, 194
シダーウッド 74
セージ 42
セントジョンズワート 45
ハチミツ 30
ビーズワックス 31
プチグレイン 77
ブラックペッパー 81
フランキンセンス 70, 107, 132
プロポリス 31
ベンゾイン 69
ミルラ 68, 107, 132
ユーカリ 72
ライム 59
ラベンダー 32

〔た行〕

打撲
アルニカ 26, 180, 241
ウィッチヘーゼル 46
カモミール 29
ビーズワックス 31
ブラックペッパー 81

爪が弱る 233
イブニングプリムローズ 37
オリーブオイル 53
ボリジ 47

デオドラント
カルダモン 80
サイプレス 76
シトラス 189
スターアニス 80
セージ 42
ティートリー 73
プチグレイン 77
ペパーミント 38
レモングラス 48

頭皮のかゆみ、かさつき
213, 217, 222, 224, 227
ビネガー 82

ドライヘア、切れ毛 204〜205
アボカド 52
アルガンオイル 63, 214
イランイラン 34
キャスターオイル 64
ココナッツ 56, 203, 214, 219

食事 227
ハチミツ 203
ホホバオイル 63, 203, 219
ローズ 212

〔な行〕
ニキビ 95, 96
　アロエベラ 51
　イブニングプリムローズ 37
　グレープシード 65
　クローブの精油 80
　サンフラワー 27
　シトラス 58〜59, 61, 77, 108
　食事 127
　ゼラニウム 36
　タイム 43
　ティートリー 73
　ハチミツ 30
　パチュリー 40
　バニラ 57
　パルマローザ 50, 108
　ビネガー 82
　プロポリス 31
　ベンゾイン 69
　ヘンプ 64
　ミルラ 68
　ユーカリ 72
　レモングラス 48
　レモンバーム 39
　ローズ 24
妊娠線
　アボカド 52
　アルガンオイル 63
　アルニカ 26
　ウィートジャム 65, 180
　ココアバター 67
　シトラス 61, 171
　ジャスミン 35
　パチュリー 40
　パルマローザ 50
　ヘーゼルナッツオイル 62
　ローズ 24, 176
年齢によるシミ 98〜99
　アンチエイジングのためのスキンケア 100〜101

ストロベリー 54

〔は行〕
皮膚炎、湿疹、乾癬
　アロエベラ 51
　ウィッチヘーゼル 46
　オーツ麦 79
　カモミール 29, 194
　カレンデュラ 28
　クレイ 83
　ココナッツ 56, 90
　サンフラワー 27
　シアバター 67
　シダーウッド 74
　セージ 42
　セントジョンズワート 45
　タイム 43
　ティー 44
　パルマローザ 50
　ビーズワックス 31
　ビネガー 82
　フラックス 64
　ブラン 79
　ヘンプ 64
　ホホバオイル 63
　ポメグラネイト 53
　ボリジ 47
　ミルラ 68
　ラズベリー 54
　ラベンダー 32
　レモングラス 48
日焼け
　アボカド 52
　アルガンオイル 63
　アロエベラ 51
　オーツ麦 79
　クレイ 83
　コンフリー 47
　サンフラワーオイル 27
　ストロベリー 54
　ゼラニウム 36
　セントジョンズワート 45
　ビネガー 82
　プロポリス 31
　ポメグラネイト 53

レモンバーム 39
ローズ 24, 176
ローズマリー 41
敏感肌 95
吹き出物 96〜97
　イブニングプリムローズ 37
　ウィッチヘーゼル 46
　食事 127
　タイム 43
　バニラ 57
　プチグレイン 77
フケ
　アルニカ 26
　アロエベラ 51
　ココナッツ 56, 203
　サンフラワー 27
　シダーウッド 74, 222
　セージ 42, 225
　ゼラニウム 36
　タイム 43
　ティートリー 73
　ニームオイル 224
　ビネガー 82
　ペパーミント 38
　ライム 59
　ラベンダー 33
　ローズマリー 41, 213
ブラックヘッド（毛穴の黒ずみ）
　94, 96, 131
ホワイトヘッド（毛穴の皮脂詰まり）
　131
　タイム 43

〔ま行〕
虫刺され、トゲ
　アルニカ 26
　ウィッチヘーゼル 46
　クレイ 83
　コンフリー 47
　シトラス 59, 234
　パチュリー 40
　ビネガー 82
　ペパーミント 38

ユーカリ 72
ラベンダー 32
レモンバーム 39
ローズマリー 41
目の疲れ 139
　ウィッチヘーゼル 46
　カモミール 29
目元のしわ 98
　ローズ 24
目元の腫れ、むくみ 91, 138
　アルニカ 26
毛細血管の損傷 24, 76

〔や行〕
やけど
　アロエベラ 51
　ウィートジャム 65
　カモミール 29
　セントジョンズワート 45
　ビーズワックス 31
　プロポリス 31
　ポメグラネイト 53
　ミルラ 68
　ラベンダー 32, 195

総合索引

グレーの文字は手作りコスメのレシピ、太字のページ番号は「原料の一覧」の該当ページを表します。

〔あ行〕
アーモンド 62
　アルガンのモイスチャークリーム 110
　ガーデニングケアハンドスクラブ 232
　ココナッツとライムのリップバーム 134
　シトラスのマッサージオイル 178
　スーパーフード（肌） 127

ダブル作用のクレンザー 104
ナリシングバスメルト 184
ペパーミントとシーソルトのリフレッシュボディスクラブ 172
マザーマッサージオイル 180
ローズとシアバターのハンドクリーム 238
アイパック
　クーリングアイパック 138
　リフレッシュアイパック 139
アイブライト 139
亜鉛 245
　スーパーフード（髪） 226〜227
　スーパーフード（肌） 126〜127
汗 12
　ティートリーのフットパウダー 242
　プチグレイン 77

アタマジラミ
　ゼラニウム 36
　ニーム 63
　ニームとココナッツのスカルプバーム 224
　ラベンダー 33
アフターシェーブ
　アロエベラ 51
　ウィッチヘーゼル 46
　ウィッチヘーゼルとアロエベラのアフターシェーブスプレー 132
　サンダルウッド 75
アプリコット 65
　ジャスミンとシアバターのモイスチャークリーム 110
アボカド 52
　アボカドとハチミツのスクラブ 124

250 索引

アボカドとハチミツのモイスチャークリーム 111
アボカドとバナナのパック 129
スーパーフード 246
スーパーフード（肌） 126
ストレスケアマッサージオイル 178
トーニング作用のあるボディクリーム 171
バナナのヘアパック 222

アルガン 63
アルガンネイルバーム 233
アルガンのモイスチャークリーム 110
シアバターの縮毛トリートメントヘアバーム 225
ソフトオーツハンドスクラブ 233
ヒーリングハンドクリーム 234
ビューティーバーム 116
ローズマリーのコンディショナー 214

アルコール 82
飲酒がもたらす髪への影響 200
飲酒がもたらす肌への影響 13

アルニカ 26
アルニカとコンフリーのスポーツマッサージオイル 180
シーソルトのフットバス 241
ローズマリーとアルニカのデトックスハーバルバス 182

アロエベラ 51
アロエベラのクーリングパック 129
ウィッチヘーゼルとアロエベラのアフターシェーブスプレー 132
クーリングアイパック 138
シアバターの縮毛トリートメントヘアバーム 225
爽快なミントのマウスウォッシュ 137
パルマローザとレモンのデオドラントスプレー 189
パルマローザのフェイシャルミスト 108
ボディミスト 191
ラベンダーとアロエベラのクーリングハーバルバス 183
ローズとアロエベラのスキントナー 106

イブニングプリムローズオイル 37
アルガンネイルバーム 233
イブニングプリムローズのモイスチャークリーム 114

イランイラン精油 34
クレンジング作用のあるヘアペースト 212
ナイトタイムフェイシャルオイル 119
ボディミスト 191
ラグジュアリータイムのバスメルト 184

ウィートジャム 65
肌を明るくするフェイシャルオイル 118
マザーマッサージオイル 180

ウィッチヘーゼル 46
ウィッチヘーゼルとアロエベラのアフターシェーブスプレー 132
クーリングアイパック 138
パルマローザとレモンのデオドラントスプレー 189
パルマローザのフェイシャルミスト 108
リフレッシュアイパック 139

ウォーター 83
エマルションの作り方 109
エラスチン 13
オーガニック製品 17
オーツ麦 79
角質ケアのバスフロート 187
シーソルトのフットバス 241
スーパーフード 247

スーパーフード（髪） 226〜227
ストロベリーとクリームのスクラブ 125
ソフトオーツハンドスクラブ 233
ハチミツとオーツ麦のスクラブ 122
ラベンダーとオーツ麦のバスソルト 183
ローズフェイシャルスクラブ 125

オメガオイル 244
アンチエイジングのためのスキンケア 100
乾燥肌 91
食事 13, 126, 226〜227
ドライヘア 205
敏感肌 95

オリーブ 53
エッセンシャルクレンジングバーム 103
オリーブのシェービングオイル 132
ガーデニングケアハンドスクラブ 232
角質を除去するクレンジングバーム 104
肌を回復するトマトパック 128
ハチミツとオレンジのソープ 167
ヒーリングハンドクリーム 234
ホットオイルのトリートメント 219
ミントのレスキューバーム 195

オレイン酸 126

オレンジ 60
ココアバターのボディクリーム 170
シトラスボディミスト 190
ストレスケアマッサージオイル 178
トーニング作用のあるボディクリーム 171
ナイトタイムフェイシャルオイル 119
ネロリのソリッドパフューム 192
ネロリのフェイシャルミスト 107
ハチミツとオーツ麦のスクラブ 122
ハチミツとオレンジのソープ 167

〔か行〕

海藻 209
ローズマリーとアルニカのデトックスハーバルバス 182

化学物質 16〜19
代替天然成分 19

角質除去 89
輝く肌を目指すスキンケア 93
「スクラブ」参照

カシューナッツ 126

髪質 198〜199
オイリーヘア 206〜207
ドライヘア 204〜205
太い髪 208
細い髪 209

カモミール 29
髪のもつれをほぐすカモミールのヘアミスト 217
カモミールとカレンデュラのモイスチャークリーム 115
カモミールのナイトタイムバスボム 186
スージングハンドクリーム 238
手作りのリンス（明るい髪色用） 220
優しいカレンデュラバーム 194
リフレッシュアイパック 139
ローズとカモミールのハーバルバス 182

カリウム
スーパーフード（髪） 227
スーパーフード（肌） 126

軽石粉
ガーデニングケアハンドスクラブ 232
軽石粉のフットスクラブ 239

カルシウム 245
スーパーフード（髪） 227
スーパーフード（肌） 126

カルダモン 80

カルナバ 66
かかとケアオイントメント 240
ココナッツのシェービングバーム 133

カレンデュラ 28
オリーブのシェービングオイル 132
カモミールとカレンデュラのモイスチャークリーム 115
クーリングアイパック 138
スージングハンドクリーム 238
スージングフェイスクリーム 112
手作りのリンス（明るい髪色用） 220
優しいカレンデュラバーム 194

環境への意識 10〜11

カンジダ 31

γ-リノレン酸（GLA） 114

キャスター 64
かかとケアオイントメント 240
キス・ミー・リップバーム 134
ナイトタイムフェイシャルオイル 119
ミントのレスキューバーム 195

キャンデリラ 66

クラリーセージ
肌を明るくするフェイシャルオイル 118
ラグジュアリータイムのバスメルト 184

グリコール酸 98

クレイ 83
アロエベラのクーリングパック 129
軽石粉のフットスクラブ 239
グリーンクレイのクレンジングパック 131

グレープシード 65
スーパーフード 246
デトックスボディオイル 176
パルマローザのフェイシャルオイル 118

総合索引

グレープフルーツ 59
　シトラスのマッサージオイル 178
　デトックスボディオイル 176
　ペパーミントとシーソルトのリフレッシュボディスクラブ 172
　リンゴ酢のリンス 213
　ローズマリーとアルニカのデトックスハーバルバス 182
クローブ 80
　ミントのレスキューバーム 195
月経周期 15
血行促進
　シナモン 69
　ブルーベリー 55
　ユーカリ 72
ケラチン 226〜227
抗ウイルス
　ペパーミント 38
　レモンバーム 39
抗うつ
　イランイラン 34
　サンダルウッド 75
　ジャスミン 35
　ゼラニウム 36
　セントジョンズワート 45
　レモングラス 48
抗炎症
　アルニカ 26
　セントジョンズワート 45
　ニーム 63
　フランキンセンス 70
　ボリジ 47
　ラベンダー 32
　レモンバーム 39
抗酸化 98
　アンチエイジングのためのスキンケア 101
　スーパーフード（髪） 226〜227
　スーパーフード（肌） 126〜127
　ローズマリー 41
抗真菌 242
　オリーブ 53
　ココナッツ 56
　ティートリー 73
　ハチミツ 30
口唇ヘルペス
　アロエベラ 51
　気分を高揚させるシトラス系フルーツ 58〜61
　セントジョンズワート 45
　ティートリー 73
　ニームオイル 63
　レモンバーム 39
香水
　ネロリのソリッドパフューム 192
　ローズのソリッドパフューム 191
　「原料の一覧」の各頁参照
更年期 96
　加齢肌 99
　セージ 42
ココアバター 67
　ウォーミングボディバター 169
　カモミールのナイトタイムバスボム 186
　ココアバターのボディクリーム 170
　ココアバターのモイスチャークリーム 109
　ティートリーのフットクリーム 242
　ナリシングバスメルト 184
　ヒーリングハンドクリーム 234

マルチボディバーム 170
ラグジュアリータイムのバスメルト 184
ココナッツ 56
　角質を除去するクレンジングバーム 104
　髪にツヤを与えるローズマリーとココナッツのヘアバーム 224
　髪のもつれをほぐすカモミールのヘアミスト 217
　髪を強くするためのヘアケア 203
　ココアバターのボディクリーム 170
　ココナッツとライムのリップバーム 134
　ココナッツのコンディショナー 216
　ココナッツのシェービングバーム 133
　シダーウッドのトリートメント 222
　スーパーフード（髪） 227
　ニームとココナッツのスカルプバーム 224
　ハチミツとオレンジのソープ 167
　バナナのヘアパック 222
　ホットオイルのトリートメント 219
　マルチボディバーム 170
　ミントのレスキューバーム 195
　ローズマリーのコンディショナー 214
ゴジベリー 246
　スーパーフード（肌） 127
米粉
　アボカドとハチミツのスクラブ 124
　ガーデニングケアハンドスクラブ 232
　軽石粉のフットスクラブ 239
　ソフトオーツハンドスクラブ 233
　ローズフェイシャルスクラブ 125
コラーゲン 13
　加齢肌 98〜99
　食事 126
コリアンダー精油
　パルマローザとレモンのデオドラントスプレー 189
　レモンとコリアンダーのボディバー 168
コンディショナー 202
　髪のもつれをほぐすカモミールのヘアミスト 217
　ココナッツのコンディショナー 216
　バニラ 57
　ホットオイルのトリートメント 219
　ローズマリーのコンディショナー 214
コンフリー 47
　アルニカとコンフリーのスポーツマッサージオイル 180
　ウォーミングボディバター 169

〔さ行〕

サイプレス 76
　デトックスボディオイル 176
　トーニング作用のあるボディクリーム 171
　肌を明るくするフェイシャルオイル 118
　ビューティーバーム 116
サンダルウッド 75
　アフターシェーブオイル 75
　ココナッツのシェービングバーム 133
　ストレスケアマッサージオイル 178
　ボディミスト 191
サンフラワーオイル 27
　エッセンシャルクレンジングバーム 103
　ココアバターのボディクリーム 170
　ココナッツのシェービングバーム 133
　ネロリのソリッドパフューム 192

シアバター 67
　アルガンのモイスチャークリーム 110
　エッセンシャルクレンジングバーム 103
　キス・ミー・リップバーム 134
　ココナッツとライムのリップバーム 134
　シアバターの縮毛トリートメントヘアバーム 225
　ジャスミンとシアバターのモイスチャークリーム 110
　ビューティーバーム 116
　ラグジュアリータイムのバスメルト 184
　リッチなシアボディバター 169
　レモンとコリアンダーのボディバー 168
　ローズとシアバターのハンドクリーム 238
　ローズマリーのコンディショナー 214
シーバックソーン 55
　肌を明るくするフェイシャルオイル 118
シェービング
　アフターシェーブオイル 75
　オリーブのシェービングオイル 132
　ココナッツのシェービングバーム 133
　「アフターシェーブ」参照
紫外線、日焼け止め 89
　アーモンドオイル 62
　アボカド 52
　ティー 44
　日焼け防止指数（SPF） 89
　ラズベリー 54
シダーウッド 74
　クレンジング作用のあるヘアペースト 212
　シアバターの縮毛トリートメントヘアバーム 225
　シダーウッドのトリートメント 222
シナモン 69
至福の全身スペシャルケア 160〜165
脂肪分の多い魚 247
　スーパーフード（髪） 226
ジャスミン 35
　ジャスミンとシアバターのモイスチャークリーム 110
　リッチなシアボディバター 169
シャンプー 202
　クレンジング作用のあるヘアペースト 212
　ココアパウダー入りのドライシャンプー 211
　ドライシャンプー 211
重曹
　クレンジング作用のあるヘアペースト 212
　子供用シトラス味の歯磨きペースト 136
　ハーブの歯磨きペースト 136
　ラベンダーとオーツ麦のバスソルト 183
シュガー 79
ジュニパー 207
　デトックスボディオイル 176
　ローズマリーとアルニカのデトックスハーバルバス 182
食物 13
　1日7品目を摂る 126
　髪 201

スーパーフード　246〜247
スーパーフード（髪）　226〜227
スーパーフード（肌）　126〜127
爪　230
ビタミン・ミネラル・機能性食品　244〜245
シリカ　245
スーパーフード（髪）　226〜227
ジンジャー精油
ウォーミングボディバター　169
軽石粉のフットスクラブ　239
浸出油　26
スイートマジョラム　180
睡眠　13
スキンケア　88〜89
アンチエイジングのためのスキンケア　100〜101
輝く肌を目指すスキンケア　92〜93
スキントナー（化粧水）　88
アンチエイジングのためのスキンケア　100
輝く肌を目指すスキンケア　92
フランキンセンスのスキントナー　107
ローズとアロエベラのスキントナー　106
スクラブ　93
アボカドとハチミツのスクラブ　124
ガーデニングケアハンドスクラブ　232
軽石粉のフットスクラブ　239
シーソルトとティートリーのフットスクラブ　239
ストロベリーとクリームのスクラブ　125
ソフトオーツハンドスクラブ　233
ハチミツとオーツ麦のスクラブ　122
ペパーミントとシーソルトのリフレッシュボディスクラブ　172
ローズフェイシャルスクラブ　125
スターアニス　80
頭痛、片頭痛
気分を高揚させるシトラス系フルーツ　58
ミントのレスキューバーム　195
ユーカリ　72
レモングラス　48
ストレス
ストレスケアマッサージオイル　178
「不安感」参照
ストロベリー　54
ストロベリーとクリームのスクラブ　125
スピルリナ　247
スーパーフード（髪）　227
セージ　42
シアバターの縮毛トリートメントヘアバーム　225
手作りのリンス（暗い髪色用）　220
ネトルのリンス　213
ゼラニウム　36
ゼラニウムとホホバのモイスチャークリーム　115
ローズとシアバターのハンドクリーム　238
ローズのソリッドパフューム　191
ローズのボディパウダー　189
セルフタンニング製品　143
セレン　245
加齢肌　99
乾燥肌　205
スーパーフード（肌）　127
細い髪　209
洗顔　88
アンチエイジングのためのスキンケア　100
エッセンシャルクレンジングバーム　103
輝く肌を目指すスキンケア　92

角質を除去するクレンジングバーム　104
加齢肌　99
乾燥肌　90
混合肌　94
脂性肌　96〜97
ダブル作用のクレンザー　104
セントジョンズワート　45
全粒穀物　126
ソープ、ボディバー　167〜168
固形ソープで作る簡単ソープ　168
ハチミツとオレンジのソープ　167
レモンとコリアンダーのボディバー　168
ソルト　81
シーソルトとティートリーのフットスクラブ　239
シーソルトのフットバス　241
爽快なミントのマウスウォッシュ　137
ハーブの歯磨きペースト　136
ペパーミントとシーソルトのリフレッシュボディスクラブ　172
ラベンダーとオーツ麦のバスソルト　183
レモンバーム、ネロリ、シーソルトのリラックスハーバルバス　181
ローズとカモミールのハーバルバス　182
ローズマリーとアルニカのデトックスハーバルバス　182

〔た行〕
ダイエット　59
タイム　43
ハーブの歯磨きペースト　136
肌を回復するトマトパック　128
卵　227
タンジェリン　61
ダンデリオンの葉　126
タンパク質　226〜227
チックウィード　95
爪　230
アルガンネイルバーム　233
イブニングプリムローズ　37
オリーブ　53
ボリジ　47
ティー　44
スーパーフード　247
レモングラスティー　49
ティートリー　73
ウィッチヘーゼルとアロエベラのアフターシェーブスプレー　132
シーソルトとティートリーのフットスクラブ　239
爽快なミントのマウスウォッシュ　137
ティートリーのフットクリーム　242
ティートリーのフットパウダー　242
低血糖負荷食　127
ティンクチャー　41
鉄　245
デトックス
ウォーター　83
気分を高揚させるシトラス系フルーツ　58〜61
サイプレス　76
シダーウッド　74
ゼラニウム　36
ティー　44
デトックスボディオイル　176
ローズマリーとアルニカのデトックスハーバルバス　182

銅　245
頭皮
ニームとココナッツのスカルプバーム　224
マッサージ　203
ドライボディブラッシング　174〜175

〔な行〕
ナイトクリーム　101
ネロリとレモンバームのナイトクリーム　114
ニーム　63
シダーウッドのトリートメント　222
ニームとココナッツのスカルプバーム　224
乳製品　78
肌の透明感を高めるための食事　127
入浴、シャワー
乾燥肌　91
フルボディトリートメント　164〜165
ネトル　227
手作りのリンス（暗い髪色用）　220
太い髪　208
ネトルのリンス　213
ネロリ　60
ココナッツのシェービングバーム　133
ストレスケアマッサージオイル　178
ナリシングバスメルト　184
ネロリとレモンバームのナイトクリーム　114
ネロリのソリッドパフューム　192
ネロリのフェイシャルミスト　107
レモンバーム、ネロリ、シーソルトのリラックスハーバルバス　181
ノンコメドジェニック製品　96

〔は行〕
歯、歯肉
アロエベラ　51
カレンデュラ　28
クローブ　80
ココナッツ　56
ミルラ　68
ラズベリー　54
「歯磨きペースト」参照
バードック　94
ハーバルバス、バスメルト
角質ケアのバスフロート　187
ナリシングバスメルト　184

総合索引

ラグジュアリータイムのバスメルト 184
ラベンダーとアロエベラのクーリングハーバルバス 183
ラベンダーとオーツ麦のバスソルト 183
レモンバーム、ネロリ、シーソルトのリラックスハーバルバス 181
ローズとカモミールのハーバルバス 182
ローズマリーとアルニカのデトックスハーバルバス 182

バーム 133
エッセンシャルクレンジングバーム 103
角質を除去するクレンジングバーム 104
キス・ミー・リップバーム 134
ココナッツとライムのリップバーム 134
ココナッツのシェービングバーム 133
ビューティーバーム 116
マルチボディバーム 170
ミントのレスキューバーム 195
優しいカレンデュラバーム 194

バームオイル 167

パウダー
ティートリーのフットパウダー 242
ローズのボディパウダー 189

バスボム
カモミールのナイトタイムバスボム 186
マンダリンのバスボム 187

肌 12
肌のリズム 14〜15
ライフスタイル 13

肌質 86〜87
加齢肌 13, 98〜99
乾燥肌 90〜91
混合肌 94
脂性肌 96〜97
敏感肌 95
普通肌 87

ハチミツ 30
アボカドとハチミツのスクラブ 124
アボカドとハチミツのモイスチャークリーム 111
アボカドとバナナのパック 129
髪を強くするためのヘアケア 203
ハチミツとオーツ麦のスクラブ 122
ハチミツとオレンジのソープ 167

パチュリー 40
イブニングプリムローズのモイスチャークリーム 114
ローズとシアバターのハンドクリーム 238
ローズのソリッドパフューム 191
ローズのボディパウダー 189

パッチテスト 95

バナナ
アボカドとバナナのパック 129
バナナのフットトリートメント 243
バナナのヘアパック 222

バニラ 57
ココアバターのボディクリーム 170
ボディミスト 191
ラグジュアリータイムのバスメルト 184

歯磨きペースト
子供用シトラス味の歯磨きペースト 136
ハーブの歯磨きペースト 136

パルマローザ精油 50
シトラスボディミスト 190
ゼラニウムとホホバのモイスチャークリーム 115
パルマローザとレモンのデオドラントスプレー 189

パルマローザのフェイシャルオイル 118
パルマローザのフェイシャルミスト 108

ハンド 230
10分間のハンドマッサージ 237

ハンドクリーム
スージングハンドクリーム 238
ヒーリングハンドクリーム 234
ローズとシアバターのハンドクリーム 238

ハンドスクラブ
ガーデニングケアハンドスクラブ 232
ソフトオーツハンドスクラブ 233

ビーズワックス 31
ウォーミングボディバター 169
エッセンシャルクレンジングバーム 103
かかとケアオイトメント 240
角質を除去するクレンジングバーム 104
カモミールとカレンデュラのモイスチャークリーム 115
キス・ミー・リップバーム 134
ココアバターのモイスチャークリーム 109
ココナッツとライムのリップバーム 134
ネロリのソリッドパフューム 192
ヒーリングハンドクリーム 234
ビューティーバーム 116
マルチボディバーム 170
ミントのレスキューバーム 195

皮脂のバランスを整える 12
毛穴を小さくする 131
シアバター 67
パルマローザ 50

ビタミンB 244
混合肌 94
脂性肌 97
スーパーフード（髪） 227
ビオチン 205
敏感肌 95

ビタミン・ミネラル 244〜245

ビネガー 82

皮膚がん 89
グレープフルーツ精油 59
サンダルウッド 75
フランキンセンス 70

媚薬
カルダモン 80
クローブ 80
サンダルウッド 75
パチュリー 40
バニラ 57
パルマローザ 50

美容液（セラム）
アンチエイジングのためのスキンケア 100
輝く肌を目指すスキンケア 92

不安感 13, 200
イランイラン 34
シダーウッド 74
ストレスケアマッサージオイル 178
パルマローザ 50

ファンデーション 152〜153

フィチン酸塩 227

フェイシャルスパ 162〜163

フェイシャルパック 89
アボカドとバナナのパック 129
アロエベラのクーリングパック 129
アンチエイジングのためのスキンケア 101
輝く肌を目指すスキンケア 93

グリーンクレイのクレンジングパック 131
脂性肌 97
肌を回復するトマトパック 128

フェイシャルミスト
シトラスボディミスト 190
ネロリのフェイシャルミスト 107
パルマローザのフェイシャルミスト 108

フェイス
ナイトタイムフェイシャルオイル 119
肌を明るくするフェイシャルオイル 118
パルマローザのフェイシャルオイル 118
フェイシャルスチーム 71
フェイシャルスパ 162〜163
マッサージ 120〜121

フェイスクリーム
スージングフェイスクリーム 112
フランキンセンスデイクリーム 112
「モイスチャークリーム」「ナイトクリーム」参照

フェルラ酸 79

フェンネル 136
ローズマリーとアルニカのデトックスハーバルバス 182

プチグレイン 77

フット
10分間のフットマッサージ 236
かかとケアオイトメント 240
軽石粉のフットスクラブ 239
シーソルトとティートリーのフットスクラブ 239
シーソルトのフットバス 241
ティートリーのフットクリーム 242
ティートリーのフットパウダー 242
バナナのフットトリートメント 243
ビネガー 82
フットケア 231
ラベンダー 33

ブラジルナッツ 127

バナナのヘアパック 222
ヘーゼルナッツ 62
　スーパーフード 247
　スーパーフード（髪） 226
　スーパーフード（肌） 126
ベチバー 97
ヘッドマッサージ 160〜161
ペパーミント 38
　キス・ミー・リップバーム 134
　爽快なミントのマウスウォッシュ 137
　ネトルのリンス 213
　ペパーミントとシーソルトのリフレッシュボディスクラブ 172
　ミントのレスキューバーム 195
ペプチド 100
ベルガモット 61
　オイリーヘア 207
　子供用シトラス味の歯磨きペースト 136
　混合肌 94
　シトラスボディミスト 190
　ネロリのソリッドパフューム 192
　ネロリのフェイシャルミスト 107
　パルマローザのフェイシャルオイル 118
　ビューティーバーム 116
　レモンバーム、ネロリ、シーソルトのリラックスハーバルバス 181
ベンゾイン 69
　ナイトタイムフェイシャルオイル 119
　ネロリのソリッドパフューム 192
ヘンプ 64
　かかとケアオイントメント 240
　スーパーフード 247
　パルマローザのフェイシャルオイル 118
　ヘナ毛染め用リンス 218
　リッチなシアボディバター 169
防虫剤 224
　ニーム 63
　パチュリー 40
　レモングラス 48
　ローズマリー 41
防腐
　アルコール 82
　サンダルウッド 75
　スターアニス 80
　タイム 43
　ニーム 63
　ハチが生み出す見事な天然素材 30〜31
　パチュリー 40
　パルマローザ 50
　プチグレイン 77
　フランキンセンス 70
　ペパーミント 38
　ベルガモット 61
　ベンゾイン 69
　ユーカリ 72
　ラベンダー 32
　レモングラス 48
　レモンバーム 39
ホーステール 226
保湿 88
　加齢肌 98〜99
　乾燥肌 90〜91
　混合肌 94
　脂性肌 96
　敏感肌 95

ボディオイル
　デトックスボディオイル 176
　ローズヒップのボディオイル 176
ボディバター、ボディクリーム
　ウォーミングボディバター 169
　ココアバターのボディクリーム 170
　リッチなシアボディバター 169
ホホバ 63
　オリーブのシェービングオイル 132
　かかとケアオイントメント 240
　髪を強くするためのヘアケア 203
　シーソルトとティーツリーのフットスクラブ 239
　シトラスのマッサージオイル 178
　ゼラニウムとホホバのモイスチャークリーム 115
　ティーツリーのフットクリーム 242
　ナイトタイムフェイシャルオイル 119
　ネロリとレモンバームのナイトクリーム 114
　パルマローザのフェイシャルオイル 118
　ヒーリングハンドクリーム 234
　ホットオイルのトリートメント 219
　マルチボディバーム 170
ポメグラネイト 53
　ナイトタイムフェイシャルオイル 119
ボリジ 47

〔ま行〕
マーシュマロウルート
　加齢肌 99
　乾燥肌 91
　ドライヘア 205
　敏感肌 95
マウスウォッシュ 137
マカデミア 62
　ナイトタイムフェイシャルオイル 119
マグネシウム 245
マッサージ 165
　シトラスのマッサージオイル 178
　ストレスケアマッサージオイル 178
　頭皮 203
　ハンドマッサージ 237
　フェイシャルマッサージ 120〜121
　フットマッサージ 236
　ヘッドマッサージ 160〜161
　マザーマッサージオイル 180
マニキュア 230
マンダリン 61
　アルガンネイルバーム 233
　子供用シトラス味の歯磨きペースト 136
　シトラスのマッサージオイル 178
　シトラスボディミスト 190
　デトックスボディオイル 176
　トーニング作用のあるボディクリーム 171
　ヒーリングハンドクリーム 234
　マンダリンのバスボム 187
水虫 231
　ティーツリー 73
　パチュリー 40
　パルマローザ 50
　ユーカリ 72
ミルラ 68
　アルガンネイルバーム 233
　オリーブのシェービングオイル 132
　かかとケアオイントメント 240
　加齢肌 99
　爽快なミントのマウスウォッシュ 137

フラックス 64
　スーパーフード 247
　スーパーフード（肌） 126〜127
ブラックペッパー 81
　アルニカとコンフリーのスポーツマッサージオイル 180
　ウォーミングボディバター 169
　ローズマリーとアルニカのデトックスハーバルバス 182
ブラン 79
フランキンセンス 70〜71
　アンチエイジングのためのスキンケア 101
　オリーブのシェービングオイル 132
　ストレスケアマッサージオイル 178
　ネロリのソリッドパフューム 192
　ビューティーバーム 116
　フェイシャルスチーム 71
　フランキンセンスデイクリーム 112
　フランキンセンスのスキントナー 107
フリーラジカル 98〜99
ブルーベリー 55
　スーパーフード 246
プロスタグランジン 37
プロバイオティクス
　脂性肌 97
　敏感肌 95
プロポリス 31
　ティーツリーのフットパウダー 242
　ネロリのソリッドパフューム 192
ヘア 200〜201
　10分間のヘアトリートメント 220〜221
　輝く髪を育てる食事 201
　髪を強くするためのヘアケア 202〜203
　環境的な要因 200
　ヘアカラー、脱色剤 201
ヘアバーム、スカルプバーム
　髪にツヤを与えるローズマリーとココナッツのヘアバーム 224
　シアバターの縮毛トリートメントヘアバーム 225
　ニームとココナッツのスカルプバーム 224
ヘアパック 203
　シダーウッドのトリートメント 222

ティートリーのフットクリーム　242
ヒーリングハンドクリーム　234
フランキンセンスデイクリーム　112
フランキンセンスのスキントナー　107
メイクアップ　142〜157
　水性　94
　ハイライト　153
　ファンデーション　152〜153
　メイク用品　143
　夜のメイク落とし　143
目を活性化させる　138
モイスチャークリーム　88
　アボカドとハチミツのモイスチャークリーム　111
　アルガンのモイスチャークリーム　110
　イブニングプリムローズのモイスチャークリーム　114
　カモミールとカレンデュラのモイスチャークリーム　115
　ココアバターのモイスチャークリーム　109
　ジャスミンとシアバターのモイスチャークリーム　110
　ゼラニウムとホホバのモイスチャークリーム　115
　ワイルドローズのモイスチャークリーム　111
　「フェイスクリーム」「ナイトクリーム」参照

〔や行〕
ユーカリ　72
　ミントのレスキューバーム　195
葉酸　226

〔ら行〕
ライム　59
　ココナッツとライムのリップバーム　134
　シトラスボディミスト　190
ラズベリー　54
ラベンダー　32〜33
　エッセンシャルクレンジングバーム　103
　オリーブのシェービングオイル　132
　角質ケアのバスフロート　187
　カモミールのナイトタイムバスボム　186
　シーソルトのフットバス　241
　シダーウッドのトリートメント　222
　ティートリーのフットパウダー　242
　ミントのレスキューバーム　195

優しいカレンデュラバーム　194
ラベンダーとアロエベラのクーリングハーバルバス　183
ラベンダーとオーツ麦のバスソルト　183
リコリス　98
リップバーム　134
リノール酸　124
リン　227
リンゴ　127
リンス　202
　手作りのリンス（明るい髪色用）　220
　手作りのリンス（暗い髪色用）　220
　ネトルのリンス　213
　ヘナ毛染め用リンス　218
　緑茶葉のリンス　44
　リンゴ酢のリンス　213
レチノール　101
レモン　58
　アルガンネイルバーム　233
　エッセンシャルクレンジングバーム　103
　ココナッツとライムのリップバーム　134
　シトラスのマッサージオイル　178
　シトラスボディミスト　190
　手作りのリンス（明るい髪色用）　220
　パルマローザとレモンのデオドラントスプレー　189
　パルマローザのフェイシャルオイル　118
　パルマローザのフェイシャルミスト　108
　ヒーリングハンドクリーム　234
　ミントのレスキューバーム　195
　リンゴ酢のリンス　213
　レモンとコリアンダーのボディバー　168
レモングラス　48〜49
　アルニカとコンフリーのスポーツマッサージオイル　180
　軽石粉のフットスクラブ　239
レモンバーム　39
　アルガンネイルバーム　233
　ネロリとレモンバームのナイトクリーム　114
　ヒーリングハンドクリーム　234
　レモンバーム、ネロリ、シーソルトのリラックスハーバルバス　181

ローズ　24〜25
　イブニングプリムローズのモイスチャークリーム　114
　輝く肌を目指すスキンケア　93
　角質ケアのバスフロート　187
　クレンジング作用のあるヘアペースト　212
　ボディミスト　191
　ラグジュアリータイムのバスメルト　184
　ローズとアロエベラのスキントナー　106
　ローズとカモミールのハーバルバス　182
　ローズとシアバターのハンドクリーム　238
　ローズのソリッドパフューム　191
　ローズフェイシャルスクラブ　125
　ローズのボディパウダー　189
ローズヒップシードオイル　24〜25
　肌を明るくするフェイシャルオイル　118
　ビューティーバーム　116
　マザーマッサージオイル　180
　リッチなシアボディバター　169
　ローズヒップのボディオイル　176
　ワイルドローズのモイスチャークリーム　111
ローズマリー　41
　ウォーミングボディバター　169
　ガーデニングケアハンドスクラブ　232
　髪にツヤを与えるローズマリーとココナッツのヘアバーム　224
　髪を強くするためのヘアケア　203
　クレンジング作用のあるヘアペースト　212
　シアバターの縮毛トリートメントヘアバーム　225
　手作りのリンス（暗い髪色用）　220
　ネトルのリンス　213
　ハーブの歯磨きペースト　136
　リンゴ酢のリンス　213
　ローズマリーとアルニカのデトックスハーバルバス　182
　ローズマリーのコンディショナー　214
ローマンカモミール　29
　「カモミール」参照

謝辞

本書の作成にあたり、次の皆様の多大なる貢献に著者一同、深く感謝申し上げます。自然の力による健康と美しさの本質に関して惜しみない支援をいただいたPeter Kindersley氏、当時も今も私たちとともに歩み続けるNYRの調合設計およびテクニカルチームのメンバーで、美容法に関するアドバイスを与えてくださったKristina Koestler氏、ナチュラルなメイクアップテクニックのご指導をいただいたJustine Jenkins氏、素晴らしい写真を撮影してくださったBillie Scheepers氏。そして本書出版にあたり、Dorling Kindersley社の皆様には最後まで熱意をもってご支援いただきましたことに心より御礼申し上げます。

Dorling Kindersley社は、ニールズヤード レメディーズの素晴らしいチームの皆様に謝意を表します。

Recipe and ingredient photography William Reavell
Recipe styling Jane Lawrie and Kat Mead
Prop styling and art direction Isabel de Cordova
Beauty photography Billie Scheepers
Make-up artist Justine Jenkins
Assistant make-up artist Jo Hamilton
Hair stylist Lisa Eastwood
Models Chloe Blanchard, Olivia Burchell, Tatiana Chechetova, Sarah Edwards, Jessi M'Bengue, Kasimira Mosich Miller, Marie Sander, Poonam Vasani, Alea Wiles, and Sarah Willey
Beauty therapists Margherita De-Cristofano and Kristina Koestler
Proofreading Corinne Masciocchi, Dorothy Kikon, Nidhilekha Mathur, Neha Samuel, and Arani Sinha
Indexing Marie Lorimer
Recipe testing Francesca Dennis
Editorial assistance Claire Gell
Design assistance Mandy Earey